Zeit für Bali

Die schönsten Traumziele zum Wohlfühlen

Kay Maeritz · Jochen Müssig

BRUCKMANN

Inhalt

1

2

6

7

8

1–5 Bali ist Indonesiens Trauminsel mit Weltklasse-Wellnessanlagen, stolzen und würdigen Menschen, mit Tempeln und Opferungen und Stränden, die allen Erwartungen gerecht werden. **6–8** Anmut, Kunst und Grazie finden sich sowohl in Hotels als auch im Alltag und bei den legendären Tanzvorführungen. **9–11** Private Pools, mit Elefantenköpfen verziert und ungewöhnlich geformten Becken, sind typisch für Bali.

Zu Bali gehören der Bauer, der Reis pflanzt, die Frauen, die schwere Wassereimer auf dem Kopf tragen, kreischende Jungs, bildhübsche Mädchen und alte Frauen mit roten Zähnen vom Kauen der Betelnuss. Ruhe ausstrahlende Tempel und wie ein Kunstwerk modellierte Reisterrassen geben die passende Kulisse dazu ab. Aber zu Bali gehört vor allem auch eine intensive Religiosität, die das Leben 24 Stunden lang durchzieht. Erst die Mixtur aus wunderschönen Feierlichkeiten, hingebungsvollen Opferungen und eigenartig anmutenden Riten machen die tropische Badeinsel zu einem echten Traum-Eiland mit wunderbaren Menschen.

Bali wieder entdecken

Willkommen auf der Götterinsel

Noch sitzt der Stachel tief. Im Oktober 2005 kam der Terror nach dem Anschlag von 2002 zurück auf die Insel der Götter. Dutzende Menschen kamen ums Leben, als erneut mehrere Bomben in Kuta und Jimbaran explodierten. Wenige Australier, noch weniger Deutsche surfen oder baden an der Südküste. Die Tempel im Inselinneren werden kaum besucht. Und im Norden, an den schwarzen Lavaständen, ist man fast alleine als Tourist. Unglaublich: Auch Jahre danach sind die Folgen der Attentate noch spürbar. Doch nur weil die Touristen (noch) ausbleiben. Die Balinesen selbst haben das Grauen längst verarbeitet.

Om-swastiastu! – Ich hoffe, es geht gut! So lautet die allgegenwärtige Begrüßung auf Balinesisch. Meist steht sie in guten Hotels direkt an der Eingangstüre. Manchmal findet man sie im Garten. Aber sie ist immer da, denn auf Bali gehören Form und Anstand sowie Würde und Religion zum Alltag. Die Kraft, das Unfassbare der Bomben fassbar zu machen und letztlich jede Lebenssituation, wie schwierig sie auch immer sein mag, zu bewältigen, ziehen die Balinesen aus ihrem Glauben. Die Einwohner der einzigen nicht überwiegend muslimisch geprägten Insel Indonesiens zelebrieren ihre Riten innerhalb eines für Fremde völlig undurchsichtigen Geflechts aus hinduistischen, buddhistischen und animistischen Einflüssen. Junge Balinesen müssen die Eltern stets nach Details fragen, wenn sie wissen wollen, was genau bei einer Opferung oder Beerdigung passiert. Es ist ein Lernprozess, der ein Leben lang dauert und den nur die Priester komplett abgeschlossen haben.

1

Sitz der Götter wird das Inseljuwel genannt. Wer einmal dort war, weiß warum: Jedes noch so kleine Haus hat seinen eigenen Tempel, jede Scheune und jedes Reisfeld, jedes Geschäft und jede Behörde ebenso. Jeden Tag wird geopfert, um die Götter sanftmütig zu stimmen. Und manchmal – etwa wenn für die Götter ein schönes Stück Huhn am Hausaltar liegt – muss der jüngste Bub das kostbare Gut bewachen, weil sonst der nächste Straßenhund den Leckerbissen riechen würde ... Und der vielleicht erst fünfjährige Junge klagt oder jammert nicht, wie er es bei uns wohl täte. Für ihn ist das Bewachen des kleinen Haustempels samt Huhn-Opfer selbstverständlich, es gehört zum Leben.

Die Insel Bali ist zwar nur ein Sandkorn auf der Landkarte und nur eine von knapp 18 000 indonesischen Eilanden im größten Inselstaat weltweit, aber sie ist ein anziehender, ein mystischer Ort. Auf jeder Rundreise über die Insel der tausend Tempel erlebt man balinesische Traditionen und Bräuche, als sei nie auch nur ein Tourist dabei. Die Balinesen besitzen ein unglaubliches Gleichgewicht: Ihre innere Ruhe lässt äußere Einflüsse kaum auf sie wirken. Das sieht man bei all den Zeremonien und Prozessionen, die zu jeder Zeit irgendwo auf der Insel an sieben Tagen in der Woche und 365 Tagen im Jahr stattfinden. Es kann im Morgengrauen im Dorftempel passieren, in der Mittagshitze am Strand oder mitten in der Nacht am Fluss. Der lokale Priester weiß stets den richtigen Ort und Zeitpunkt ...

Gespaltene Tore, wie man sie vor fast jedem Dorf sehen kann, blockierende Wände, etwa bei Hauseingängen, und eckig angelegte Wege sind Zeugen der einzigartigen balinesischen Architektur, die mit solchen baulichen Maßnahmen der Geisterwelt die lange Nase zeigen möchte, den Dämonen den Eintritt ins Leben verwehren und sie regelrecht verwirren will. Der Tanz ist die Pose der Götter. Schon im frühen Alter lernen die Balinesinnen das Tanzen. All dies macht die Magie Balis aus. Und immer wieder trifft Reales auf Irreales: Wer sich Zusammenhängen wie diesen verschließt, dem wird Bali verschlossen bleiben.

Natürlich kennt die Insel nicht nur Tempelfeste und Riten, sondern auch traumhaft saftig-grüne Reisterrassen, Künstlerdörfer, bunte Märkte und schöne Strände. Man kann auf dem Ayun-Fluss raften, zu den Vulkanen Batur und Agung trekken oder mit dem Moun-

1 Bitte eintreten – Tempeltor in Bali. **2** Schöne Bescherung – Tempelfest im Pura Samuan Tiga bei Ubud. **3** Einig mit den Göttern – eine Balinesin ist im Gebet vertieft. **4** Grazie aus Stein – Reliefarbeit an einem Tempel. **5** Lebende Grazie – Legong-Tänzerin im »Matahari Beach Resort«.

tainbike fahren. Es gibt unzählige Möglichkeiten zu schnorcheln, zu tauchen oder zu surfen. Strandliebhaber werden ruhige Buchten finden und lange Sandstrände, Surfer Küstenabschnitte, die ideal zum Wellenreiten sind. Aber auch die wunderbaren Hotels mit Weltklasseformat, wie sie nur wenige Gebiete der Erde zu vergleichsweise günstigen Preisen anbieten, sowie die atmosphärischen Spas betören die Sinne, wie auch der Duft von Räucherstäbchen und von Frangipani, der Blume Balis. Und wenn man dann noch leise die balinesische Rindik-Musik hört, spürt jeder Besucher, dass er angekommen ist am Sitz der Götter.

1

2

Om-swastiastu! – Ich hoffe, es geht gut! Nein, es geht nicht gut. Den Balinesen fehlen die Gäste und vielen damit ein großer Teil des Lebensunterhalts. Ni Komang sagt: »Ich opfere jeden Tag am Strand für die Meeresgötter.« Blüten, Räucherstäbchen, kunstvoll geflochtene Bananenblätter legt sie in den Sand – solange sie denken kann. Und sie ist sich sicher: »Wir bekommen keinen Tsunami.« Denn sie besänftigt die Götter – und Tausende andere auch. Ni Komang bedeutet Drittgeborene. Sie ist 17 Jahre alt, hat noch keine Kinder und massiert verkrampfte Rückenmuskulaturen von Urlaubern am Strand des feinen »Amanusa« in Nusa Dua. Eigentlich lacht sie immer. Nur wenn sie auf die Bombenattentate auf ihrer Insel zu sprechen kommt, wird sie traurig: »Da hilft kein Opfern. Das haben Menschen gemacht – verrückte Menschen ...«

Sie hat recht und Bali hat es nicht verdient, bestraft zu werden: Wer immer noch wegen Bombengefahr fern bleibt, spielt den Terroristen und ihren Absichten in die Karten. Dann lässt man die liebenswürdigen Balinesen im Stich. Und wer garantiert, dass anderswo keine Bomben gezündet werden? Eine hundertprozentige Sicherheit für und auf Reisen gibt es nicht und hat es nie gegeben.

3

4

Aber eine Reise nach Bali bietet auch monetäre Vorteile: Zurzeit darf man sich auf der Insel mit den besten Resorts der Welt einen Komfort genehmigen, der sonst das Reisebudget deutlich sprengen würde. Besonders die vielen Luxushotels haben Belegungsraten

6

7

1 Im »Kupu Kupu Barong« bei Ubud. **2** Üppige Schönheit – die Luxushotelanlagen auf Bali übertreffen vergleichbare Resorts andernorts. **3** Kulinarische Ecke – für den asiatischen und westlichen Geschmack. **4** Junger Könner – Koch im »Matahari Beach Resort«. **5** Wanne voller Rosen – Spa im »Four Seasons at Jimbaran Bay«. **6** Ganz privat – Pool-Villa im »Amandari« in Ubud. **7** Tagtraum – bei Amed.

von kaum mehr als 30 Prozent. Und damit ist schon mal ein echtes Schnäppchen zu machen, wenn man am Telefon oder als Passant an der Rezeption geschickt verhandelt. Und schließlich: Selten war die Chance so groß, die Götterinsel ohne Touristenrummel zu erleben.

Schönere Strände als auf Bali gibt es mehrfach in Südostasien, aber üppig beladene Opferschalen mit Blüten, Obst, Reis und Geflügel, die von stolzen Frauen in stoischer Ruhe auf dem Kopf balanciert werden, findet man nur auf Bali. Der Duft von Räucherstäbchen durchdringt die Luft. Eine hinduistische Totenverbrennung erstaunt auch weitgereiste Traveller. Das alles gehört zum selbstverständlichen Bestandteil des alltäglichen Lebens – für jeden sicht- und erlebbar. Bali hat nichts an Reiz verloren, weil die Balinesen nichts von ihrem Stolz eingebüßt haben. Weil sie ihr Leben leben und sich bei ihren Riten durch nichts und niemanden aus der Ruhe bringen lassen. Nicht einmal ganze Busladungen laut klickender Knipser haben dies zu Zeiten des Besucherbooms der 1990er-Jahre geschafft. Und man darf ganz sicher sein: Auch die Terroristen werden die Balinesen nicht aus der Ruhe bringen.

Ein Blick zurück – großes Tempelfest mit opulenten Opfergaben in Manggis an der Ostküste.

Der Süden

Genug Platz – der Strand des »Amanusa«, eines der besten Resorts von Bali in Nusa Dua.

Paddy's club
KUTA · BALI
BIKINI DANCERS
GAME & GAMES
DRINKING COMP
LUCKY DRAW
LIVE BAND
FIRE DANCER
LIMBO CONTEST
ONLY
RP 200 K
THIS SATURDAY
ROCK ON
SNOW PARTY
THIS WEDNESDAY
Friday night
LIVE BAND, FA
SEXY GAMES, BARTE

1

2

3

4

Wo alles begann

Kuta und Legian – das ganz normale Chaos

Die kilometerlangen Strände von Kuta und dem nördlich gelegenen Legian gehen mit ihren unzähligen Restaurants, Bars und Geschäften unbemerkt ineinander über. Jahrein, jahraus tosen die Wellen an die extrem breiten, ockerfarbigen Sandstrände.

Ein gewisser Gajah Mada von der Nachbarinsel Java war der Erste, der mit seinem Heer am Strand von Kuta landete. Das war 1343 – und die Chronik verzeichnet die erste Eroberung Balis. Gajah Mada traf auf Menschen, die vom Nassreisanbau lebten, sich in Dorfgemeinschaften organisierten und die ihre von Indien noch vor der christlichen Zeitrechnung eingeführte hinduistische Weltanschauung mit animistischen Elementen vermischten.
Eher zufällig gelangten Cornelius de Houtmann und drei holländische Handelsschiffe 1597 nach Kuta. Es war eine erfolglose, von Meuterei geprägte Expedition, die aber den ersten Kontakt der späteren Kolonialherren mit Bali markierte. Obgleich es noch mehr als 250 Jahre dauerte, bis sich die Holländer nach heftigen Kämpfen mit den Einheimischen tatsächlich einnisteten. Das war ab 1849 an der Nordküste. Singaraja wurde ihre Verwaltungshauptstadt. Und so waren es auch die Holländer, die in den 1920er- und 1930er-Jahren Bali erstmals als Tourismusziel entdeckten. Immerhin zählte man schon damals mehr als tausend Touristen pro Jahr.
Vor der Unabhängigkeit und dem später folgenden Massentourismus gaben noch die Japaner ein durch den Zweiten Weltkrieg bedingtes, kurzes Intermezzo als Inselherrscher zwischen 1942 und 1945. Vier Jahre später, am 29. Dezember 1949, wurde Bali schließlich eine Provinz der unabhängigen Republik Indonesien.
Heutzutage kommen mehr als eine Million Urlauber jährlich auf die Götterinsel. Und es war der kleine Fischerort Kuta, der Bali weltberühmt machte. Denn die Hippies der späten 1960er- und frühen 1970er-Jahre schrieben sich als Wiederentdecker in die touristischen Annalen ein. Ihr Hauptreiseziel war unangefochten Kuta. Das Fischerdorf wuchs, veränderte sich. Es explodierte regelrecht. Die Hippie-Ankömmlinge mit langen Haaren, kleinem Budget und lockeren Sitten glaubten auf ihrer Suche nach dem Garten Eden, und nach langen Wegen auf der damals üblichen Reiseroute von Katmandu nach Kuta, schließlich im letztgenannten Ort fündig geworden zu sein. Und wie es immer so ist: Auf die Vorhut der

1 Schön schrill – »Poppys Club« in Kuta. **2** Echt voll – typische Straßenszene. **3** Ganz balinesisch – Wächterfiguren gibt's auch in Kuta. **4** Gäbe es Kuta nicht, müsste man den Ort erfinden ...

1 Wellenreiter an der Küste von Kuta. **2** Cooler Surfladen – alles dreht sich um die Wellen. **3** Am Morgen gehört Kuta Beach den Einheimischen. **4** Brettverleih – Beachboy in Pose. **5** Warung (Essensstand) am Kuta-Beach. **6** Kuta-Kontraste – Lederhose meets Sarong im »Mama's«.

Rucksackreisenden folgten bald auch Pauschaltouristen aus allen Ländern der Erde und damit der Massentourismus. Die Folgen des Urlauberbooms: Verkehrsstaus, Drogen- und Prostitutionsprobleme, Umweltverschmutzung – am sichtbarsten durch die immer noch allerorts aufgehäuften Türme aus Plastikflaschen und Dosen. Die 1990er-Jahre brachten goldene Zeiten für Bali. Die Insel war *the Place to be*. Jede Hotelkette musste vertreten sein, auf jeder heimischen Party zwischen London und Berlin oder New York und Los Angeles war Bali en vogue. Mit den »Aman«-Resorts wurden weltweit gültige Maßstäbe in Sachen Hotelqualität gesetzt. Um Kuta machte der Luxusboom allerdings einen großen Bogen. Dort dominierten auch in den 1990ern – und bis heute – die Urlauber mit kleinem und mittlerem Reisebudget.
Trotz all dieser Entwicklungen ist der Pantai – indonesisch für Strand – ein Opferplatz der Einheimischen geblieben. Fast jeden

5

6

Abend kommen die Dorfbewohner zum farbenfrohen Sonnenuntergang, ob im Alltagsgewand oder manchmal auch festlich gekleidet mit Opfergaben ans Meer, um die Götter der Ozeane zu besänftigen. Ob der Zeremonie zwei , keine oder Hunderte Menschen zuschauen, ist ihnen egal.

Gleichzeitig ist der Beach – alle Touristen verwenden auf Bali das englische Wort für Strand – für die fremden Gäste der Platz für Badefreuden und der Catwalk der Eitelkeiten. Es kann gut passieren, dass ein bis auf die Badehose nackter Tourist mitten in eine Strandprozession gerät. Mutmaßlich (und hoffentlich) fühlt sich der Strandgänger unwohl und fehl am Platz. Die Balinesen ignorieren ihn einfach, ebenso wie Dutzende Zaungäste, die fotografieren, was ihre Digitalkamera an Kilobytes hergibt.

Die jüngste Invasion in Kuta war streng genommen keine, hatte aber genauso gravierende Folgen, als hätte es sich um eine gehandelt: Es war die Ankunft des Bombenterrors. 2002 und 2005 wurde Bali ins touristische Herz getroffen: Am 12. Oktober 2002 um 23.05 Uhr Ortszeit wurden 202 Menschen getötet und etwa ebenso viele zum Teil schwer verletzt. Die Opfer waren mehrheitlich ausländische Touristen, darunter auch sechs Deutsche. Es war ein Samstag und das legendäre Nachtleben von Kuta brodelte, als in der »Paddy's Bar« ein Selbstmordattentäter eine Bombe zündete. Nur wenige Sekunden später erschütterte vor dem »Sari Club« eine zweite Explosion Kuta. Sie wurde durch eine tonnenschwere gezündete Autobombe per Fernbedienung ausgelöst. Etwa gleichzeitig explodierte zudem ein Sprengkörper vor dem Konsulat der USA in der Inselhauptstadt Denpasar, der aber nur Sachschaden anrichtete.

Die größte nationale Gruppe unter den Todesopfern waren 88 Australier. Dem Fünften Kontinent galt dieser Anschlag, da sich Australien im Kampf gegen den islamischen Terrorismus bedingungslos an die Seite der USA gestellt hatte. Erhebliche Folgen für das Tourismusgeschäft auf der beliebten Ferieninsel waren aber auch das Resultat, das ausschließlich die Balinesen traf. Die Besucherzahlen der *golden Nineties* fanden ein jähes Ende. Die Balinesen spürten den drastischen Rückgang der Gästezahlen in Form von steigender Arbeitslosigkeit, denn Bali – nicht mit Industrie oder natürlichen Ressourcen gesegnet – lebt spätestens seit den

1 Im Kopf präsent – Gedenkstätte für die Opfer des Bombenattentats am immer mit Blumen geschmückten Ground Zero von Kuta. **2** Reggae live – Band im »Rosso Vivo« in Kuta. **3** Blaue Stunde – Kuta Beach zur schönsten Zeit. **4** Bis in die Nacht hinein – Shop until you drop in Kuta. **5** Warten auf den großen Ansturm – Barmeile an der Jalan Pantai Kuta.

1980er-Jahren in erheblichem Maße vom Tourismus. Zehntausenden wurden Arbeit und Lebensbasis genommen. Was im Übrigen zur Folge hatte: Es gab noch mehr Opferungen, Zeremonien und Prozessionen, die ohnehin vorher schon zahlreich waren. Manche sahen die Attentate als Gottes Strafe an, vergleichbar mit einem Vulkanausbruch. Andere meinten, es gäbe immer schlechte Menschen, Verrückte oder Fanatiker. Das sei niemals Gottes Wille gewesen.

Sicher ist, das Bali-Bombing war der folgenschwerste Akt von Terrorismus in der indonesischen Geschichte, begangen von der radikalen indonesischen Terrororganisation Jemaah Islamiyah. Einige ihrer Mitglieder wurden für ihre Beteiligung an den Attentaten zum Tode verurteilt. Doch die Folgen ihrer Taten wirken noch nach, zumal am 1. Oktober 2005, wieder im Abstand weniger Minuten, drei weitere Bomben in Kuta und Jimbaran explodierten. Nochmals kamen 23 Menschen ums Leben.

Der knapp 1,5 Meter tiefe Krater im Zentrum von Kuta ist mittlerweile geschlossen, eine stattliche Häuserlücke klafft aber immer noch. Ein rotes Licht wurde in einem Stein in die Jalan Legian, die Hauptstraße des Nachbarortes Legian, eingelassen und ein Mahnmal errichtet, das Tragedi Kemanusiaan, in dem auch alle Todesopfer namentlich und nach Nationalitäten aufgeführt sind. Jeder in Kuta und Bali sagt »Ground Zero« dazu, im Anklang an das World-Trade-Centre-Attentat vom 11. September 2001 in New York. Fast täglich finden sich Balinesen ein, singen Friedenslieder oder halten eine stumme Mahnwache – meist auch begleitet von Touristen.

Ein paar Meter neben dem Memorial geht das Leben inzwischen seinen gewohnten Gang: Aus Diskotheken wie der »Bounty« oder dem »Reggae Pub« dröhnen laut die aktuellen Nummer-eins-Hits der Musik-Charts. Ums Eck, in Richtung Beach Road, an der kleinen Seitenstraße, wo 2005 die zweite Bombe gezündet wurde, sieht man gar nichts mehr: keine Lücke, kein Mahnmal, kein rotes Lichtlein.

4

5

Kuta ist heute wieder ein Ferienort, der an ein kaum geordnetes Chaos einer Großstadt erinnert. Disco an Disco, Shop an Shop, Restaurant an Restaurant, Kneipe an Kneipe, dazwischen hupen die Mopeds auf den engen Straßen, als wollten alle zusammen ein gigantisches Hupkonzert geben. Ein Lkw zwängt sich mitten rein: Auf der Straße gilt das Recht des Stärkeren. Taxen fahren langsam in Gehsteignähe und halten nach Kundschaft Ausschau. Oder sie rasen – wenn belegt – wie durch Slalomstangen und nutzen jede noch so kleine Lücke zum Vorwärtskommen. Im Verkehr mutieren Balinesen erstaunlicherweise von Stoikern zu Hektikern.
Hübsche Touristinnen flanieren in Shorts und Bikini-Oberteil in Kutas Einkaufsmeilen. Die balinesischen Jungen drehen sich längst nicht mehr nach jeder um: Man hat sich an den Anblick weißer, blanker Haut und blonder Haare gewöhnt. Balinesische Frauen im Sarong balancieren dagegen ihre Opfergaben auf dem Kopf, mit unglaublicher Ruhe im unglaublichen Trubel: Auch mitten im ganz normalen Chaos sind zahlreiche Tempel und Tempelchen zu finden – neben einem CD-Geschäft mit Plagiaten von Abba bis Zappa zu umgerechnet zwei Euro das Stück. Oder hinter einer Modeboutique, in deren Schaufenster schwarze Strings ausgestellt sind, als seien sie auch auf Bali das Normalste der Welt. Sicher ist: In Kuta nimmt an sexy Höschen keiner mehr Anstoß – im Gegensatz zum ländlichen Bali, wo Kuta eine weltliche Sonderstellung eingeräumt wird, wie keinem anderen Ort sonst. Nirgendwo laufen Tradition und lockere Urlaubswelt so gleichmäßig und scheinbar gleichberechtigt parallel wie hier. In Kuta wird eine Totenverbrennung für 19 US-Dollar pro Zuschauer vermarktet. Die Familien, die lange für die kostenintensive Zeremonie gespart oder vielleicht sogar Schulden aufgenommen haben, sehen von dem Eintrittsgeld keinen Cent. Und dennoch sind die Besucher geduldet.
Das beste Bild, das die Doppelwelt Kutas veranschaulicht, mag das omnipräsente schwarz-weiße Tuch sein, das Tempel schmückt, Wächterfiguren umhüllt und an jedem Banyan-Baum zu finden ist. Es heißt Kain Poleng und symbolisiert das duale System des Lebens: Wo es Gott gibt, gibt es auch den Teufel, wo Gutes ist, findet sich auch Schlechtes, Süßes und Saures, Yin und Yang, oder eben Weißes und Schwarzes. Und jedes der Tücher hat exakt die gleiche Anzahl an weißen und schwarzen Karos.

1 Idylle im Trubel – der Swimmingpool des »Alam Kul Kul« in Kuta. **2** Gut gebettet – Baldachinzimmer in den »Kuta Seaview Cottages«. **3** Tropisches Frühstück – im Restaurant der »Kuta Seaview Cottages« mit frischem Obst und Saft sowie Kaffee und Backwaren. **4** Grün, gut und günstig – das nette Restaurant der »Kuta Seaview Cottages«.

Bali ist sicherlich längst ein Teil der globalisierten Welt, Kuta insbesondere. Und nur in Kuta, so glauben viele Balinesen, kann man alles im Überfluss haben: Geld, Alkohol, käufliche Liebe und ein Nachtleben ohne Limit. Manche meinen ganz spezifisch, dass Kuta australisiert sei: durch die Vorlieben der Aussies für Bier, Sex, Drugs und Rock 'n' Roll. Nirgendwo ist die Dominanz der Australier als Besuchernation Nummer eins auf Bali spürbarer als in Kuta. Für die Aussies ist Bali, was für die Deutschen Mallorca ist: schnell erreichbar, immer warm, immer für eine Party gut und günstig. Auch wenn zuletzt politische Störungen zwischen Indonesien und Australien zu einem spürbaren Rückgang der Besucherzahlen aus »down under« führten. Dabei ging es um die Behandlung und Bestrafung australischer Staatsbürger, die mit Drogen erwischt wurden, was in Indonesien zur Todesstrafe führen kann.

Ohne Frage ist Kuta nicht nur der weltoffenste, sondern auch der quirligste Ort der Insel. Die Hotels sind in der breiten Mittelklasse angesiedelt, mit jeweils ein paar Ausreißern nach oben oder unten.

Die äußerst belebte Uferstraße, die Jalan Raya Pantai Kuta, trennt die nächtliche Unterkunft vom täglich aufgesuchten Strand, wo Liegestühle und Sonnenschirme in Reih und Glied wie eine stillgestandene Armee auf Benutzer warten. Manche Touristin badet oben ohne – was auf Bali ausschließlich in Kuta toleriert wird! Es gibt Surf- und Boogyboards, fliegende Händler bieten T-Shirts und Obst an, Masseurinnen ihre Dienste. Und alles zusammen ergibt für Wellenreiter und Badeurlauber ein Paradies, auch wenn durch Strömungen bedingt das Schwimmen im Meer zeitweise mal eingeschränkt ist. Die Gäste ertragen das kleine Manko gelassen und springen dann in die zahlreichen Hotelpools.
Legian, der nördliche Ausläufer von Kuta, unterscheidet sich kaum noch von Kuta selbst. Es gibt Shops, Restaurants und Clubs bis zum Abwinken. Alles ist vielleicht eine Idee ruhiger, manche Lokale und Geschäfte schließen etwas früher und die Hotels sind nur durch einen Fußweg vom gleich breiten Strand getrennt. Typisch ist, dass dieser Weg hin und wieder für Prozessionen genutzt wird. Und sicher ist auch: Die berühmten Sonnenuntergänge sieht man in Legian genauso gut wie in Kuta.

Kuta und Legian – das ganz normale Chaos

Anreise/Lage
Kuta und Legian liegen nur rund 5 km nördlich vom internationalen Flughafen Ngurah Rai im Süden von Bali.
Flug: Die schnellste Verbindung von Deutschland bietet Singapore Airlines: zweimal täglich ab Frankfurt über Singapur. Die Flugzeit von rund 16 Stunden verkürzt das umfangreiche Unterhaltungsprogramm mit individuell abrufbaren Kinofilmen auch in der Economy Class. Preis ab 790 Euro, in der Business Class, eine der besten der Welt, ab 2700 Euro. Zur Einreise genügt der gültige EU-Reisepass. Bei der Einreise gibt es ein Visum für 30 Tage. Die Gebühr von 25 US-Dollar muss vor Ort in bar entrichtet werden.
Währung: Als Währung dient die indonesische Rupie. Ein Euro entspricht gut 12 000 Rupien. Kreditkarten werden nur in Hotels und besseren Restaurants, am Mietwagenschalter oder Flughafen akzeptiert.

4

Telefon: Der Handyempfang funktioniert fast überall und Internet-Cafés gibt es inzwischen auch sogar schon mal auf dem Land.
Impfungen sind nicht erforderlich. Guter Sonnenschutz ist nötig, im feuchteren Winter auch Moskitoschutz.
Reisezeit: Ganzjährig mit 26 bis 29 °C, an wolkenfreien Tagen auch mit Temperaturen über 30 °C. Beste, weil fast regenfreie Reisezeit, ist von Mai bis Oktober.

Sehen und erleben
Strand, Strand und nochmals Strand sowie abends *Shop and Dance until you drop!* Für klassisches Sightseeing sind Kuta und Legian nicht geeignet. Der »Ground Zero« in Kutas Jalan Legian lohnt aber einen Besuch.

Unterkunft
① ****Kuta Seaview Cottages*, Jalan Pantai Kuta in Kuta, Tel.: 0361-75 19 61, Fax: 0361-75 19 62, www.kutaseaviewhotel.com, E-Mail: reservation@kutaseaviewhotel.com. Angenehmes Haus, nur durch die Straße vom Kuta Beach getrennt. Schöne Zimmer, großer Pool.
② *****Alam Kul Kul*, Boutique-Resort & Hotel, Jalan Pantai Kuta in Legian, Tel.: 0361-75 25 20, Fax: 0361-76 68 61, www.alamkulkul.com, E-Mail: info@alamkulkul.com. Angelegt als charmantes Dorf, nur durch die Straße vom Strand getrennt. Die Zimmer sind in strohgedeckten Bungalows untergebracht. Pool, Spa.

Restaurants
Pump House, günstig, Jalan Kartika Plaza, Kuta, Tel.: 0361-75 56 76. Klassische indonesische Küche im Süden von Kuta.
Poco Loco, mittlere Preisklasse, Jalan Padma Utara, Legian, Tel.: 0361-75 60 79. Beim *Bali Food Festival* ausgezeichnete mexikanische Küche.

Ziele in der Umgebung
Das südlich von Kuta gelegene *Tuban* bietet sich an, wenn man spät in Bali landet oder sehr früh zum Flughafen muss. Tuban ist der nächste Ort zum Flughafen und hat zahlreiche Hotels.

Rudy erzählt

Seminyak – am Tempel der Selbstmörder

Vor einigen Jahren war Seminyak noch ein Fischerdorf, heute gilt es als der verlängerte Arm von Legian. Allerdings ist es doch noch um einiges ruhiger und vor allem viel schöner und luxuriöser als Legian.

Ein dichtes Gewühl aus Mopeds, Taxis sowie sonstigen Vehikeln macht die Anfahrt von Kuta über Legian mühselig: 30 Minuten für gerade mal fünf Kilometer, das heißt auch, 30 Minuten Window-Shopping, denn man fährt praktisch an nichts anderem als an Läden vorbei. Und der Stau bringt es mit sich, dass man tatsächlich in Ruhe die Auslagen und Straßenstände begutachten kann. Spätestens nach fünf Minuten wiederholt sich allerdings das Angebot, und es wird langweilig.

Die Übergänge im größten touristischen Konglomerat Balis sind fließend. Nur an den Adressenschildern der Shops erkennt man, dass man inzwischen in Legian ist oder später in Seminyak. Fast scheint es, als sei inzwischen auch das lange Zeit weitgehend unberührte Seminyak profillos von Kuta eingemeindet worden. Aber dann biegt man in die Jalan Oberoi ein und siehe da: Das Dorf lebt! Es gibt sogar noch ein paar Reisfelder und vor allem reine Wohnhäuser, ohne irgendeinen Laden.

Ziel ist »The Oberoi«, jenes Hotel, das in Bali die Türen für die Luxushotellerie öffnete. Noch heute ist die sechs Hektar große Anlage mit Hunderten von alten Bäumen und Gebäuden im original balinesischen Stil und Ambiente eine Oase der Ruhe. Am Eingang begrüßt Dewi Laut, die Göttin des Meeres, die Gäste. Ihre Statue ist von einem Lotosblütenteich umgeben. Und so wirkt auch die ganze Atmosphäre: warm und freundlich. Der Pool ist noch altmodisch – und inzwischen fast schon wieder modern – in Naturstein und rechteckig gebaut, was wohltuend wirkt in dieser von Freiform- und Überlaufpools gekennzeichneten, globalisierten Hotelwelt. Er liegt direkt am Strand und wird von einem gespaltenen balinesischen Stadttor begrenzt. Selbstredend, dass als Sonnenschirme die bauchig geschwungenen und farbenfrohen balinesischen Schirme aufgestellt sind. Die Gästevillen sind mit zwei Sichtachsen gebaut, sodass man vom Bett nach rechts auf den Garten, nach links aufs Meer und geradeaus auf einen typischen balinesischen Tempelwächter blickt.

1 Von Anfang an dabei – Rudy, der Balinese mit dem deutsch klingenden Namen vom »The Oberoi«. **2** Hübsch gemacht – Wächterfigur Bomantaka im »Oberoi«-Resort. **3** Stilles Refugium – eine »Oberoi«-Pool-Villa. **4** Fast täglich gibt es Prozessionen zum Petintenget-Tempel.

1 Abendschau – der Laufsteg zum Restaurant »Breeze« im »Samaya«. **2** Klar strukturiert – die Villen im Strandresort »The Samaya«. **3** Traumdinner – am Strand von Seminyak. **4** Bitte Platz nehmen – das normale Dinner im »Samaya«. **5** Badezimmer im »Samaya«.

Diese Steinfiguren werden sehr verehrt auf Bali. Man findet sie in jedem Dorf und Tempel, beinahe fast vor jedem Haus. Die Leute glauben, dass ein »Bomantaka« – so der Name – sie vor allem Bösem beschützt. Und so tut dies auch jeder »Boma« in den Villen des »Oberoi«.

An einem der schönsten Strandabschnitte der Insel laufen Jogger gemütlich in der Morgensonne, schwitzen andere schon beim Power Walk, reiten Boogeyboarder die ersten Wellen des Tages und ein Pärchen elegant im Sattel auf den Rücken zweier prachtvoller Pferde. Beim Frühstück unter gelben balinesischen Schirmchen auf der Terrasse direkt am Meer, einem der besten Frühstücksplätze der Insel, erzählt Rudy die Geschichte des »Oberoi«. »Alle dachten, die spinnen! Man kann doch nicht einfach mitten in die Reisfelder ein Luxushotel bauen. Da kommt doch gar keiner hin«, beginnt Rudy, der betont, dass sein Vorname ein durchaus gebräuchlicher auf Bali sei, auch wenn er so deutsch klinge. Aber erstens ist da das y statt des i im Rudy, und zweitens müssen ja nicht alle Wayan, Made, Nyoman oder Ketut heißen. So lauten die üblicherweise auf Bali verwendeten Bubennamen für den Erst- bis Viertgeborenen. Kommt noch ein fünfter Junge, wird er wieder Wayan genannt. Rudy ist heute Mitglied der Geschäftsführung des Hotels und von Beginn an dabei: »Es gab keine Wasserleitung, keine Strommasten, keine Straße.« Deshalb heißt die Zufahrtsstraße offiziell bis heute Jalan Oberoi, denn es war der im Jahr 2002 verstorbene Hotelmogul Rai Bahadur Oberoi, der sie bauen ließ.

Und dann ist da noch die Geschichte mit dem Pura Petitenget: Der Priester Ida Pedanda Sakti Waurauh reiste im 15. Jahrhundert vom Meerestempel Tanah Lot zum nicht minder heiligen Meerestempel Uluwatu. An der Stelle des heutigen Tempels Petitenget machte er Rast, hinterließ eine kleine Holzschachtel und damit sozusagen den Grundstock des Tempels, dem eine große spirituelle Kraft nachgesagt wird. »Der Tempel lag vollkommen abgelegen am Rand des Meeres. Wer besonders innig beten wollte, ging dorthin. Und wer

4

5

seinem Leben ein Ende machen wollte, der ging auch dorthin. Diese Tatsache warf kein gutes Licht auf unser Projekt. Im Dorf wurde gemunkelt, das gehe niemals gut, so nahe an Petitenget und vor allem so nahe am Platz der Selbstmörder ...«

Es ging aber gut. Am 5. August 1978 wurde das Haus eröffnet, mit damals 63 Zimmern, darunter 14 Villen. »Das teuerste Hotel auf der Insel kostete damals 65 US-Dollar. Unser Zimmerpreis lag bei 145 US-Dollar! Aber wir waren von Anfang an fast immer ausgebucht. Und was hatten wir für Gäste! Mick Jagger war da, David Bowie kam, John Denver, Art Garfunkel, auch Jean Paul Belmondo, Roman Polanski oder der damals amtierende Bundespräsident der Bundesrepublik Deutschland, Richard von Weizsäcker.«

Aufgrund der enormen Konkurrenz ist die Belegungsrate gesunken, und besucht wird das Haus heutzutage von Urlaubern, die sich gediegenen Fünf-Sterne-Komfort leisten. Die VIPs sind abgewandert ins »Bulgari«, sie gehen in die »Aman«-Resorts, in die »Four Seasons« oder ins »Ritz-Carlton« – was jedoch nichts über die »Oberoi«-Qualität von heute aussagt. Das Mitglied der »Small Luxury Hotels of the World« hält immer noch dem Vergleich mit den meisten Luxushotels der Insel stand, auch weil es authentisch gewachsen ist und sich nicht wie viele andere Häuser mit manchmal aufgesetzt wirkenden balinesischen Requisiten zufrieden gibt.

Seminyak kam mit dem »Oberoi« erst auf die Landkarte. Und im Schatten des Traditionshotels und des immer lauter werdenden Trubels von Kuta und Legian siedelten sich im Lauf der letzten Jahre auch einige hypermoderne Resorts, Restaurants und Clubs an. Inzwischen loungt die gehobene Szene gerne in Seminyak, etwa im »Ku De Ta«, minimalistisch in Schwarz, Weiß und Rot gehalten, oder genießt im nicht weniger beliebten, aber souveräner und erwachsener wirkenden »Breeze« die angenehme abendliche Brise des Indischen Ozeans.

Auch Sonja ist von Kuta nach Seminyak gewechselt und hat am breiten Strand vor dem »The Samaya«, dem luxuriösen, aber modernen Gegenstück des »Oberoi«, ihr kleines Massagezentrum eingerichtet. »Die Gäste vom ›Samaya‹ und der Gegend sind viel angenehmer als die Kuta-Touristen«, sagt sie.

Kein Wunder: »The Samaya« bietet seinen Gästen ausschließlich Villen mit privatem, nicht einsehbarem Pool – zu einem für den

1

2

3

1 Im »Oberoi« wird der Getränkeservice auf dem ganzen Resortgelände angeboten. **2** Traumhaft – das »Oberoi«-Frühstück zwischen Lotusteich und Meeresstrand. **3** Atmosphärisch – das »Oberoi« gleicht einem balinesischen Dorf. **4** Schattig – der Pool des »Oberoi«.

gebotenen Luxus durchaus annehmbaren Preis. Manche Bungalows bieten sogar noch ein privates Jacuzzi dazu, und alle Gäste können den riesigen Hauptpool nutzen, der direkt am ockerfarbigen Strand gelegen ist. Das neue Boutique-Resort gibt sich cool und minimalistisch und könnte in diesem Design auch am hippen South Beach von Miami Beach seinen Platz haben – und zwar als Nummer-eins-Adresse. Doch auch im mit Weltklassehotels verwöhnten Bali gehören die 21 Villen unter die Top-Ten und beenden, zunächst jedenfalls, den Reigen, den »The Oberoi« Ende der 1970er-Jahre so mutig eröffnete.

Sonja ist die Viertgeborene in ihrer Familie, heißt also eigentlich Ketut, weil beim vierten Namen kein Unterschied zwischen Mädchen und Jungs gemacht wird, aber sie mag diesen Namen nicht. *»Ngutang uyah ke pasih ...«*, sagt sie und lacht. Das heißt: Wirf Salz

ins Meer ... und alles wird eins. Sie wollte einen unverwechselbaren Frauennamen und nannte sich eines Tages Sonja nach der Begegnung mit einer deutschen Touristin, die so hieß: »Die Frau war so klasse, so nett, so gebildet, und ich dachte, wenn ich schon nicht so sein kann wie sie, dann nenne ich mich wenigstens so.« Am Pura Petitenget betet sie manchmal auch für die richtige Sonja im fernen, kalten Deutschland.

Der Tempel hat bis heute große Bedeutung und gehört zu den wichtigsten Tempeln im Süden Balis. Es vergeht kaum ein Tag, an dem nicht eine Prozession stattfindet – und allabendlich wird in Scharen geopfert. »Wenn mal einer bei uns zu spät kommt«, sagte Rudy vom »Oberoi« noch, »dann kommt er richtig zu spät. Denn er fährt trotz Verspätung vor der Arbeit noch zum Pura Petitenget, um sich dort für sein Fehlverhalten zu entschuldigen. Dann kommt er ins Hotel und sagt: ›Boss, ich bin jetzt da!‹ – ohne sich bei mir zu entschuldigen.« Rudy wartete die Frage nach dem Warum nicht ab. »Denn es ist ja so, wenn ich ihn feuere, dann findet er einen anderen Job. Aber was ist, wenn Gott ihn feuert ...?«

Seminyak – am Tempel der Selbstmörder

Anreise/Lage
Seminyak liegt nördlich von Kuta, Legian und dem internationalen Flughafen Ngurah Rai im Süden von Bali. Doch die knapp 10 km vom Airport dauern unverhältnismäßig lange, wenn man den direkten Weg durch die Orte von Kuta und Legian nimmt. Besser man fährt vom Bypass Ngurah Rai kommend (mit direkter Auffahrt vom Flughafen) am nächsten Kreisverkehr in Richtung Norden (an der kolossalen Dewa-Ruci-Statue) die Jalan Sunset bis zum Ende, biegt dann links ab und kommt von Norden herein nach Seminyak.

Sehen und erleben
Abgesehen vom *Pura Petitenget*, dem Tempel der Selbstmörder, ist Seminyak für klassisches Sightseeing nicht geeignet. Am besten besucht man den Tempel zum Sonnenuntergang, wenn zahlreiche Opferungen direkt am Strand beim Tempel zu beobachten sind. Seminyak lebt touristisch von seinem sehr breiten Strand, wo man Pferde zum Ausritt mieten kann oder Boogeyboards, um einfach Wellenreiten zu lernen. Dabei steht man nicht, sondern liegt bäuchlings auf dem Brett, nimmt aber trotzdem ordentlich Fahrt auf. Der Strandort bietet aber auch zahlreiche Möglichkeiten zum Ausgehen und Einkaufen.

4

Unterkunft
③******The Oberoi*, Resort & Hotel, Jalan Oberoi, Tel.: 0361-730361, Fax: 0361-730791, www.oberoihotels.com, E-Mail: reservations@theoberoi-bali.com. Eine der authentischsten Anlagen im balinesischen Stil auf der ganzen Insel. Pool, Spa, Tennisplatz. Liegt direkt am Strand und gehört zu den »Small Luxury Hotels of the World«.
④******The Samaya*, Boutique-Resort, Jalan Laksmana, Tel.: 0361-731149, Fax: 0361-731203, www.thesamaya-bali.com, E-Mail: info@thesamayabali.com. Modernes Design-Resort direkt am Strand. Es gibt ausschließlich Villen, alle mit privatem Pool ausgestattet. Dazu einen Hauptpool; Spa-Behandlungen werden in der Villa arrangiert.

Restaurants
Breeze, gehoben, Jalan Laksmana, Tel.: 0361-731149. Hervorragende internationale Küche mit der schönsten Terrasse von Seminyak, direkt am Strand des *Samaya*.
Ku De Ta, exklusiv, Jalan Laksmana, Tel.: 0361-736969. Szenetreff mit großer Terrasse am Strand. Der Drink in der Hand ist dort wichtiger als die *Fusion-Cuisine* auf dem Teller.

Ziele in der Umgebung
Das nördlich gelegene *Canggu*, etwa auf halbem Weg von Seminyak nach Tanah Lot, ist noch nicht vom Konglomerat Kuta/Legian/Seminyak erfasst. In Stichstraßen gelangt man an die weitgehend unberührten Strände *Batu Mejan* und *Pererenan*.

1

2

3

4

Reger Kulturaustausch

Jimbaran – Fischergemeinde mit Ganesha-Galerie

Der Spätzünder unter den touristisch erschlossenen Orten im Süden Balis heißt Jimbaran. An der wunderbar geschwungenen gleichnamigen Bay südlich des Flughafens ist noch viel Lokalkolorit zu spüren.

Etwa 10 000 Tempel soll es auf Bali geben. Manche sagen, es seien sogar 20 000. Genau gezählt hat sie bislang keiner. Aber sicher ist: In jedem Dorf gibt es mindestens drei. Pura Desa, der Dorftempel, in dem die großen Tempelfeste gefeiert werden, Pura Dalem, welcher der Göttin des Todes geweiht ist, und Pura Puseh, der Tempel, in dem die Himmelsgötter verehrt werden. Meist findet sich zudem noch ein vierter Tempel in fast jedem Dorf, der oft unscheinbar, aber doch sehr wichtig ist, weil er nicht nur bei Missernten von den Reisbauern aufgesucht wird. Selbst in einem Fischerdorf und Touristenort wie Jimbaran gibt es so einen Tempel, der den Göttern gewidmet ist, die für eine gute Ernte sorgen sollen. In Jimbaran beherbergt der Pura Ulun Siwi zudem noch einige schöne balinesische Tanzmasken.

Am Flaschenhals der Halbinsel Bukit Badung liegt der sichelförmig geschwungene, gelbe feinsandige Strand, der einer der schönsten der Götterinsel ist. Auch in Jimbaran erlebt man die berühmten romantischen Sonnenuntergänge. Und anders als in Kuta und Legian ist das Baden hier ganzjährig möglich. Strand und Meer laden aber auch zu ewig langen Strandspaziergängen, zum Joggen und Faulenzen ein oder zum Wassersport: im Kanu, Kajak oder Katamaran, auf Boogey- oder Windsurfbrettern. Umso mehr verwundert es, dass Jimbaran ein Spätzünder in Sachen Fremdenverkehr war. Erst in den goldenen 1990er-Jahren, als Bali seine touristische Blütezeit erlebte und die höchsten Besucherzahlen verzeichnete, wurde der kilometerlange Strand mit toller Aussicht auf die Berglandschaft im Zentrum Balis langsam erschlossen. Dafür kümmert man sich jetzt umso stärker ums Image des Ortes. So wurde der Bali-Triathlon ins Leben gerufen, um Jimbaran neben alteingesessenen Touristenorten wie Nusa Dua und Sanur zu positionieren. Das Motto lautet: drei Sportarten in drei Top-Destinationen.

Der Ort Jimbaran selbst ist eines der ältesten Fischerdörfer Balis: mit einem bunten Markt an der Hauptstraße, an der sich der Länge

1 Ohne Helm – junge Mädchen fahren zum Markt von Jimbaran. **2** Teuflisch scharf – Chilischoten auf dem Jimbaran-Markt. **3** Lebendige Szene – die Strandrestaurants von Jimbaran. **4** Traditionelles Tagwerk – Fischer und ihr Auslegerboot am Strand von Jimbaran.

1 Flach legen – am Strand des »Jimbaran Puri«. **2** Ruhig schlafen – in den wunderbaren Villen des »Four Seasons at Jimbaran Bay«. **3** Schöner wohnen – kleiner Haustempel für die Meeresgeister im »Four Seasons«. **4** Herzhaft plantschen – im privaten Pool einer »Four Seasons«-Villa. **5** Gemütlich baden – in einer großzügigen Wanne im »Four Seasons«.

nach alles reiht, was zu einem Dorf gehört, vom täglichen Drunter und Drüber des Straßenverkehrs über Geschäfte wie Apotheke und Zeitungsstand bis hin zu den alten, Betelnuss kauenden Marktfrauen am Bürgersteig. Streng genommen ist Jimbaran dreigeteilt: in Dorf, Hinterland und Strand, wo sich ebenfalls ein paar Geschäfte mit Sarongs und Beachwear angesiedelt haben, ebenso wie günstige *Rumah Makan* – das steht wörtlich für »Essenshaus« – und feine Restaurants.

Am Strand sammeln alte Frauen am späten Nachmittag lebende Muscheln, die von der Flut angespült werden. Und im Trockenen liegen an einigen Abschnitten noch bunte Auslegerboote wie früher, und zwar nicht zur Dekoration: Die schmalen Boote laufen jede Nacht aus, zumindest wenn es das Wetter zulässt. Dementsprechend sind die Fische, die abends direkt am Strand aufgetischt werden, auch wirklich fangfrisch. Knapp 30 Euro rechnet man für einen ganzen Hummer inklusive Fischplatte, Reis, Gemüse, herrliche Saucen, zwei Bierchen und einen Obstteller zum Nachtisch – und das für zwei Personen – wo gibt es das noch? Durch die Lage der Restaurants direkt am Strand genießt man nicht nur seinen Fisch, der gerne auch nach persönlichen Vorlieben zubereitet wird, sondern auch ein authentisch-romantisches Ambiente: Fischerboote und -netze, einen violettfarbenen Himmel – und der Sand rieselt durch die Zehen. Wer es gerne feiner hat, zieht am Strand ein paar Meter weiter südlich, vor allem wenn das edle »PJ« – was für »Pantai Jimbaran« steht – einmal wöchentlich *6 on the Beach* zelebriert, Balis bester Grillabend mit sechs Grillstationen für Seebrasse, Snapper, Prawns, Huhn, Lamm-Saté und Babi Guling, das unserem Spanferkel entspricht. Dazu kommen eine Sushi-Bar, eine Pasta-Station, Beilagen sowie ein Dessertbüffet. Eigentlich könnte *6 on the Beach* auch Papermoon-Party heißen, denn Dutzende von Lampions hängen an hohen Bambusstangen. Die Wasserfront wird abgesteckt durch Lagerfeuer und rund 100 Kerzen in Bananenblättern, die mit steigender Flut langsam im Meer verschwinden. Da möchte

4

5

man beinahe feuchte Augen bekommen. Die Leute sitzen auf Kissen im Sand, aber, dem Komfort zuliebe, mit Aushub für lange westliche Beine. *6 on the Beach* ist definitiv ein »Must go« für das abendliche Bali.

Im Hinterland hat sich das dritte Jimbaran gemausert. Eines mit kle nen Villen oder zumindest schmucken Häuschen, die vom neuen Wohlstand der Gegend erzählen. Dieser kommt fast ausnahmslos von den Strandhotels, in denen der Gast ruhige und erholsame Ferientage verbringt. Im »Four Seasons at Jimbaran Bay« arbeiten immerhin 700 Angestellte, darunter allein 80 Gärtner. Statistisch gesehen wird dort jeder Gast von 3,5 Hotelangestellten bedient. Drei Balinesen sind ausschließlich für die Pflege der Tempel auf der Hotelanlage zuständig. Und Wachleute stellte die Hoteldirektion nach dem Kuta-Jimbaran-Bombing vermehrt ein. Ein Polizist mit Maschinengewehr beobachtet im Hintergrund den Check der Hotelsicherheitskräfte mit Metalldetektor an der Einfahrt. Auf Sprengstoff ausgebildete Hunde beschnuppern das Gepäck. Im »Four Seasons« – wie in allen Topresorts und -hotels der Insel – spürt man, dass die Wunden der Terroranschläge doch noch gegenwärtig sind und dass man in keinem Fall solch brutale Anschläge ein drittes Mal zulassen will, schon gar nicht in einem Resort.

Wenn man so will, ist die großzügige Anlage des »Four Seasons« der vierte Teil von Jimbaran. Das Wohnkonzept des Luxusresorts sieht nicht nur pro Villa einen kleinen Privatpool vor, sondern ist typisch balinesisch, nach einzelnen Dörfern, gegliedert. Zu jedem Dorf gehört der Dorfchef, der Concierge, der sich um die Wünsche und Belange der Gäste seines Dorfes sorgt. Diese dürfen ihn auch zu Hause im realen Leben in seinem Dorf besuchen, in dem er selbst wohnt. Jede Villa hat ein offenes, aber nicht einsehbares Wohn- und Badezimmer. Ein »Mandi«, die indonesische Variante der modernen Dusche, fehlt zwar, aber dafür hat jeder Gast einen kleinen, etwa sechs Quadratmeter großen Planschpool. Allerdings sollte man Planschpool und Mandi nicht miteinander verwechselt : Das Mandi ist ein Wasserbecken, das man zum Waschen benutzt, in dem man sich mit einer Schöpfkelle Wasser aus dem Becken übergießt, sich einseift und wieder mit einer Schöpfkelle Wasser abspült. Man darf sich niemals direkt ins Mandi-Becken begeben –

1 Wo sich gern die Szene trifft – das »PJ«, direkt am Strand im »Four Seasons at Jimbaran Bay«. **2** Schön gedeckt – eine Bale im Garten des »Four Seasons«. **3–4** Nur den Duft muss man sich jetzt noch vorstellen – das traumhafte Spa im »Four Seasons at Jimbaran Bay«. **5** Junger Mann aus Augsburg – »Four Seasons«-Chefkoch Klaus Kallweit liebt Bali.

im Gegensatz zu den netten Planschpools mit Blick auf die Jimbaran Bay. Der rege Kulturaustausch zeigt sich aber auch in den alltäglichen und kleinen Dingen im »Four Seasons«. Jeden Tag gibt es frisches Obst mit Erklärungen zum richtigen Schälen, Schneiden und Goutieren. Schulklassen aus dem Dorf nutzen den Platz vor dem Haupttempel zum Tanztraining. Den Gästen bietet man an, bei Vollmond zum heiligen Tempel Tanah Lot zu fahren, um dort, unter Anleitung eines Priesters, sein Karma, also Geist und Körper, mit heiligem Wasser und Blumen zu reinigen. Und wenn eine Tempelzeremonie auf dem Hotelgelände abgehalten wird, findet man absolut keinen Unterschied zu einem Tempelfest im Dorf: Schirme, *penjor*, die langen Bambusstangen, die bei keinem Fest fehlen dürfen, und das hoteleigene Musikorchester geben den Rahmen des Festes ab. Der Priester vom Dorf kommt und alle sind feierlich

gekleidet: die Frauen in ihren besten Sarongs, die Männer mit Udeng, dem balinesischen Kopftuch, einem Männersarong, dem typischen Wickelrock, und darüber ein Saput, sozusagen der schmückende Übersarong. Um die Hüfte wird der Senteng, der Tempelschal, geknotet, der den reinen oberen Teil des Körpers vom unreinen unteren Teil symbolisch trennt. Selbst der britische Hoteldirektor erscheint in diesem traditionellen Anzug – und erntet dafür viel Respekt bei seinen Angestellten. So eine Geste wird auf Bali nicht vergessen ...

Eine weitere schöne kulturelle Brücke schlägt die Ganesha Gallery, in der im »Four Seasons«-Resort führende balinesische Künstler, aber auch internationale Maler ausstellen. Ganesha ist der Hindu-Gott in der Form eines menschlichen Körpers, aber mit Elefantenkopf. Den Hindus gilt er als Gott der Weisheit, des Glücks und der Kreativität. Seit 1995 existiert die Ganesha Gallery, die eine eindrucksvolle Auswahl an Werken zur balinesischen Mythologie bietet, wie etwa »Oleg Dance« von I Ketut Rudin oder »Shiva offering to the God« von Dewa Putu Kantor, aber auch die Brücke von der naiven Malerei bis hin zur internationalen Moderne schlägt.

Jimbaran – Fischergemeinde mit Ganesha-Galerie

Anreise/Lage
Jimbaran liegt unmittelbar südlich vom Flughafen am Hals der Halbinsel Bukit Badung im Süden von Bali. Wer vom Flughafen auf dem autobahnähnlichen Bypass Ngurah Rai kommt, muss auf die Abzweigung Jimbaran achten, sonst fährt man direkt nach Nusa Dua.

Sehen und erleben
Der tägliche Markt, den man am besten vormittags besucht, ist sehens- und erlebenswert. Auch der *Pura Ulun Siwi* mit balinesischen Tanzmasken hat seinen Reiz. Der Star ist die *Jimbaran Bay* mit einem der schönsten Strände der Insel. Ob lange Spaziergänge, ausgiebiges Jogging oder nur Faulenzen, ob Kanu oder Katamaran, ob Boogey- oder Windsurfbrett: Jimbaran bietet einiges in Sachen Strand- und Wassersport. Zum Einkaufen sollte man besser nach Kuta fahren.

Unterkunft
⑤******Four Seasons at Jimbaran Bay*, Jalan Four Season, Tel.: 0361-701010, Fax: 0361-701023, www.fourseasons.com, E-Mail: reservation.fsrb@fourseasons.com. Sehr schöne Anlage im balinesischen Stil am südlichen Ende der Bucht. Es gibt ausschließlich Villen und alle haben einen kleinen privaten Pool. Hanglage mit schöner Aussicht, trotzdem direkter Strandzugang. Zwei Hauptpools, umfangreiches Wassersportangebot, zwei Tennisplätze mit -schule, Spa, Kunstgalerie sowie drei Restaurants, Café, Bar und Lounge.

5

⑥*****Jimbaran Puri*, Jalan Uluwatu, Tel.: 0361-701605, Fax: 0361-701320, www.pansea.com, E-Mail: bali@pansea.com. Nettes Resort direkt am Strand mit großem Pool und Garten sowie Spa. Gehört zu den »Orient-Express Hotels«.

Restaurants
PJ, gehoben, Jalan Four Season, Tel.: 0361-701010. Hervorragende Meeresfrüchte und die knusprigste Pizza auf Bali, direkt aus dem Holzkohleofen. Nicht verpassen: einmal wöchentlich *6 on the Beach* mit sechs Grillstationen für Seebrasse, Snapper, Prawns, Huhn, Lamm-Saté und Babi Guling dazu Sushi-, Pasta- und Dessert-Bar. Klasse Terrasse am Strand des *Four Seasons at Jimbaran Bay*.
Muaya Beach Café Area, rund zehn Lokale am Strand, eines nach dem anderen und alle sehr günstig. Romantischer Treff für alle, die den Sand zwischen den Zehen spüren wollen und frischen Fisch zu Bier und Sonnenuntergang genießen möchten.

Ziele in der Umgebung
Kedonganan am nördlichen Ende der *Jimbaran Bay*, direkt am Flughafen, ist vom Tourismus noch kaum berührt. Ein Strandspaziergang führt zu den dort heimischen Fischern, ihren bunten Booten und – mit Glück – zu ihren gut gefüllten Netzen. Der Fang wird meist am Strand sortiert. Großartige Motive für Fotos sind garantiert.

1

2

3

4

Phoenix aus der Retorte

Nusa Dua – Freiheit für die Schildkröten

Das heutige Touristenzentrum Nusa Dua, eine abgegrenzte Luxusenklave auf der Halbinsel Bukit Badung, ist aus dem Nichts entstanden. Es gibt herrliche Strände, das schönste Meeresblau, aber nur wenig Bali-Flair.

Modern! So wird Nusa Dua – abgesehen von den gängigen Beschreibungen luxuriös und abgeschieden – gerne bezeichnet. Aber was bedeutet schon modern? Dass in den ersten Planungen Ende der 1970er-Jahre eine Hotelstadt mit weitgehender Trennung zwischen Balinesen und Touristen angedacht wurde? Dass es um ein von Mauern umgebenes Urlauberzentrum ging, dessen Strand nicht für die Allgemeinheit zugänglich sein sollte, mit dem Ziel, einen Großteil des Tourismus auf einen bestimmten, abgelegenen Punkt der Insel, eben auf Nusa Dua, zu fokussieren und damit den modernen Einfluss auf den Rest Balis zu minimieren? Ist das modern?

Es ist nicht ganz so schlimm gekommen, auch wenn es Meinungen gibt, dass Nusa Dua mit Bali, abgesehen vom Wetter, nichts gemein habe. Höflich formuliert, handelt es sich nicht um ein gewachsenes balinesisches Dorf. Andere sagen schlicht und ehrlich Touristengetto dazu, wie sie es so oft gibt auf der touristischen Weltkarte: ob im abgeschirmten Varadero auf der kommunistischen Tropeninsel Kuba oder die reinen Hoteleilande der muslimischen Malediven. Die Idee ist stets die gleiche: Der Tourist ist willkommen, soll schöne und unbeschwerte Ferien verbringen, sich kulturell nicht umorientieren müssen, natürlich viel Geld ausgeben, aber bitte schön weder den kommunistischen noch den muslimischen oder eben balinesischen Alltag nebst allen Traditionen stören.

Jeder Gast betritt das Feriendorado Nusa Dua durch eines von drei gespaltenen Stadttoren, wie auch sonst bei balinesischen Ortschaften und Tempelanlagen üblich. Hinter dem »Candi Bentar« öffnet sich ein tropischer Park mit einer Fülle von fein säuberlich gepflanzten Blumen und Bäumen. Hotels der internationalen Spitzenklasse, die über Pools und Tennisplätze verfügen, Wasserski und Parasailing, Tauch- sowie Schnorcheltouren anbieten, stehen an der gepflegten Strandpromenade Seite an Seite. Das Baden im Meer ist zwar teilweise nur bei Flut möglich, aber die ausgefallen arran-

1 Gehören zu den Schönsten – die feinsandigen Strände von Nusa Dua. **2** Sind im Resort Pflicht – Opfergaben, hier im »Nusa Dua Beach Hotel«. **3** Riechen die Freiheit – Schildkröten am Strand des »Amanusa«. **4** Ein Luxustempel par excellence – das zauberhafte »Amanusa«.

1

2

gierten Poollandschaften, die manchmal bis dicht an den Strand heranreichen, gleichen den Mangel aus. Natürlich gibt es ein großes Einkaufszentrum, die Galleria, in der ausschließlich Touristen anzutreffen sind. Zur Verfügung stehen trendige Boutiquen, zahlreiche Restaurants für jeden Gusto sowie ein piekfeiner 18-Loch-Golfplatz samt Country Club. Jedes hereinfahrende Auto wird an den Stadttoren durch eine Schranke aufgehalten und kontrolliert – auch die Balinesen, die zum Arbeiten kommen. Willkommen in der schönen, modernen Welt von Nusa Dua!

Im Grunde sind Großteile der balinesischen Bevölkerung noch heute sehr arm. Das Verkaufen von Souvenirs, jede Art von Handel mit Touristen, von der einfachen Flasche Wasser über die Suppe aus der mobilen Fahrradküche bis hin zur kleinen oder mannshohen Holzskulptur, ist für den Einzelnen überlebenswichtig. Aber in Nusa Dua hemmt das praktizierte touristische Trennkonzept den regen Handel. Die Fremden bleiben weitgehend unter sich. Die Strandverkäuferin und Masseurin sind registriert, tragen Nummern und Lizenzplaketten auf ihren uniformen Hemden. Nur in den Randlagen, im Süden und Norden, haben sich einige Warung (Essensstände) angesiedelt. Das Preisniveau selbst dieser Lokale liegt wesentlich höher als außerhalb von Nusa Dua, das weit entfernt ist vom echten Bali und seinen Einwohnern. So sieht die andere Seite von Nusa Dewata, der Insel der Götter, aus.

Aber selbst diese Seite ist für den sonnenhungrigen Feriengast wunderschön: Das Wetter ist hier am beständigsten. Selbst in der Regenzeit von Dezember bis März scheint überwiegend die Sonne. Der Sand ist ohne Zweifel der hellste und feinste auf Bali. Und im Osten der Halbinsel Bukit Badung warten knapp vier Kilometer dieses Sandstrandes, flach abfallend und durch ein vorgelagertes Korallenriff geschützt. Das Meer plätschert ruhig vor sich hin und bietet die schönsten Blautöne, von zartem hell bis ins satte Türkis gehend. Man kann tatsächlich ins Schwärmen geraten, die Abgeschiedenheit und Ruhe genießen – wenn nicht gerade lärmende Jetski am Strand vorbeibrettern.

Die Gäste des edlen »Amanusa« lassen sich auch dadurch nicht stören und liegen entspannt in einer der neun exklusiv für »Aman«-Gäste bereitgestellten *Bale*. Die Pavillons sind innen mit weißem Tuch bezogen und mit dicken Kissen ausgestattet, mit geeisten Handtüchern, Eiswasser, Sunblocker 16 und 30 sowie einem mit Frangipaniblüten bestückten Wasserkrug zum Abspülen der Füße, damit die schöne Bale auch wirklich sandfrei bleibt.

1 Gewaltig und verehrt – Banyan-Baum des »Nusa Dua Beach Hotels«.
2 Gletscherblau und einladend – Pool des »Nusa Dua Beach Hotels«.
3 Großzügig und elegant – Lobby des »Nusa Dua Beach Hotels«.
4 Charmant und freundlich – Service im »Nusa Dua Beach Hotel«.
5 Verspielt und wichtig – Wächterfiguren im »Nusa Dua Beach Hotel«.

Die Strandhändlerinnen dürfen nur auf ein klares Zeichen des Gastes näher kommen. Eine von ihnen ist Ibu, was übersetzt »Frau «bedeutet. Sie ist 47 Jahre alt und ernährt vier Kinder von ihrer schweißtreibenden Arbeit im heißen Sand von Nusa Dua. Seit 1992, als das »Amanusa« seine Pforten öffnete, arbeitet sie am gleichen Strandabschnitt. Ins Meer ist sie in den vielen Jahren nicht ein einziges Mal gegangen. »Das ist etwas für die Urlauber«, sagt sie. »Ich muss früh Reis kochen, den Haushalt machen, die Kinder versorgen, dann am Strand Sarongs, Shirts und Shorts verkaufen. Zum Baden habe ich keine Zeit ...« Außerdem sind da noch die Meeresgötter, denen man lieber nicht zu nahe kommen, sondern besser täglich etwas opfern sollte: Während gegen Abend Ibu ein kleines Opferkörbchen an den Meeressaum stellt, surft der »Amanusa«-Gast in anderen Welten. Nicht auf Meereswellen, denn die sind dort viel zu flach, aber dafür drahtlos im Internet ... Und wenn am Morgen Ibus Kollegin ihre Opfergaben in den Sand legt, weil ihr

1–2 Schöner geht's nicht – Einblicke in die perfekt ausgestatteten Badezimmer des »Amanusa«-Resorts. **3** Italienischer als in Italien – Carpaccio im »The Italian Restaurant« im »Amanusa«. **4** Gespaltenes Tor – mächtiger Candi-Eingang am »Nusa Dua Beach Hotel«. **5** Wohnen wie ein kleiner König – in den großräumigen Villen des »Amanusa«. **6–7** Schwimmen und Faulenzen wie ein echter Kaiser – der wunderbare Riesenpool des »Amanusa« und eine Terrassen-Sala.

die frühen Stunden zum Opfern besser geeignet erscheinen, lassen es sich andere Gäste beim »Aman-Breakfast on the Beach« gut gehen. Mit einem urigen, offenen VW-Kübelwagen wird man dazu von seiner Villa an den Strand kutschiert, als gehöre einem die Welt – oder zumindest die umliegenden Latifundien. Fesche Beachboys geleiten die hungrigen Besucher zu ihrer *Bale*, die mit vier weiß beflaggten *penjor* geschmückt ist, als werde etwas ganz Großes gefeiert. Üblicherweise wird der Penjor aus einem starken Bambuspfahl gefertigt und mit jungen Blättern der Kokospalme und Reishalmen verziert. Gedeckt ist auch schon und der Champagner wartet mit angelaufenem Flaschenhals im Eiskühler ...

Jedes Luxusresort weltweit muss sich bis heute zumindest an zwei der drei balinesischen »Aman«-Häuser messen lassen, am »Aman-

6

7

kila« und eben am »Amanusa«. Wer glaubt, zu den Top-Ten zu gehören und zuvor nicht nach Bali geschaut hat, wird sein Haus vermutlich im Bereich der normalen Fünf-Sterne-Hotellerie wiederfinden. »Aman«, »Bulgari«, »Four Seasons« und »Ritz-Carlton« setzen auf Bali die Maßstäbe. Auf engstem Raum liefern sich die zu den besten Resorts der Welt gehörenden Häuser einen Kopf-an-Kopf-Vergleich, wie man ihn sonst allenfalls noch auf den Seychellen, Malediven oder – mit Abstrichen – im thailändischen Phuket erleben kann. Und dennoch gibt es nur auf Bali diesen einzigartigen Service, der in den balinesischen Genen fest verankert sein muss. Er ist nicht nur perfekt, sondern gleichzeitig auch unaufdringlich, und es ist ein Service, der wie von Geisterhand ausgeführt wird. Das »Amanusa« liegt in diesem Punkt auf Bali ganz vorne, was das Resort trotz seiner 1-B-Lage auf einen gefühlten zweiten Platz bringt – hinter dem unschlagbaren Schwesterhaus »Amankila«.

Auf die 35 »Amanusa«-Villen kommen 185 Angestellte. Und einer der dienstbaren Geister kümmert sich auch um die Freiheit der Schildkröten. Ein Faltblatt in Form einer Schildkröte macht auf das Programm »Turtle Bali« aufmerksam. Auch das Pärchen, das sich sein *Breakfast on the Beach* gönnt, macht mit beim *Turtle release*, das heißt, zwei Schildkröten werden sie heute retten.

Ein Balinese geht dazu auf einen der Schwarzmärkte für Schildkröten in der Umgebung, etwa nach Benoa oder Jimbaran, wo die Schildkröten im hinteren Teil des offiziellen Fischmarkts verkauft werden. Die Händler dort kennen die Einkäufer. Heute ist es Made. Er sucht Schildkröten im Alter von mindestens zehn Jahren, wenn sie um die 40 Zentimeter groß geworden sind. »Dann haben sie wirklich eine Chance, im Freien auch zu überleben«, sagt Made. Eine Schildkröte in diesem Alter kostet rund 250 000 Rupien, knapp 25 Euro, die von den Paten übernommen werden, also in diesem Fall von besagtem Frühstückspärchen. Allerdings dürfen sie nicht mit auf den Markt kommen. Schließlich ist der Handel mit Schildkröten auf Bali seit 1990 verboten, und die Schildkrötenhändler würden sofort verschwinden, wenn Touristen auftauchen. »Mertha Segara«, sagen die Verkäufer verschmitzt zu Made, als er auf eine Schildkröte deutet. Gemeint ist damit der Strandabschnitt beim »Amanusa«, dort, wo die von Made gekauften Schildkröten freige-

1 Über den Dingen – das »Amanusa« gehört zu den perfekten Resorts mit Weltklasseformat, die über allen anderen stehen und Maßstäbe setzen. **2** Durchblick – der Spa-Pool im »Nusa Dua Beach Hotel«. **3** Spiegelung – Boutique im »Amanusa«. **4** Mit dem Herzen dabei – Portier in der Eingangshalle des »Amanusa«, das dem Gast stets einen freundlichen, zugleich aber auch tadellosen Service bietet.

lassen werden. Die Händler wissen das und geben ihm deshalb einen günstigeren Preis. Immerhin besteht ja zumindest theoretisch die Möglichkeit, die Tiere nach der Freilassung wieder zu fangen und ein zweites Mal zu verkaufen – so die kaufmännische Sicht. Und einem Tier seine Freiheit zu geben, bringt zudem Glück – so die balinesische Denkweise ... Die Paten haben ihr Strandfrühstück beendet und erwarten Made und die freigekauften Schildkröten. Per Pick-up kommen die beiden gepanzerten Urwesen an den Parkplatz des Mertha-Segara-Strands zum »Amanusa«-Beachclub. Die Frau streichelt vorsichtig die Köpfchen der eingeschüchterten Tiere auf der Ladefläche, der Mann fotografiert. Das Meer ist zwar noch nicht zu sehen, aber die Freiheit ist nah. »Es ist wie eine zweite Geburt, es ist die zweite Chance zum Leben«, sagt Made. Geschätzte 20 000 Schildkröten werden pro Jahr trotz Verbotes und damit illegal auf Bali getötet. Aus diesem Grund gibt es seit dem Jahr 2000 »Turtle Bali«, eine Non-Profit-Organisation, die »lieber ein paar Schildkröten das Leben rettet als gar nichts zu tun«, so Made. »Die eine ist 25, die andere 15 Jahre alt«, erklärt er. Die Jüngere mit rund 20 Kilogramm Gewicht nimmt Made selbst. Die etwa zehn Kilogramm schwere packen zwei Beachboys des Clubs. Sie müssen über den fast hundert Meter breiten Sandstrand getragen werden. Zu mühsam und kräfteraubend wäre für die Tiere der Weg durch den Sand. Schließlich benötigen sie alle ihre Kräfte im offenen Meer. Als die erste Brise Salzluft die Tiere erreicht, erscheinen sie wie wach gerüttelt. Sie zappeln, schlagen kräftig mit den Flossen, denn sie riechen das Meer und spüren die Freiheit. Rund zehn Meter vor der Wasserkante werden die Auserwählten in den Sand gesetzt. Es bleibt genug Zeit, um noch ein paar Fotos zu machen. Die Frau hat sich bereits mit Schnorchel und

Flossen ins Wasser begeben. Die Patin möchte die beiden Schildkröten auf ihrem Weg in die Freiheit begleiten und sehen, wie sie ihrer zweiten Lebenschance entgegenpaddeln. Andere Touristen stoßen dazu, sogar die balinesischen Strandverkäuferinnen schauen mit großen Augen, was da gerade passiert.

Im Sand zwar zielstrebig, aber dennoch träge und nur mühselig vorankommend, sind die Schildkröten aber schnell wie ein Pfeil, sobald sie Wasser unter die Flossen bekommen. Wie eine Rakete, geradewegs ab ins offene Meer, düsen die Tiere in die Freiheit. Die Retterin hat hinter ihrer Maske kaum etwas gesehen, so schnell waren sie weg. Und auf die Frage, ob sie es denn schaffen werden, beruhigt Made das Pärchen: »Die Brandung draußen am Riff ist heute schwach. Das wird kein Problem für die beiden.« Trotzdem bringt auch diese zweite Chance noch einen weiten Weg und viele Gefahren mit sich. Ihr Instinkt wird die beiden freigelassenen Schildkröten in die heimischen Gewässer geleiten, in ein Gebiet nördlich der balinesischen Nachbar- und indonesischen Hauptinsel Java, wo sie gefangen wurden.

Nusa Dua – Freiheit für die Schildkröten

Anreise/Lage
Nusa Dua liegt im Osten der Halbinsel Bukit Badung im Süden von Bali. Der Weg von und zum Flughafen auf dem einer autobahnähnlichen Bypass Ngurah Rai ist einfach und schnell.

Sehen und erleben
Zum Sightseeing bietet Nusa Dua nichts. Dafür stehen zahlreiche Möglichkeiten in Sachen Wassersport, Ausgehen und Einkaufen zur Auswahl. Im April findet das *Nusa-Dua-Festival* statt, bei dem Kunst und Handwerk aus ganz Indonesien gezeigt werden. Wer im *Amanusa* logiert, darf auf der Frühstücksterrasse den Sonnenaufgang mit Blick auf den *Gunung Agung* nicht verpassen – und eine Schildkrötenbefreiung geht selbst hart gesottenen Gemütern ans Herz.

Unterkunft
⑦*****+*Amanusa*, Resort, Jalan Nusa Dua Selatan, Tel.: 0361-772333, Fax: 0361-772335, www.amanresorts.com, E-Mail: amanusa@amanresorts.com. Neben dem *Amankila* die beste Adresse auf der Insel, obgleich nicht direkt am Meer gelegen, sondern auf einer Anhöhe mit Blick über Nusa Dua, das Meer und zum *heiligen Berg Agung*. Es gibt ausschließlich Villen. Zum hoteleigenen Beachclub wird man mit einem Cabrio-Jeep gefahren. Perfekter, unaufdringlicher, wie von Geisterhand geführter Service. Großer Pool, Wassersport, Mountainbiking, Golf (alles im Hotelpreis inklusive). Massagen werden in der Villa arrangiert.

⑧*****Nusa Dua Beach Hotel & Spa*, Jalan Kawasan Pariwisata, Tel.: 0361-771210, Fax: 0361-771229, www.nusaduahotel.com, E-Mail: sales@nusaduahotel.com. Das erste Hotel in Nusa Dua und mit Zimmerraten ab 100 Euro das günstigste Hotel in 1-A-Lage am Strand. Mit großem Pool und Garten, Tennisplatz, Spa. Wird von Reiseveranstaltern gebucht und gehört trotzdem zu »The Leading Hotels of the World«.

Restaurants
The Italian Restaurant, exklusiv, Jalan Nusa Dua Selatan, Tel.: 0361-772333. Einer der besten Italiener auf Bali. Man speist auf der Poolterrasse des *Amanusa*, wo das Wasser aus Tonkrügen ins Becken plätschert, oder im klimatisierten Restaurant mit gut zehn Meter hohen Wänden.
Rumah Makan Sari Dewi, auch unter dem Namen *Warung Dobil* bekannt, sehr günstig, Jalan Srikandi, Tel.: 0361-771633. Das beste und knusprigste *Babi Guling*. Jeden Tag werden fünf Spanferkel frisch und appetitlich angeboten. Abends ist meistens alles schon weg. Also besser zum Lunch kommen. Unterstützenswert, denn das Lokal verkauft keine Schildkrötensatés mehr.

Ziele in der Umgebung
An der westlich von Nusa Dua gelegenen *Green Bowl Surfing Area* kann man praktisch am südlichsten Zipfel von Bali den Surfprofis bei ihrem wagemutigen Ritt auf den Wellen zusehen.

DK 4727 ED

Der Finger im Meer

Tanjung Benoa – ein Schweizer auf Bali

Als kleine Schwester von Nusa Dua wird Tanjung Benoa gerne bezeichnet. Das Dorf erstreckt sich mit einem langen Strand über die schmale Landzunge nördlich von Nusa Dua und ist längst mit ähnlichem Angebot übergangslos damit verwachsen.

Die Flossen werden zu Saté verarbeitet, während das Körperfleisch, vor allem der grünen Seeschildkröte, bei wichtigen Feierlichkeiten angeboten wird«, sagt Heinz von Holzen. Der 49-jährige Schweizer lebt seit 18 Jahren auf der Insel, ist mit einer Balinesin verheiratet und gilt als engagierter Beschützer der Schildkröten seiner Wahlheimat. Er hatte die Idee zum Hilfsprojekt »Turtle Bali« (siehe Seite 39 in »Nusa Dua – Freiheit für die Schildkröten«). Und wenn Feriengäste im »Amanusa« den gepanzerten Freunden ihre Freiheit schenken, dann ist es häufig einer von von Holzens Leuten, der die Tiere auf dem Schwarzmarkt kauft, sie somit vor dem Metzger bewahrt, dann dem Paten sowie kurz darauf dem Meer und der Freiheit übergibt. In den kleinen Wasserkanälen seines Restaurants »Bumbu Bali«, was übersetzt »Gewürzpaste Bali« heißt, schwimmen meist auch einige Schildkröten umher. Für sie ist das Restaurant nur eine Zwischenstation. »Nein!«, beugt Heinz vehement vor, »Schildkrötenfleisch kommt bei mir nie auf den Teller!« Der ehemalige Küchenchef von renommierten Häusern wie dem »Ritz-Carlton« oder dem »Grand Hyatt« schließt sofort und energisch alle Zweifel aus. Zwar gilt er als Bewahrer der balinesischen Küche, weil er im »Bumbu Bali« noch nach Originalinselrezepten kocht, aber in dieser Angelegenheit begeht er gerne einen kleinen Stilbruch: »Manche Tiere sind erst mal bei mir, damit sie nach ihrer langen Seereise ohne Nahrung und Wasser an Bord der Händlerboote wieder zu Kräften kommen, ehe sie ihre zweite Chance erhalten«, sagt von Holzen. Schließlich überleben nur kräftige und gesunde Tiere im offenen Meer.

»Totenverbrennungen und Hochzeiten sind zwei der wichtigsten balinesischen Feierlichkeiten«, fährt der hagere Tierschützer fort. »Und es gilt häufig noch als Muss, dabei auch Schildkrötenfleisch aufzutischen.« Gleiches gilt, wenn es »Metatah« zu feiern gilt, die traditionelle Zahnfeilung, die letzte große Zeremonie vor der Ehe (siehe Seite 110 unter »Gunung Agung und Besakih: Balis religiöses

1–2 Eigenheiten – Benoa ist nicht nur ein geografischer Fortsatz von Nusa Dua, sondern bietet eigene Welten wie den chinesischen Tempel. **3** Schönheit – Legong-Tanz im »Bumbu Bali«, dem authentischsten Lokal der Insel. **4** Alltag – Tempel, Mopeds und mobiler Verkauf.

1 Frühstück – so kann der Tag beginnen, nicht nur im »Rumah Bali«. **2** Mittag – gleich wird mit balinesischen Köstlichkeiten im Garten des »Rumah Bali« eingedeckt. **3** Nachmittag – Entspannung am Pool des »Rumah Bali«. **4** Nacht – gediegene Ruhe im »Rumah Bali«, wenn es soweit ist ...

Herz«). Dabei werden die vorderen oberen sechs Zähne gleichmäßig abgefeilt und symbolisch sechs negative Eigenschaften des Menschen weggeschliffen: Eifersucht, Habsucht, Jähzorn, Nachlässigkeit, Gottlosigkeit und unbotmäßige Passion.

Auf Letztere können Balinesen – zumindest diejenigen im Süden mit ihrem bekannten Heißhunger nach Schildkrötenfleisch – offenbar trotz Metatah nicht verzichten. Ob Tierschutzaktionen oder handfeste Verbote und Gesetze: Bislang konnte das grausame Abschlachten der Meeresschildkröten auf Bali nicht gebremst werden. Traditionen lassen sich auf dieser Insel jedoch auch nicht einfach durch Gesetze aushebeln. Das gilt für den Hahnenkampf, der ebenfalls seit Jahren verboten ist und dennoch wie immer praktiziert wird, und das gilt auch für den Handel mit Schildkröten. *Saté Lilit* – sozusagen Schildkröte am Spieß – ist ein begehrter Leckerbissen, erscheint zwar auf keiner Speisekarte, ist aber – für Einheimische – praktisch überall zu bekommen, ob im Restaurant oder

4

am Straßengrill. Auch die Tatsache, dass Schmuck aus Schildpatt angeboten und an Touristen gut verkauft wird – besonders von der schönen Lederschildkröte, deren Knochenpanzer eine lederartige Haut trägt – motiviert weiterhin Fänger wie Händler. Auf Nusa Serangan, der sogenannten Schildkröteninsel vor Tanjung Benoa, nur rund 300 Meter vom Festland und Urlauberstrand entfernt, liegen massenhaft Schmuck, Essbesteck, Dosen oder Kämme im Schaufenster aus, die allesamt aus Schildpatt gefertigt sind. Der dortige Freizeitpark mit Schildkröten scheint nur Tarnung zu sein. Kenner der Szene schätzen ihn vielmehr als Umschlagplatz und geheimes Zwischenlager für lebendige Schildkröten ein. So können balinesische Kunden jederzeit beliefert und die leeren Panzer zu Souvenirartikeln verarbeitet werden.

Tanjung Benoa ist also nicht nur ein nettes kleines Dorf und eine Touristensiedlung auf einer hübschen Landzunge, die wie ein Finger ins Meer zeigt. Es ist nicht nur die kleine Schwester von Nusa Dua, die längst auch deren feine Kleider trägt, aber trotzdem etwas Ursprüngliches erhalten hat: Das Angebot an Hotels in Tanjung Benoa ist deutlich vielfältiger als das im benachbarten Nusa Dua, denn neben noblen Unterkünften findet man dort auch noch

1 Gut und Böse – im traditionellen schwarz-weißen Sarong gibt Heinz von Holzen Kochkurse im »Bumbu Bali«. **2** Perfekt serviert – Kellner im »Bumbu Bali«. **3** Speis und Tanz – Kultureinlage im »Bumbu Bali«. **4** Bestens organisiert – Kochkurs-Zutaten im »Bumbu Bali«. **5** Huhn und Hummer – Saté-Spieße im »Bumbu Bali«.

preisgünstige Herbergen. Tanjung Benoa bietet einen langen und sehr schönen Sandstrand, an dem Baden und Schwimmen das ganze Jahr über gut möglich sind. Es verfügt über ein großes Wassersportangebot, besitzt aber trotzdem noch Mangroven – auf der Westseite der Landzunge zur Benoa Bay hin –, und Tanjung Benoa ist eben leider auch ein wichtiger Handelsplatz für Schildkröten, ein Zentrum im großen Geschäft mit schützenswerten Tieren. Seit 150 Millionen Jahren schwimmen sie durch die Ozeane. Sie überlebten die Dinosaurier und die Eiszeit. Nur die Menschheit überleben sie vermutlich nicht. »Mit unserem Projekt ›Turtle Bali‹ kreieren wir keinen neuen Markt«, wehrt sich von Holzen gegen die Vorwürfe des World Wide Fund. Der WWF forderte den Schweizer auf, keine Schildkröten mehr zur Freilassung aufzukaufen. »Die WWF-Leute gehen nicht auf die Märkte, sehen nicht die Brutalität der Schlächter. Sie kritisieren nur und sorgen für Öffentlichkeit. Aber den einzelnen Tieren ist damit nicht geholfen.« Schildkrötenschutz ist nicht einfach zu vermitteln, besonders wenn auch religiöse Motive eine Rolle spielen. Hindus glauben, dass eine Schildkröte das erste Tier war, sozusagen die Welt auf dem Rücken trägt und damit die Basis für die Existenz der Erde schaffte. Sie kann an Land und im Wasser leben und außerdem symbolisierte Hindugott Vishnu in seiner zweiten Inkarnation als Schildkröte Fruchtbarkeit und Unsterblichkeit. Woraus abgeleitet wird, dass bestimmte Opferrituale unbedingt mit den gepanzerten Tieren gemacht werden müssen. »Erst seitdem einer der hinduistischen Hohepriester Balis offen für die Schildkröten Partei ergriff, gibt es auch mal Zeremonien ohne Schildkrötenfleisch«, berichtet Heinz. »Für religiöse

Rituale benötigen wir in Bali pro Jahr insgesamt zwei Schildkröten«, erklärte der Priester, »und diese zwei können durch Symbole ersetzt werden. Die Götter brauchen kein Schildkrötenfleisch – nur euer Magen ...« Trotz dieser mahnenden Worte aus hohem Munde: Ein Tag, an dem die Hafenpolizei von Benoa mal eben nicht aufpasst, kostet die Händler ungefähr zwölf Millionen Rupien. Und für diese rund 1200 Euro kommen dann ganze Schiffsladungen lebender Schildkröten nach Bali: aus der Javasee zwischen Kalimantan und Java, aus Sumbawa oder meistens von der zu Sulawesi gehörenden Nusa Bebean. Bali selbst hat kaum noch eine Grundpopulation an Meeresschildkröten. Seit das so ist, hat sich der Preis für ein Tier durchschnittlich mehr als verdreifacht. Aber auch das änderte kaum die Situation. »Nur in der Jimbaran Bay legen noch einige wenige Schildkröten ihre Eier in den Sand«, weiß Heinz, »aber sowohl die Eier wie auch das Muttertier landen sofort auf dem Markt.« Rund 3000 Schildkröten hat der Schweizer bislang gerettet. Wenn er die geretteten Schildkröteneier mitzählen würde, käme er »auf noch mal 10 000 bis 15 000«. Zwölfmal hat der Hobbybergsteiger bislang den heiligen Berg Agung bestiegen, insgesamt hat er 18 Dreitausender geschafft; aber am glücklichsten ist er immer, wenn er einer Schildkröte das Leben retten kann.

Tanjung Benoa – ein Schweizer auf Bali

Anreise/Lage

Tanjung Benoa liegt nördlich von Nusa Dua auf einer schmalen Landzunge im Osten der Halbinsel Bukit Badung im Süden von Bali. Der Weg von und zum Flughafen führt auf dem einer autobahnähnlichen Bypass Ngurah Rai in jedem Fall über Nusa Dua.

Sehen und erleben

Der alte Dorfkern befindet sich am äußersten Ende der Landzunge und bietet auf engstem Raum drei multireligiöse Stätten: Einen balinesischen Hindutempel, einen buddhistischen Tempel chinesischer Provenienz und eine weiße Moschee lohnen durchaus einen Abstecher. Regelmäßig finden Hahnenkämpfe statt. Das wird nicht groß kundgetan, aber jeder Einheimische weiß stets Ort und Zeit der Veranstaltung. Der Strandort bietet zudem nicht nur viele Wassersportmöglichkeiten, sondern auch ein breites Angebot zum Ausgehen und Einkaufen.

5

Unterkunft

⑨****_Suites Hotel Bali Royal_, Boutique-Resort, Jalan Pratama, Tel.: 0361-77 10 39, Fax: 0361-77 18 85, www.baliroyal.com, E-Mail: suites@baliroyal.com. Am südlichen Ende des Tanjung-Benoa-Strandes gelegene, mit viel Liebe zum Detail eingerichtete 13-Zimmer-Anlage. Mit Pool und österreichischer Küche.

⑩ _Rumah Bali_, Gästehaus, Jalan Pratama, Tel.: 0361-77 12 56, Fax: 0361-77 17 28, www.balifoods.com, E-Mail: hvhfood@indosat.net.id. Marmorböden, Teakholzmöbel, große Zimmer und eine komplett eingerichtete Küche für Selbstversorger (oder Teilnehmer der »Bumbu Bali«-Kochschule). Die balinesische _Bale_ kostet nur etwas mehr als 50 Euro pro Nacht. 300 Meter zum Strand. Dafür gibt's einen 20-Meter-Pool.

Restaurants

Bumbu Bali, mittlere Preisklasse, Jalan Pratama, Tel.: 0361-77 45 02. Authentischste und beste Bali-Küche mit alten Inselrezepten, die der Schweizer Heinz von Holzen und seine balinesische Frau Puji jahrelang recherchierten. Unbedingt _Saté Lilit_ probieren – bei Heinz natürlich ohne Schildkrötenfleisch!

Pasar Malam, mittlere Preisklasse, Jalan Pratama, Tel.: 0361-77 44 77. In sieben Pavillons wird Unterschiedliches von Scharf bis Süß vor den Augen der Gäste gekocht. Jede _Bale_ ist also Küche und Restaurant zugleich. Schöne Atmosphäre.

Ziele in der Umgebung

Nusa Serangan sollte man besuchen, nicht um in den dortigen Schildkrötenpark zu gehen, sondern wenn man sich für einen der heiligsten Tempel Balis interessiert, den _Pura Sakenan_. Alle 210 Tage führt die spektakuläre Prozession _Pemendakan_ mit Riesenfiguren zu dem 1489 gegründeten, sonst eher unscheinbaren Tempel.

1

2

3

4

Diebische Affen

Uluwatu – der Tempel der Meeresgöttin

Der westlichste Zipfel der Halbinsel Bukit Badung wartet mit dem Pura Luhur Uluwatu auf, dessen dramatische Lage, gut hundert Meter hoch auf den Klippen über dem tosenden Indischen Ozean, jeden Besucher zum Staunen bringt.

Japanische Bali-Touristen kommen häufig wegen den unverhohlen angebotenen *Saté Lilit* (Schildkröte am Spieß), die nachmittags am Straßenrand vor dem Tempel Uluwatu gegrillt werden. Besonders die Männer möchten die potenzfördernden Schildkröten-Saté probieren. An diese Wirkung glaubt der Mann aus dem Land der aufgehenden Sonne nun mal und interessiert sich wohl deshalb nicht für alle Schutz- und Arterhaltungsmaßnahmen für Schildkröten. Es geschieht ihnen daher vielleicht ganz recht, wenn ihnen in der Regel nur eine Mischung aus 20 Prozent Schildkröten- und 80 Prozent Schweinefleisch am Spieß verkauft wird.

Die meisten Besucher aus anderen Ländern kommen hauptsächlich wegen der Lage des berühmten Pura Uluwatu auf dem mächtigen Kalksteinplateau von Bukit Badung, denn den inneren Bereich der Tempelanlage dürfen nur Hindus betreten. Andere wollen die vielen Affen sehen, die dort hausen. Allerdings sollte man Distanz zu ihnen wahren: Ein blitzschneller Griff und die Sonnenbrille, die Haarklammer oder der Strohhut sind für immer und ewig unter großem Gekreische in den Besitz der kleinen Diebe übergegangen. Diejenigen, die schließlich spätnachmittags anreisen, möchten vor allem den jeden Tag aufgeführten Feuertanz Kecak sehen. Für Balinesen aber gehört der Pura Luhur Uluwatu zu den wichtigsten Tempeln der Insel. Obgleich die Listen über die Sad Kahyangan, die sechs Reichstempel, oft unterschiedlich sind: Uluwatu fehlt auf keiner von ihnen.

Der Tempel wurde im 11. Jahrhundert von dem weisen Priester Empu Kututan gegründet. Es war der Ort, an dem er ins Nirwana einging oder wie die Balinesen sagen: in die Versenkung Moksa. Deshalb wird dem Pura Uluwatu das Luhur hinzugefügt. Ngeluhur bedeutet Moksa erlangen. Der Hauptname kann mit »Tempel über dem Fels« übersetzt werden. Er ist Dewi Danu, der Schutzgöttin des Meeres, geweiht. Viele Sagen ranken sich um diesen schlicht

1 Klein, aber fein – Besucher am hochverehrten Uluwatu-Tempel. **2** Klein und trotzdem mächtig – ein Fels in der starken Brandung vor den Klippen von Uluwatu. **3** Klein und frech – die diebischen Affen von Uluwatu. **4** Klein und doch so verehrt – der eher unscheinbare Tempel Uluwatu, hoch über dem Meer gelegen.

1 Liegestuhl mit Fernsicht – vom oberen »Ritz-Carlton«-Pool gibt es (fast) keine Sichtbarrieren. **2** Villen von Weltklasse – die »Ritz-Carlton«-Villen gehören zu den besten und größten auf der Insel. **3** Kerzenspiel mit Atmosphäre. **4** Pool mit Meer – das Salzwasserbecken im »Ritz-Carlton«, direkt an der Küste. **5** Luxus pur auch in den Bädern.

wirkenden Tempel, der fast vollständig aus Korallenstein erbaut ist. Besonders die Fischer besuchen den Platz auf den schroffen Klippen über dem Meer, um Dewi Danu zu huldigen und um zu beten. Sie berichten von der Legende, dass die Klippe einst ein Schiff war, welches zu Stein erstarrte.

Höhepunkt ist, vom Tempelplatz kommend, die Plattform, die eine grandiose Aussicht garantiert: Senkrecht und atemberaubend fallen die Klippen ab, Welle für Welle wirft der Indische Ozean ans Land, und weit hinten in der Ferne sind bei klarem Wetter die Ausläufer von Westbali zu sehen.

Wer sich glücklich schätzen darf und im »Ritz-Carlton« gebucht hat, kann eine ähnliche Szenerie sogar vom Hotel aus beobachten – vom Sonnenauf- bis zum oft spektakulären Sonnenuntergang. Das gilt besonders von den hoch über dem Meer gebauten »Cliff Villas«, die quasi ein Resort im Resort bilden, mit eigenem Check-in, nur für Gäste der Villa zugänglichem Frühstücksrestaurant und angenehmem Buggey-Service, denn die Wege innerhalb des Resorts sind bis zu einem Kilometer lang. Die Villas sind mit 500 Quadratmetern Fläche, bis zu 30 Quadratmeter großem privatem Pool mit *Bale* und Garten nicht nur die größten auf Bali, sondern gehören auch zu den luxuriösesten. Wer sich unten im Hotel einquartiert hat, genießt jedoch ebenfalls Weltklasse in vielfältiger Form. Das Spa zählt zu den besten Asiens und bringt zeitlose europäische Salzwasseranwendungen und traditionelle balinesische

Therapien zusammen. Heute eine Massage im »Spa on the Rocksa«, einem freistehenden Pavillon auf einer Klippe über dem Meer mit 270-Grad-Ozeanblick – und morgen in zwei Stunden 500 Kalorien loswerden: im größten offenen Thalassopool der Welt mit einer Fläche von 650 Quadratmetern. Man kann die verbrannte Energie beim privaten Vier-Gänge-Hummerdinner auf dem von Kerzen erleuchteten Hotelsteg ja wieder ausgleichen ...
Am wunderbaren Ocean Beach Pool sorgt ein I-Pod-Butler für den richtigen Sound im Ohr. Und kurz darauf wird man gefragt, ob man denn lieber Mineralwasser, ein Sorbet oder eisgekühlte Früchte wünsche. Auf der Check-out-Rechnung findet sich nichts davon, selbst wenn das ganze Dreier-Paket plus I-Pod geordert wurde. Wer heiraten möchte, kann dies in vier Traumkapellen auf dem Hotelgelände tun, die schon die »Vogue« für Fotoshootings nutzte. Und das Picknick an einem der schönsten Strände Balis ist ein Muss: Das »Ritz-Carlton« bietet dazu drei Varianten – mit mediterranem, indonesischem oder japanischem Gusto – für bezahlbare 20 Euro am Kubu Beach an. Und wer nicht Hausgast ist? Lässt sich im *warung* (Essensstände) an der Balangan Bay, zwei Buchten weiter, sein Nasi Campur einpacken und verzehrt es im goldgelben Sand vor tosender Brandung.

Uluwatu – der Tempel der Meeresgöttin

Anreise/Lage
Der Tempel liegt im äußersten Westen der Halbinsel Bukit Badung im Süden von Bali. Der Weg führt über Jimbaran und die Jalan Uluwatu. An der Gabelung bei Ungasansimpang rechts Richtung Pecatu weiterfahren (links geht es nach Nusa Dua).

Sehen und erleben
Uluwatu ist ein Tempel und kein Dorf. Abgesehen von ein paar Essens- und Grillständen gibt es dort nichts. Lage und Ausblick sind aber fabelhaft. Bananen oder Nüsschen für die Tempelaffen kann man vor Ort kaufen. Aufpassen: Die Kollegen klauen blitzschnell alles, was nicht niet- und nagelfest ist. Ein Tempelschal ist ausleihbar und Pflicht, auch wenn man das Tempelinnere nicht betreten darf.

Unterkunft
⑪*****_The Ritz-Carlton_, Resort & Hotel, Jalan Karang Mas Sejahtera zwischen Jimbaran und Tanjung Balangan, Tel.: 0 361-70 22 22, Fax: 0 361-70 15 55, www.ritzcarlton.com, E-Mail: info@ritzcarlton-bali.com. Die *Cliff Villas* sind absolute Weltklasse, mit übergroßen Betten, riesigen Bädern und Frederic-Fekkai-Artikeln, nach eigenen Angaben »der Welt dekadenteste Schönheitspflege«. Kunden sind Kim Bassinger, Jessica Lange oder Hillary Clinton. Eines der besten Spa-Angebote in Asien, zwei Pools.

5

⑫***_Uluwatu Resort_, Jalan Pantai Suluban in Suluban, Tel.: 0 361-76 98 55, Fax: 0 361-76 98 57, www.uluwaturesort.com, E-Mail: reservation@uluwaturesort.com. Thront ebenfalls auf den Klippen. Geschmackvoll eingerichtete große Räume, Terrassenlokal, kleiner Pool.

Restaurants
Kisik Beach and Seafood Grill Restaurant gehoben, Jalan Karang Mas Sejahtera zwischen Jimbaran und Tanjung Balangan, Tel.: 0 361-70 22 40. Von den zwölf Restaurants im *Ritz-Carlton* ist diese Sand-und-Sandalen-Terrasse in Hanglage an den Klippen die romantischste. Erreichbar über 150 Stufen, fantastische Auswahl an Fisch und Schalentieren.
Dava, exklusiv, Jalan Karang Mas Sejahtera zwischen Jimbaran und Tanjung Balangan, Tel.: 0 361-70 22 40. Sehr trendiges Restaurant im *Ritz-Carlton*, öffnet sich wie eine Muschel. Der Service trägt schwarze Kleidung und tischt »Fusion-Cuisine« auf, wie *5 Tastes of the Sea*. Hot Table in *Travel & Leisure*.

Ziele in der Umgebung
Tanjung Balangan, zwischen dem Tempel *Pura Uluwatu* und dem *Ritz-Carlton*, ist nur eine von mehreren schönen, kleinen Buchten von Bukit Badung. Die Strände und Surfreviere von *Suluban*, *Padang-Padang Nyang-Nyang* und *Gunung Pagung* sind zwar schwer zu finden, aber es lohnt sich. Wenn ein Motorradtaxi wartet, geht's mit dem Auto nicht mehr weiter. Dann umsteigen und bis zur Klippe fahren, danach abenteuerliche Pfade nach unten gehen ...

1

2

3

4

Das Resort wird zum Ziel

Bukit Badung – »Bulgari« auf dem Lande

In der Abgeschiedenheit der Halbinsel Bukit Badung taucht unvermittelt – wenn man eigentlich nichts mehr erwartet – ein elegantes schwarzes Schild mit sieben grauen Lettern auf: »Bulgari«, das jüngste Ziel des internationalen Jetset.

Falls Donald Trump nicht sein eigenes Resort bauen würde, gäbe es auf Bali wohl nur eine Wahl für ihn: Wo der Indische Ozean mit unbändiger Gewalt Welle für Welle an einen schmalen Sandstrand wirft, wo das Kalksteinplateau rund 150 Meter senkrecht zum Meer abfällt. Wo »The Bulgari Resort« in 1-A-Lage gebaut wurde – ganz vorne, am Rand der Klippen. Nirgendwo wirkt Bali einsamer. Nirgendwo scheint mehr Sonne und gibt es weniger Regen. An den Hängen des »trockenen Bergs« (Übersetzung für »Bukit«) wachsen Pflanzen, die es sonst nicht gibt auf der Insel, da sie mit wenig Wasser auskommen. »Bulgari« steht dort, wo früher die Rajas von Bali auf die Jagd gingen.

Das Resort wirkt wie eine Burg: mächtig, mit kahlem, hohem Mauerwerk, architektonisch abweisend, einnehmbar nur für Gäste, die mindestens eintausend Euro in der Brieftasche haben. Diese Summe reicht gerade mal für eine einzige Nacht. Genau gesehen diente ein mittelalterliches, süditalienisches Wehrdorf als Vorlage – ergänzt durch balinesische Anklänge. »The Bulgari Resort« ist eine architektonische Stilikone und das Werk des italienischen Designers Antonio Citterio, der schon für das erste »Bulgari«-Hotel in Mailand verantwortlich zeichnete. Das »Bulgari« ist schön – keine Frage –, die Inneneinrichtung ästhetisch und hochwertig – ohne Zweifel –, aber Citterio hat dennoch kein perfektes Resort geschaffen. Das aber glauben die Macher in Mailand und der Führungsstab um Hoteldirektor Robert Lagerwey. »Aman«? Wer ist »Aman«? Wir sind »Bulgari« und haben das beste Haus auf der Insel. Zwei der drei »Aman«-Resorts auf Bali sind aber im Ganzen gesehen gelungener und homogener als das »Bulgari«: das »Amankila« und das »Amanusa«. Würde man nur den Service beurteilen, läge auch das »Four Seasons at Sayan« davor. Und wer Größe und Ausstattung der Villen sowie der privaten Pools beurteilt, kommt an den Cliff Villas von »Ritz-Carlton« nicht vorbei. Warum »Bul-

1 Schöner Schein – ein Blick in ein blitzendes »Bulgari«-Badezimmer. **2** Geschüttelt, nicht gerührt – die balinesischen »Bulgari«-Barkeeper haben ihren Spaß, auch ohne James Bond. **3** Kühle Eleganz – das »Sangkar«-Restaurant im »Bulgari«-Resort. **4** Toplage mit Bähnchen zum Strand – das »Bulgari« liegt atemberaubend schön auf einer Anhöhe.

1 Pool-Villa im »Bulgari«-Resort. **2** Ein Tempel als Bad – Blick auf Wanne und Becken in einer Villa. **3** Ganz oben – Bar und Zierteich im Resort. **4** Spitzenklasse – das Spa. **5** Die Seilbahn zum Strand.

gari« also mit einem vermeintlich perfekten Resort nur einen gefühlten dritten, vierten oder gar fünften Platz auf Bali einnimmt, liegt vorwiegend an ganz profanen Dingen. In vielen Fällen gab Stil den Ausschlag gegenüber Praktikabilität. Aber was nützt das schönste Badezimmer, wenn es nach Benutzung der Außendusche unter Wasser steht und fürs mollige Badehandtuch leider kein Aufhänger zu finden ist? Handtuchaufhänger? In einem der – zugegeben – schönsten Hotelbäder Balis? Ganz in schwarzem Terrazzo gehalten mit einer übergroßen Badewanne als Tempel im Zentrum – dort ein Handtuchaufhänger? Nein, Stil geht vor! Mit solchen Kleinigkeiten könnte man ganze Listen füllen: die Kaffeetassen, hübsch designt, aber letztlich aussehend wie ungespült. Geschmacksausrutscher wie die Baumarkt-Kellerleuchten auf der Terrasse – direkt neben dem Bang & Olufsen-Soundsystem! – oder die Tatsache, dass man im »Bulgari« gezwungen ist, mit Klimaanlage zu schlafen. Die Schlafzimmerfenster der Villen lassen sich nämlich leider nicht öffnen ...

Ein Highlight der Absonderlichkeiten allerdings ist der Strand. Da etwa 150 Meter tiefer gelegen, fährt eine Kabinenbahn in drei Minuten und 40 Sekunden nach unten. Als diese noch nicht fertig gestellt war zur Eröffnung Ende 2006, flog man die Gäste sogar an den Privatstrand – per Helikopter. Man gönnt sich ja sonst nichts. Jede Menge Muscheln, Liegestühle, Sonnenschirme, ein kabelloses Laptop mit kostenfreiem Wireless-Lan-Zugang und Servicepersonal sind da – aber das Baden im Meer ist verboten, weil unmöglich. Die Brandung ist zu hoch, der bis an den Wassersaum reichende felsige Untergrund zu schroff und die Wasserhöhe selbst bei Flut zu seicht. »Bulgari« hat den Ozean zur schnöden Kulisse degradiert.

Besonders sichtbar werden Fehler aber auch bei der Anordnung der 60 Villen. Jede von ihnen hat Meerblick und zumindest ein Planschbecken. Doch fast alle stehen so dicht neben- und übereinander, dass zwangsläufig Einblicke in das Leben der anderen gegeben werden. Kann das wirklich »Bulgari«-Philosophie sein? Privatheit wollte man ja schließlich: einen wunderschönen, unberührten und fern von allem liegenden Platz, der trotzdem binnen einer Stunde von einem internationalen Flughafen erreichbar ist. Zufällig hat man diesen Ort auf Bali gefunden. Es hätten jedoch auch die Bahamas, Kapverden, eine unbekannte thailändische oder griechische Insel sein können. Schließlich ist der Namensgeber Grieche und zeigt das auch im Firmenlogo, das stets mit v statt u, also »Bvlgari« geschrieben wird.

Absolute Privatheit steht den Gästen auch aus anderer Sicht nicht zur Verfügung. Für die einen ist es toll, für andere ein Malus, wenn zum Frühstück Affen von den Klippen, ihrer Heimat, herunterturnen und entlang der Kliffbalustrade balancieren, nur etwa zwei Meter von den Gästetischen entfernt. Natürlich lauern sie, ob ein Croissant abfällt oder eine Banane. Da das Frühstück aber serviert wird und der Gast folglich nicht aufstehen muss, ist die Chance auf

einen Happen gering. Morgens werden die Kerle im Busch gefüttert, damit sie zur Frühstückszeit nicht zu aufdringlich werden. Aber manchmal klettert der eine oder andere Affe auch zu den Villen. Eine Amerikanerin war ganz entsetzt und forderte den Hoteldirektor auf, er möge das Vieh doch bitte erschießen, das da vor ihrer Nase sitzt. Die Antwort des Hoteldirektors war balinesischer als das ganze Resort, für die US-Bürgerin aber vollkommen unverständlich. Er sagte, er könne das nicht veranlassen, da es sich bei dem Affen um eine Reinkarnation handeln könnte. Um es plausibel zu machen, meinte er, es könne der Opa ihres persönlichen Butlers sein oder ein Verwandter von anderem balinesischem »Bulgari«-Personal.
Rund 90 Prozent der Einwohner Balis sind Hindus und damit die große Ausnahme im streng muslimisch geprägten Indonesien. Und die Weltansicht der balinesischen Hindus stützt sich auf die Lehre der Reinkarnation. Die Art der Wiedergeburt bestimmt gutes beziehungsweise schlechtes Karma, welches während des Lebens angesammelt wird. Aber was soll damit eine mit Klunkern behangene, wasserstoffblonde Amerikanerin anfangen? Sie wollte ja schließlich nicht nach Bali, sondern ins »Bulgari«. Das Resort war ihr eigentliches Reiseziel ... Falls aber doch einmal ein Ausflug auf dem Programm steht, etwa zum nahe gelegenen, heiligen Pura Luhur Uluwatu, wählt man gerne »Bulgari's« Signature Experience: Ein Helikopter-Flug über den Uluwatu-Tempel mit anschließender Landung an einem einsamen Strand zum Champagner-Picknick. Kostenpunkt: 17 Millionen Rupien, etwa 1700 Euro.

Bukit Badung – »Bulgari« auf dem Lande

Anreise/Lage
Die Halbinsel Bukit Badung liegt im Süden von Bali und ist vom Flughafen über den autobahnähnlichen Bypass Ngurah Rai leicht und schnell erreichbar.

Sehen und erleben
Nusa Dua, *Benoa*, der *Uluwatu-Tempel* und die vielen kleinen und großen, abgeschiedenen und rege frequentierten Strände und Surfreviere sind die Highlights auf der Halbinsel.

Unterkunft
(13)*****+*The Bulgari Resort*, Jalan Goa Lempeh nahe Pecatu, Tel.: 0361-8471000, Fax: 0361-8471111, www.bulgarihotels.com, E-Mail: infobali@bulgarihotels.com. Architektonische Stilikone auf den Klippen über dem Meer. Kabinenbahn zum Strand, an dem man aber nicht baden kann. Ausschließlich Villen mit kleinem Privatpool. Ausgezeichneter Service, schöner Überlaufpool, perfekte Massagen: Das Spa ist mit das beste in Bali.

Restaurants
Il Ristorante, exklusiv, Jalan Goa Lempeh nahe Pecatu, Tel.: 0361-8471000. Der italienische Chef kocht jedes italienische Gericht, das der Gast wünscht. Beschreibung genügt. Minimalistische, elegante Atmosphäre innerhalb des *Bulgari Resorts*.
The Ocean Restaurant, exklusiv, Jalan Pura Batu Pageh in Ungasan, Tel.: 0361-771992. Ein Glasaufzug bringt die Gäste vom *Grand Bali Cliff* ins Lokal und zum frischen Catch from the Sea. Fantastischer Ausblick.

Ziele in der Umgebung
Direkt unterhalb des *Grand Bali Cliff* liegt ein schlichter Meerestempel: *Pura Batu Pageh*. Es ist unglaublich zu beobachten, wie die Balinesen ihre Opfergüter auf dem Kopf balancieren – über windschiefe Bambusleitern und Stufen. Der Tempel hat eine Höhle, in der heiliges Wasser entspringt. Es wird von Schlangen bewacht und Wasser nur für wichtige Zeremonien abgezapft.

1

2

3

4

Pendant im Osten

Sanur – im Urlaubsparadies der Familien

Balis Touristenort für Pauschalreisende erinnert in vielem an Gran Canaria, Pattaya oder andere Massenziele. Man spricht deutsch, die Umgebung ist tropisch – die Temperaturen sind hoch und die Preise niedrig.

Für die Übernachtungsrate im »Bulgari« bekommt man in Sanur schon eine Woche im kleinen Bungalowresort, inklusive Flug aus Deutschland. Im Strandvorort der Hauptstadt Denpasar ist nicht die sündhaft teure *splendid isolation* angesagt, sondern ein überschaubares und trotzdem mannigfaltiges Angebot: Friseur neben Bar, Internetcafé neben Autovermietung, deutschsprachiger Arzt neben balinesischer Masseurin, Fischrestaurant neben »Abfüllbude«. In der Jalan Danau Tamblingan, der Lebensader von Sanur, reiht sich Laden an Laden und Lokal an Lokal. Der Pantai Sanur ist aufgrund des breit gefächerten Angebotes der deutschen Reiseveranstalter der von Deutschen meistbesuchte Ort auf Bali. Auf Platz zwei und drei der Hitliste der Bundesbürger folgen Ubud vor Nusa Dua. Von Kuta fehlt jede Spur auf dem Treppchen. Und da sage einer, die Deutschen hätten keinen Geschmack ...

Zwar hinkt der deutsche Marktanteil noch immer mit 20 Prozent den Zahlen von 2005 hinterher, nach dem zweiten Attentat also. Aber trotzdem finden insgesamt etwas mehr als 60 000 Deutsche den Weg auf das »Tropical Island of the Year 2006« (so gekürt vom »Times Magazine«). Der Marktanteil liegt damit bei gut fünf Prozent und ist gleichbedeutend mit Platz fünf im Gästeranking der Nationen – hinter Japan (20 Prozent), Taiwan (elf Prozent), Australien (zehn Prozent) und Korea (sieben Prozent). Gerald Heyduck, 59-jähriger Touristiker aus Deutschland mit balinesischem Wohnsitz und Chef der Incoming-Agentur »Melali Bali« sieht solche Statistiken jedoch mit Skepsis: »Die reinen Ankunftszahlen sagen nicht alles. Der Durchschnittsaufenthalt der Deutschen liegt mit zwölf Tagen nämlich dreimal so hoch wie jener der asiatischen Gäste. Auch die Nebenausgaben für Essen, Trinken und Souvenirs liegen pro Kopf deutlich über denen der asiatischen Besucher. Einfach ausgedrückt: Ein Deutscher gibt so viel Geld aus wie drei Taiwanesen und bleibt noch dazu dreimal so lange auf der Insel.«

1 Des Paddlers Freude – die Lagune von Sanur kennt keine Wellen. **2** Allgegenwärtige Kultur – unscheinbar eingebettete Steinfigur im »La Taverna« von Sanur. **3** Wie auf dem Land – Bale im Garten des »La Taverna«. **4** Tägliches Bild – fliegende Händler am Strand von Sanur.

1 Sundowner-Ecke – gemütliche Sessel im großen Garten des »Bali Hyatt« in Sanur. **2** Relax-Liegen – im Spa des »Bali-Hyatt«. **3** Typisch balinesisch – der Garten mit Brückchen und Sala im »Bali Hyatt«. **4** Das Wasser weist den Weg – das »Bali Hyatt«-Resort ist großzügig angelegt.

Der Souvenirverkäufer an der Jalan Danau Tamblingan kennt diese Zahlen nicht, weiß aber intuitiv, dass die Deutschen zu den wichtigsten Kunden gehören. Er grüßt deshalb auf Deutsch, sagt beim Verkaufsgespräch immer wieder »Billig! Billig!« und »Gute Ware«, kennt Berlin und München, hat aber auch schon von Hamburg und Stuttgart gehört. Er trägt ein Bayern-Munich-Sporthemd in knalligem Rot, nimmt gerne auch Euro und verabschiedet sich brav mit einem herzlichen »Auf Wiedersehen!« – selbst dann, wenn er mal kein Geschäft gemacht hat. Gleiches gilt am Strand für die fliegenden Händler, die neben echtem Silberschmuck auch so manche nachgemachte Markenuhr feilbieten.

Die Hoteliers von Sanur sind ebenfalls auf deutsche Gäste eingestellt. Es muss sauber sein, das Preis-Leistungs-Verhältnis soll stimmen, und natürlich darf die Unterkunft gerne liebevoll eingerichtet sein. Umso besser, wenn sie am Strand liegt, nette Restaurants und einige Geschäfte in Gehminuten-Entfernung sind. Was die vornehmlich Drei- bis Vier-Sterne-Hotels am Pantai Sanur bieten, ist – nicht im Vergleich mit »Aman«, »Bulgari« und Co., sondern mit Blick aufs Portemonnaie – wirklich klasse. Zu Preisen unter einer deutschen Bahnhofspension gibt es einen Hauch von Luxus, viel Flair und eben saubere Zimmer in prima Lage. Wenn man sein Hotel rückseitig zur Straße hin verlässt, ist man bereits mitten im Dorf. Und zur anderen Seite liegt einem der Strand zu Füßen. Abends werden an der Promenade die Liegestühle weggeräumt und die Tische zum Dinner eingedeckt. Candle-Light-Atmosphäre mit freundlichem Personal und mit blanken Füßen im Sand: Was unbezahlbar klingt, ist für ein paar Euro zu haben. Und fürs Après-Dinner ist auch gesorgt: mit netten Bars und Strandcafés, mit ein paar Clubs und Diskotheken. Nicht zu viel, nicht zu laut, nicht zu grell – in Sanur weiß man, was die deutschen Pauschalurlauber wünschen. Sanur ist ein ruhiger Badeort, in dem balinesische Familien ihre Zeremonien am Strand mitten unter Touristen aus aller

4

Herren Länder abhalten, ohne sich an neugierigen Blicken oder ständigem Fotoklicken zu stören.

Immer wieder liest man in Reiseführern, dass gerade Sanur besonders ein Reiseziel für ältere Urlauber sei. Es stimmt – aber nicht ganz: Familien fühlen sich dort gleichfalls pudelwohl. Das Leben tobt nicht wie in Kuta, die Hotels sind nicht so teuer wie in Nusa Dua, und der Strand ist zu 100 Prozent familiengerecht: Der hellsandige Beach ist breit und von einem Korallenriff geschützt. Auch Kinder können sicher baden, denn in der Bucht gibt es kaum Brandung. Deshalb kann man auf dem ruhigen Meer auch eine flotte Runde Wasserski drehen oder per Paragliding Sanur von oben sehen. Die Kehrseite der Medaille: Bei Ebbe geht nichts, denn das Wasser zieht sich weit zurück. Dann steht aber immer noch der Hotelpool zur Verfügung oder ein Bootsausflug zum Tauchen oder Schnorcheln ans vorgelagerte Riff. Auslegerboote warten am Strand auf Gäste, und ihre Besitzer bieten ihnen individuelle Touren an. Und wer an Land bleibt, bummelt an der Uferpromenade. Sie schlängelt sich entlang der gesamten Länge des Strandes. Beim Flanieren stößt man auf landestypische Restaurants, Souvenirläden und so manche Handwerksstube, wo kleine Kostbarkeiten des reichhaltigen, balinesischen Kunsthandwerks vor den Augen der Spaziergänger entstehen.

Sanur hat eine lange Tradition im Tourismus. Die ersten Resorts im Bungalowstil entstanden schon in den 1950er-Jahren. Und mit dem »Bali Beach Hotel«, einer Reparationsleistung der Japaner, begann 1966 der Fremdenverkehr im größeren Stil. Der hässliche, zehnstöckige Betonklotz blieb übrigens die einzige Bausünde auf der Insel, denn ein Gesetz verhinderte weitere Gebäude, die über Palmenhöhe hinausgehen. Inzwischen gibt es viele Unterkünfte der oberen und mittleren Preisklasse, aber auch immer noch genügend einfache *Losmen* und *Homestays*, wie Gästehäuser auf Bali genannt werden.

Europäer kamen indes schon viel früher: Vicky Baum beschreibt in ihrem unbedingt lesenswerten Roman »Liebe und Tod auf Bali« den Alltag von Sanur. Und der belgische Maler Adrien Jean Le Mayeur gründete hier schon Anfang der 1930er-Jahre eine Künstlerko-

1 Mehr als nur drei Sterne – die Luxus-Villa des »La Taverna« in Sanur. **2** Blick nach Innen – »La Tavernas« beste Unterkunft kann mit den Luxusketten durchaus mithalten. **3** Wo der Frosch mit Wasser spuckt - am Swimming-Pool des »La Taverna« in der Abendstimmung; rechts das Restaurant des Resorts. **4** Offen und doch behütet – Terrasse im »La Taverna«. **5** Auch normal ist schön – Garden-Villa im »La Taverna«.

lonie. Er lebte dort knapp 30 Jahre lang und war mit Ni Polok verheiratet, der schönsten und berühmtesten Legong-Tänzerin ihrer Zeit. Seine Frau, die er als Teenager heiratete, was in Bali damals durchaus üblich war, wurde sein Lieblingsmodell. Als sie 1985 starb – Le Mayeur selbst starb 1958 in Brüssel – machte man aus dem Wohnhaus und Atelier am nördlichen Ende des Strandes ein Museum. Es liegt direkt neben dem »Grand Bali Beach Hotel« und in der Nähe des beliebten Marktes Sanur Beach. Einige Gemälde – auch mit Ni Polok als Motiv – sind im Le-Mayeur-Museum und weitere in Ubud ausgestellt. Besonders die in Bali gemalten Bilder geben einen guten Eindruck von Land und Leuten sowie vom balinesischen Alltagsleben dieser Zeit, als Sanur noch ein kleines Fischerdorf war. Auch wenn sich das äußere Bild geändert hat, in Sanur ist trotz des Tourismus vieles gleich geblieben: Noch immer haben ausschließlich die Priester das Sagen, und die Menschen bewahren ihr Zusammengehörigkeitsgefühl innerhalb der traditio-

nellen Dorfgemeinschaft. Was nur wenige wissen: Sanur hat nicht nur Wurzeln in Literatur und Malerei, sondern auch eine Musiktradition. Die drei Gamelan-Orchester des Ortes sind inselweit bekannt und gehören zu den besten Balis. Wer einmal ein Gamelan-Orchester gehört hat, wird diese Klänge nie vergessen und immer wieder erkennen. Und wenn das vielköpfige, ausschließlich aus Männern bestehende Orchester spielt, dann darf man sicher sein, dass man sich im Zentrum einer größeren Zeremonie befindet. Ob Tempelfest, religiöse Prozession oder gesellschaftliches Ereignis: Jede solcher Feierlichkeiten wird von Gamelan-Musik begleitet. Das Wort »Gamelan« selbst stammt aus Java, ist jedoch heute der allgemeine Begriff für ein Orchester von Schlaginstrumenten. Es besteht vorwiegend aus Gongs, Xylofonen und, im Mittelpunkt stehend, zwei Trommeln – eine männliche und eine weibliche. Die beiden Trommler bestimmen damit das Tempo des Musikstückes, je nach persönlicher Vorliebe, per Hand oder Schlagstock. Gamelan-Musik ist sehr ungewohnt für europäische Ohren, hat jedoch beim näheren Hinhören durchaus einen Rhythmus. Höher liegende Töne werden öfter angeschlagen als tiefere. Und das Erstaunlichste ist: Die Musiker spielen ihre Stücke fast immer aus dem Gedächtnis.

Sanur – im Urlaubsparadies der Familien

Anreise/Lage
Sanur liegt östlich der Hauptstadt Denpasar und nordöstlich des Flughafens im Süden von Bali. Sowohl von Denpasar als auch vom Flughafen – über den autobahnähnlichen Bypass Ngurah Rai – ist der Strandort leicht und schnell erreichbar.

Sehen und erleben
Das *Le-Mayeur-Museum* mit Werken des belgischen Malers ist durchaus einen Besuch wert, zumal es sich in der Nähe des beliebten Marktes Sanur Beach befindet. Ansonsten gilt auch für Sanur, was für andere Badeorte auch Bestand hat: *Life is the Beach.* Gut einkaufen kann man auch auf der Hauptstraße Danau Tamblingan.

Unterkunft
⑭ *****Bali Hyatt*, Jalan Danau Tamblingan, Tel.: 0361-28 12 34, Fax: 0361-28 76 93, http://bali.resort.hyatt.com, E-Mail: balihyatt.inquiries@hyattintl.com. Das beste Hotel der

5

Gegend ist in die Jahre gekommen, aber sein balinesischer Charme wirkt immer noch. Durch die Promenade vom Strand getrennt, verfügt es über einen großen Garten, zwei Pools, Spa, Tennisplatz.
⑮ ****La Taverna Bali Hotel*, Jalan Danau Tamblingan, Tel.: 0361-28 84 97, Fax: 0361-28 71 26, www.latavernahotel.com, E-Mail: latavern@latavernahotel.com. Riesiger Banyan-Baum am Eingang und nicht nur deshalb vielleicht das balinesischste Resort in Sanur. Eher einfach, aber reizend, nur durch die Promenade vom Strand getrennt. Das Restaurant wird jeden Abend am Strand aufgebaut. Pool, Spa.

Restaurants
Pizza Ria and Terrace, gehoben, Jalan Danau Tamblingan, Tel.: 0361-28 12 34. Italienische Küche und Pizza wie aus Napoli, direkt am Strand des *Bali Hyatt*. Sehr romantisch!
The Village, mittlere Preisklasse, Jalan Danau Tamblingan, Tel.: 0361-28 50 25. Wer den Sand zwischen den Zehen nicht jeden Abend wünscht, der ist im *Village* richtig: fantastische, internationale Küche zu günstigen Preisen.

Ziele in der Umgebung
Das *Riff von Sanur* ist sehr schnell erreichbar und lohnenswert. Es ist gekennzeichnet von interessanten Korallenformationen, Schwämmen und vielen farbigen Tropenfischen.
Ein *Bootsausflug* sollte bei jedem Sanur-Besucher auf dem Programm stehen.

1

2

3

4

Das Gras wächst unter Wasser

Nusa Lembongan – Ausflug zur Seegras-Insel

Von den drei großen Eilanden in der Badung-Straße liegt Nusa Lembongan Bali am nächsten. Und sie ist auch am weitesten touristisch erschlossen. Täglich verkehren mehrere Ausflugsboote auf die Insel.

Im Allgemeinen wird Lombok als die Schwesterinsel von Bali bezeichnet. Dabei haben die beiden Eilande kaum etwas miteinander zu tun und nur wenig Vergleichbares, was auch zu erklären ist: Zwischen Bali und Lombok liegen zwar nur rund 40 Kilometer, aber auch ein tiefer Meeresgraben und die Wallace-Linie. Der englische Naturforscher, nach dem die Grenzlinie benannt wurde, erkannte schon früh, dass jenseits von Bali – und in der Verlängerung jenseits des nördlich gelegenen Borneo – verschiedene Formen und Arten der asiatischen Fauna und Flora nur noch sporadisch auftauchen. So gesehen müsste man eigentlich von Nusa Lembongan, Nusa Ceningan und der großen Nusa Penida als Balis Schwesterinseln sprechen, da alle drei westlich der Wallace-Linie liegen.

Lembongan ist die mit Abstand am meisten touristisch erschlossene Insel. Mitte der 1990er-Jahre eröffnete das erste Resort. Inzwischen zählt man auf der 7000-Einwohner-Insel ein halbes Dutzend Bungalowanlagen. Eine asphaltierte Straße gibt es aber noch nicht.

Acht große Ausflugsboote laufen Lembongan täglich von Bali aus an. Zu jedem Schiff gehört ein Strand, ein Resort mit Restaurant, eine Bar und ein Pool sowie ein im Meer verankerter Ponton, der zuweilen mit Wasserrutschen – einem Fun-Park ähnlich – ausgebaut ist. Es werden Tauch- und Schnorchel- oder Glasboden-Bootstouren organisiert und Inselerkundungen angeboten. Man kann Volleyball spielen, Banana Boat Rides machen, beim Parasailing die Welt von oben sehen – oder einfach faul am Strand liegen. Erst gegen Nachmittag, wenn die Katamarane und Schnellboote die Insel verlassen haben, kehrt wieder die sonst übliche Ruhe ein.

Aufgrund der Wellen bietet sich Lembongan auch gut zum Surfen an, und bei Ebbe kann man zur südlich gelegenen, unbewohnten Insel Ceningan waten. Die meisten Übernachtungsgäste hier sind Taucher. Es gibt viele Korallen und Rifffische. Besonders im Kanal zwischen den Inseln herrscht eine starke Strömung. Dort sieht

1 Geblähte Segel – Überfahrt zur Insel Lembongan. **2** Schillernder Glanz – auf Lembongan gewonnene Perlen. **3** Unglaubliche Schönheit – die Unterwasserwelt der Insel zieht die Taucher an. **4** Bunte Tradition – Auslegerboote gehören auf Nusa Lembongan noch zum Alltagsbild.

1 Das Brot der Insel – eine alte Frau sortiert Seegras nach Qualität. **2** Das Gold des Eilands – Strand auf Nusa Lembongan, bei den »Hai Tide Huts«, dem besten Resort der Insel. **3** Die Auswüchse des Tourismus – Wasserpark auf einem Ponton vor der Küste, an dem auch die Ausflugsboote anlegen. **4** Filigrane Arbeit – Perlenfarm auf Lembongan.

man Großfische wie Thuna, Barakudas oder Ammenhaie. Weitere gute Plätze für erfahrene Taucher befinden sich an der Nordspitze: Mangrove Point, Crystal Bay, Blue Corner Tip und Manta Point, wo zur Paarungszeit große Mantarochen beobachtet werden können. Etwa 60 Prozent der Küsten von Lembongan sind Seegrasplantagen. Die meisten Bewohner der beiden Dörfer Jungutbatu und Lembongan leben davon. Die Nachfahren der Strafkolonie des früheren Königreichs Klungkung haben die Plantagen in stets gleichbleibend warmen, ruhigen, aber stets mit Frischwasser versorgten Meeresbuchten in etwa zwei Meter Tiefe hinter dem schützendem Riff angelegt. Eine Familie erntet in einer guten Sommersaison etwa eine Tonne pro Monat, die rund drei Millionen Rupien, gut 250 Euro, einbringt. Das Seegras versorgt insgesamt tausend Familien auf der Insel und sichert ihnen ein weitgehend risikofreies Einkommen. In einer schlechten Saison wird immerhin die Hälfte eingenommen, während es beim Fischfang stets auch Tage ohne jeglichen Fang gibt. Japan ist der Hauptabnehmer des Seegrases, nur ein kleiner Rest bleibt in Bali und wird etwa für die Zubereitung von Agar-Agar, eine geleeartige Zutat für Süßspeisen, oder für Seegrassalat genutzt.

Wer sich für Perlen interessiert, ist ebenfalls richtig auf Lembongan. In der Pearl Farm kann man den ganzen Prozess der Perlenzucht beobachten. Am interessantesten ist die Operation, wenn der Auster ein mit Antibiotikum präpariertes Muschelstück eingesetzt wird.

Die natürliche Reaktion der Auster ist, das fremde Stück vollkommen zu umhüllen. Das Endprodukt, das in der Regel binnen zwei Jahren entsteht, ist dann die Perle. Bei Naturperlen ist der Fremdkörper meist nur ein eingeschwemmtes Sandkorn, der Prozess des Abkapselns läuft jedoch identisch ab.

Einige wenige Prachtexemplare auf Lembongan haben einen Durchmesser von knapp zwei Zentimetern, und damit wird ein Kaufpreis von gut 10 000 Euro erzielt – pro Stück. Perlen hatten für die Menschen schon seit jeher einen großen Wert. Kleopatra soll sie in Wein gelegt und getrunken haben. Kolumbus brachte sie säckeweise aus der Neuen Welt nach Europa. Und die Balinesen erzählen die Geschichte, dass Perlen die Tränen des Mondes sind, die von den Austern in der Nacht aufgefangen werden.

Weit unberührter als Nusa Lembongan ist die gut 300 Quadratkilometer große Schwesterinsel Nusa Penida, die von Muslimen bewohnt wird. Besonders spektakulär sind ihre Tauchreviere in den sehr klaren Gewässern. Eine Vielzahl von harten und weichen Korallen, bunten Tropenfischen, Muränen und Haien sind dort zu Hause. Des Öfteren trifft man auch auf Mantas. Und manchmal sind Schildkröten zu sehen. Da Penida über keinerlei touristische Infrastruktur verfügt, ist man jedoch auf Tauchausflüge von Bali aus angewiesen. Die einfache Transferzeit dauert gut zwei Stunden.

Nusa Lembongan– Ausflug zur Seegras-Insel

Anreise/Lage
Die Insel Lembongan liegt östlich von Bali in der Badung-Straße und ist nur per Boot erreichbar. Vom Hafen Benoa dauert die Überfahrt ungefähr zwei Stunden.

Sehen und erleben
Das Eiland ist ein Taucher- und Tagesausflugsziel. Neben den *Seegras- und Perlenfarmen* kann man auch in ein kurioses Untergrundhaus hinabklettern. Die Legende besagt, dass ein Mann einst von einem bösen Geist verdammt wurde. Er bat jedoch darum, noch ein Haus bauen zu dürfen. Da er ohne Mittel war, buddelte er sich eine angenehm kühle Höhle. Um Zeit gegenüber dem Geist zu gewinnen, begann er stets ein neues Zimmer, bevor er das alte fertigstellte. So entstand ein ganzes unterirdisches Labyrinth, dessen Besuch für Leute, die an Klaustrophobie leiden, ungeeignet ist.

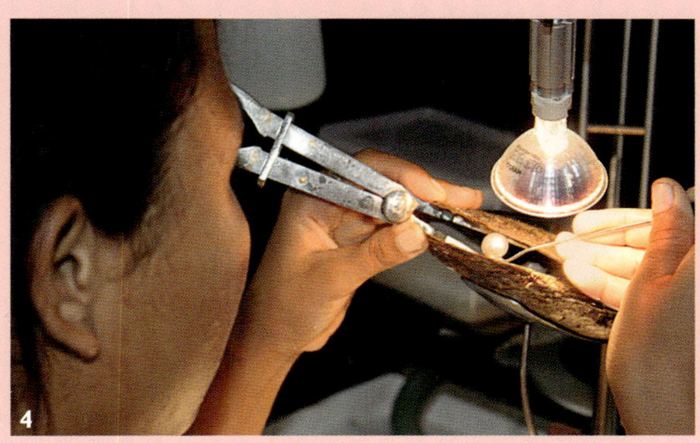

4

Unterkunft
⑯ ***Hai Tide Huts*, Pantai Jungutbatu, Tel.: 0361-72 03 31, Fax: 0361-72 03 34, www.balihaicruises.com, E-Mail: sales@balihaicruises.com. Stelzenbauhütten aus Holz mit einem fast bis zum Boden reichenden Strohdach. Der nötigste Komfort ist gegeben, eine schöne Strandlage ebenfalls.
⑰ **Mushroom Beach Bungalow*, Pantai Tanjung Sanghiang, Tel./Fax: 0366-24 515, www.mushroom-lembongan.com, E-Mail: sales@mushroom-lembongan.com. Einfache Steinbungalows. Nur zwei der insgesamt zehn Zimmer verfügen über ein eigenes Bad. Sieben Meter über dem Wasserspiegel hat man einen fantastischen Blick auf die Buchten *Sanghiang* und *Mushroom*.

Restaurants
Sunset Restaurant, einfach, Pantai Jungutbatu, Tel.: 0361-72 03 31. Mittelmäßige, indonesische Küche und gegrillter Fisch vom kleinen Büffet; mehr darf man nicht erwarten.
Deck Restaurant, einfach, Pantai Tanjung Sanghiang, Tel.: 0366-24 515. Offenes Lokal auf den Klippen über dem Strand. Eine schöne Aussicht, ganz guter Fisch und jede Menge Tagträume ...

Ziele in der Umgebung
Auch wenn die Nachbarinsel *Ceningan* selbst nichts Aufregendes zu bieten hat, in diesem Fall gilt, der kurze Weg ist das Ziel: entweder über die schmale Hängebrücke, die beide Inseln verbindet, oder bei Ebbe zu Fuß durchs seichte Wasser gehen.

1

2

3

4

Eng, laut, stickig

Denpasar – Balis hektische Hauptstadt

Mehr als jeder zehnte Bewohner Balis lebt in der Inselhauptstadt. Der erste Eindruck von Badung, wie Denpasar früher hieß, ist chaotisch. Auf den zweiten Blick ist die Stadt durchaus einen Abstecher wert.

Ruhe. Es herrscht absolute Ruhe – eine Art Totenstille. Kein Fahrzeug ist zu sehen, kein Fußgänger. Alle Restaurants sind geschlossen, die Straßen sind leer gefegt: Denpasar – am *Nyepi-Tag*. Ob in einem Dorf in den Bergen oder in der Inselhauptstadt, am balinesischen Neujahrstag haben alle Aktivitäten zu unterbleiben. Niemand darf auf die Straße – auch Touristen nicht. Der Puputan-Platz, das absolute Zentrum von Denpasar, ist wie ausgestorben. Sogar der internationale Flughafen wird für den ganzen Tag dicht gemacht. Bali versinkt in einen tiefen Schlaf. Selbst in den Häusern wird nicht gesprochen. Früher schalteten die Elektrizitätswerke sogar den Strom ab. Aber in Zeiten von Kühlschränken und Gefriertruhen ist deshalb zu viel Nahrung verdorben. Die Regel wurde gelockert. Mit dem Nebeneffekt, dass nicht mehr in jedem Haus vollkommene Ruhe herrscht am *Nyepi-Tag*. So manche Familie schließt die Fensterläden und macht ganz leise den Fernsehapparat an, statt inneren Frieden zu suchen und zu meditieren.

Am Tag zuvor lärmten noch die Kinder durch die Straßen, brannten Knallkörper ab und zogen mit *Ogoh-Ogoh*-Monstern durch Denpasars Straßen. An jeder Abzweigung oder Kreuzung werden die Ogoh-Ogoh hin- und hergezerrt sowie um die eigene Achse gedreht. Mit dem Zweck, die bösen Geister zu verwirren und aus dem Ort zu vertreiben. Wochen vorher gehen die Kinder durch die Gemeinde, um für die Herstellung der Pappmachee- oder Bambus-Ogoh-Ogoh Geld zu sammeln.

Sind die bösen Geister erst einmal vertrieben, hoffen die Balinesen, dass die Dämonen am *Nyepi*, dem ersten Tag des balinesischen Jahres, die Insel ganz verlassen haben, weil sie ja glauben müssen, dass alles ausgestorben ist, wenn keine Menschen mehr auf den Straßen zu sehen sind.

Das Beispiel *Nyepi* zeigt, dass die Menschen auf Bali ihrem eigenen Rhythmus folgen, der in erster Linie vom balinesischen Kalender bestimmt wird. Die verschiedenen Zeremonien, die den Jahres- und Lebenslauf formen, werden völlig in den Alltag einbezogen.

1 Dicke Luft – Mopedfahrer warten auf grünes Licht. **2** Duftende Opfergaben – auf dem Pasar Badung, dem großen Markt der Inselhauptstadt. **3** Stoische Ruhe – Pferdekutsche am Markt. **4** Am Puputan-Platz steht das Standbild des Volkshelden Raja Agung Made.

1 Moderner Markt – Kaufhaus in Denpasar. **2** Fliegende Händler – am Puputan Square. **3–6** Markt-Atmosphäre – im Pasar Badung gibt es alles, vom Geflügel über Opfergaben und Snacks bis zum Ruheplatz.

Mehr noch: Man hat sogar den Eindruck, dass der Alltag von den Ritualen geprägt wird. Diese so offensichtlich gelebte Religiosität fasziniert jeden Besucher. Sie versetzt ihn scheinbar in eine andere Zeit, besonders wenn er das Glück hat, an einer Zeremonie teilnehmen zu können – sei sie im privaten Rahmen oder in Form einer öffentlichen Feierlichkeit.

Am zweiten Tag des neuen Jahres wird dann schließlich gefeiert: Es ist inselweit die größte Party des Jahres, die ausgelassenste, die lustigste, die schönste. Und dann kehrt auch in Denpasar wieder der Alltag ein: Dann ist es wieder laut, stickig und heiß. Die engen Straßen und Gassen der Stadt quellen über mit Fahrzeugen aller Art, vom Ochsenkarren und *dokar*, dem Pferdewagen zum Personentransport, über die allgegenwärtigen *bemo*, die privaten Kleinbusse, Tausende Mopeds, Hunderte Autotaxen bis zu den Privatfahrzeugen und Lastkraftwagen. Die Hauptstadt zählt immerhin knapp 400 000 Einwohner und ist für die Balinesen der Knotenpunkt der

5

6

Insel: zum Einkaufen, für Behördengänge, Bankgeschäfte. Sie ist das Handelszentrum, das wie so oft von Chinesen beherrscht wird. Rund ein Viertel der Einwohner von Denpasar ist chinesischer Abstammung. Last but not least: Denpasar ist das politische Zentrum der Insel. Der »Neue Markt«, so die Übersetzung des Namens der balinesischen Hauptstadt, beherbergt den Sitz des Gouverneurs der indonesischen Provinz Bali und alle Regierungsbehörden der Provinz.

Balinesischen Alltag pur erlebt man im Pasar Badung, der dreistöckigen Markthalle, in der die Balinesen alles für den täglichen Bedarf einkaufen können. Am besten geht man morgens hin, wenn die Luft noch etwas kühler ist und die Geschäfte emsig laufen, das Palaver groß ist und die Auswahl immens: In der ersten Etage gibt es Fisch und Fleisch. Wer nach Gewürzen Ausschau hält, geht in den zweiten Stock. Kunsthandwerk wird im dritten Stock angeboten. Oder auch im vis-à-vis gelegenen Pasar Kumbasari, wo ab dem späten Nachmittag auch ein Nachtmarkt stattfindet. Ein guter Platz, um das eine oder andere exotische Gericht zu sehen, darauf zu deuten und es dann auszuprobieren. Souvenirjäger gehen ihrer Passion in der Jalan Gajah Mada und der Jalan Thamrin nach, während die Jalan Hasanudin die Straße der vielen Goldgeschäfte ist. Auch der Vogelmarkt Pasar Burung lohnt einen ausgedehnteren Besuch, zumal dort nicht nur Federvieh, sondern auch Hunde, Katzen, Schlangen, Zierfische und weitere Kreaturen angeboten werden.

Ganz anders das 1932 von den Holländern erbaute Bali-Museum am Puputan Square: Die Sammlungen sind im Inneren eines Gebäudes mit traditioneller Palast- und Tempelarchitektur untergebracht. Sie vermitteln einen guten Überblick über Balis Geschichte, zeigen archäologische Funde, Kunstwerke und Relikte aus dem alten Bali wie Schattenspielfiguren und Tanzmasken. Aufführungen von Tänzen finden allerdings in den üppigen Gartenanlagen im Werdi-Budaya-Art-Center am östlichen Stadtrand statt. Besonders die Veranstaltungen in Vollmondnächten sind sehr aufwendig. Darüber hinaus ist diese Kunstakademie alljährlich Gastgeber des Bali Cultural Festival im Juni und Juli.

Wer noch ein bisschen Luft aus den Golden Twenties schnuppern möchte, marschiert geradewegs in die Jalan Veteran. Dort steht das

1 Existiert seit den 1920er-Jahren – das »Inna Bali«, das erste Hotel auf der Insel. **2** Schwarz-weiß verhüllt – der Banyan-Baum des Hotels. **3** Schattiges Plätzchen – Veranda eines Gartenzimmers des »Inna Bali«. **4** Spritzige Angelegenheit – der Pool. **5** Inselweites Fortbewegungsmittel – der Minibus.

erste Hotel, das auf Bali gebaut wurde. Es entstand als »Bali Hotel«, ein für damalige Verhältnisse unglaublich luxuriöses Haus, in dem auch die internationalen Stars dieser Zeit verkehrten – Charlie Chaplin zum Beispiel oder Barbara Hutton. Die Adresse ist bis heute gleich geblieben, der Name änderte sich mehrfach und der einstige Glanz ist leider stark verblichen. Das jetzige »Inna Bali« ist nur noch ein mittelmäßiges Drei-Sterne-Hotel.

Von ganz anderer historischer Bedeutung und Qualität ist das Denkmal im Zentrum des Puputan-Platzes. Das Standbild zeigt Raja Agung Made und zwei seiner Kinder. Es steht für eine der großen historischen Begebenheiten der jüngeren balinesischen Geschichte. Auch Vicki Baum beginnt ihren Roman »Liebe und Tod auf Bali« mit dem Kapitel »Die Strandung der Sri Kumala«. Der chinesische Schoner wurde nach dem Auflaufen auf die Insel von den Balinesen geplündert. Der Eigner des Schiffes wandte sich mit Regressforderungen zunächst an König Agung Made und dann an die holländische Kolonialmacht. Da keine Zahlungen erfolgten, griffen die Holländer das Königreich Badung in einer Art Strafexpedition an. Die Balinesen waren der überlegenen holländischen Waffentechnik nicht gewachsen. Und sie begegneten den Holländern in einer einzigartigen Weise: mit kollektivem, rituellem Suizid. Als die Invasion auf den Königspalast zuging, wurde der König in einer

Sänfte den Holländern entgegengetragen. Gefolgt von einem langen Zug Balinesen, dem Hofstaat, Männern, Frauen und Kindern. Vor den Augen der Kolonialherren erstach ein hoher Priester seinen Herrscher, und einer nach dem anderen in dem langen Zug von Menschen folgte dem Beispiel und erstach sich.

In diesem Zusammenhang sei auch Ngurah Rai, der Freiheitskämpfer, erwähnt, nach dem der internationale Flughafen von Bali benannt ist. Er und eine kleine Gruppe von Soldaten traten 1946 den holländischen Kolonialherren mutig mit der Forderung nach Freiheit für ihre Insel entgegen. Keiner der Balinesen überlebte den Aufstand. Ein Monument in der Nähe des Flughafens und der Feiertag am 20. November, dem Tag des Kampfes von Ngurah Rai, erinnern bis heute an den Helden. Erst drei Jahre später wurde Indonesien unabhängig, und Bali erhielt den Status einer Provinz der Republik Indonesien.

Kein Denkmal findet man dagegen in Denpasar für Tausende von kommunistischen Balinesen, die 1965 bei der sogenannten Kommunisten-Säuberung ermordet wurden. Sie war die Antwort auf einen Putschversuch in Jakarta und wurde landesweit vollzogen. Für viele Balinesen kam diese Maßnahme einer Dämonensäuberung gleich, galten die Kommunisten doch stets als die Feinde der Religion.

Denpasar – Balis hektische Hauptstadt

Anreise/Lage

Denpasar liegt nur gut 10 km nordöstlich vom internationalen Flughafen Ngurah Rai im Süden von Bali entfernt. Je nach Standort in der Hauptstadt kann die Fahrtzeit jedoch bis zu einer Stunde betragen!

Sehen und erleben

Die Hauptstadt Balis ist nicht gerade gesegnet mit großen Sehenswürdigkeiten, aber das *Bali-Museum* am Puputan Square mit dem Standbild des Raja Agung Made, der überaus lebendige Pasar Badung, die dreistöckige Markthalle, sowie das am Stadtrand liegende Werdi-Budaya-Art-Center sind lohnenswerte Ziele.

5

Unterkunft

⑱ ****Inna Bali*, Jalan Veteran, Tel.: 0361-225681, Fax: 0361-235347, www.innabali.com, E-Mail: sales@innabali.com. Entstanden in den goldenen 1920er-Jahren, war es das erste Hotel Balis überhaupt. Der einstige Glanz ist verblichen. Was blieb, ist ein mittelmäßiges Hotel mit Geschichte.

⑲ *Hotel Viking*, Gästehaus, Jalan Diponegoro, Tel.: 0361-223992, Fax: 0361-229233. In Denpasar gibt es noch weitere einfache Hotels wie dieses: schlicht, verhältnismäßig sauber, sehr günstig und nicht für Urlauber gemacht und gedacht, sondern für die Hauptstadtbesucher vom Land.

Restaurants

Samudra, einfach, Jalan Teuku Umar, Tel.: 0361-221758. Meeresfrüchte, frisch und gut: Was will man mehr? In Denpasar muss man überall an der Atmosphäre Abstriche machen, wenn man essen geht ...

Warung Wardini, sehr günstig, Jalan Arjuna, kein Tel. In dem kleinen Lokal werden sogar die Krupuk noch selbst gemacht, aber auch alle anderen wechselnden Tagesgerichte sind sehr lecker. Besser zum Mittagessen kommen, abends ist vieles schon geplündert.

Ziele in der Umgebung

Padang Galak, wenige Kilometer östlich vom Stadtzentrum gelegen, ist das Dorf der Drachensteiger. Im Juli findet jährlich ein viel beachteter Drachenflugwettbewerb statt, der ins Leben gerufen wurde, um Anreize zur Wiederbelebung der balinesischen Drachenbaukunst zu geben.

Das Zentrum

Kleinod für meditative Momente – im Botanischen Garten von Ubud im Zentrum der Insel.

1

2

3

4

Von Spies bis Kitsch

Ubud – das Zentrum der Kunst auf Bali

Schon seit den 1920er-Jahren gilt Ubud als Künstlergemeinde und Inspirationsquelle. Umgeben von saftig-grünen Reisfeldern liegt es weit ab vom Meer im Zentrum von Bali und gehört zu den Pflichtstationen einer jeden Inselrundfahrt.

Die Religion in einem fremden Land einzuschätzen, ist eine Sache für sich. Meist handelt es sich um eine der großen Weltreligionen oder zumindest um eine ihrer Richtungen wie auf Bali. Die Basis der Religion ist hier der aus Indien importierte Hinduismus, und das Spezifische sind dabei die animistischen Traditionen und Bräuche der Balinesen. Kunst zu beurteilen, ist eine ganz andere Sache. Doch wenn man in Ubud, im etwas höher gelegenen Zentrum von Bali, weilt, kommt man nicht umhin, sich über die Kunst ein Bild zu machen, um einen klaren Trennstrich zu ziehen. Kunst und Kitsch liegen in Ubud so eng beisammen wie die weißen und schwarzen Felder beim *kain poleng*, dem allgegenwärtigen Tuch mit Schachbrettmuster. Denn in Ubud fühlt sich jeder als Künstler, auch wenn er nur billige Massenware herstellt.

Schon in den 1920er-Jahren kamen europäische Künstler hierher, um Inspiration für ihr Schaffen zu suchen und zu finden. Mit ihnen kam Bali überhaupt erst auf die weltweite Kunstlandkarte. Aber die Europäer nahmen nicht nur, sie förderten auch die einheimischen Künstler und brachten sie in ihrem Schaffen weiter – ohne dabei Einfluss auf ihren Stil zu nehmen. Malschulen wurden gegründet und moderne Malutensilien eingeführt. So zeichnete man in dieser Region zunächst im Wayang-Stil die Dämonen und mystischen Charaktere aus alten balinesischen und hinduistischen Legenden. Danach erst malten die Künstler mit modernen Techniken und Farben die Bilder aus. Dieser Malstil ist auf den Einfluss des Deutschen Walter Spies, des Belgiers Le Mayeur und des Holländers Rudolf Bonnet zurückzuführen, die sich in Ubud niedergelassen hatten. Sie brachten auch die modernen Materialien wie Leinwand, Acrylfarbe, Tinte oder Wasserfarben mit nach Bali. Gleichzeitig inspirierten sie die Balinesen dazu, nicht nur ihre gewohnten Themen, sondern auch Szenen aus dem täglichen Leben zu malen. Neben dem Wandel bei den Bildinhalten förderten sie auch die Erweiterung der Bilddimensionen von bisher maximal zwei auf drei Ebenen.

1 Handgeschnitzt – die Eingangstür des Agung Rai Museum of Art, kurz ARMA. Der lachende Agung Rai ist ein Prinz aus Peliatan. **2 Erhaben** – Stein-Buddha-Figur aus der Manacika-Galerie in Peliatan. **3–4 Wirkungsvoll** – balinesische Gemälde mit mythologischen Motiven aus dem ARMA.

1

2

3

4

Waren Vorder- und Hintergrund früher kaum voneinander zu unterscheiden, so traten nun Schwerpunkte wie Menschen oder andere Hauptmotive deutlich in den Vordergrund. Und siehe da, der heutzutage weithin bekannte, übergreifende Ubud-Stil war geboren. Übergreifend deshalb, weil es von Dorf zu Dorf durchaus bemerkenswerte Unterschiede gibt (siehe auch Seite 100: »Von Mas bis Sukawati – Maler, Musiker, Schattenspieler«).

Walter Spies, der 1895 in Moskau als Sohn eines deutschen Diplomaten geboren wurde, hatte sich bereits in Europa einen Namen als Maler gemacht, als er Bali 1925 das erste Mal besuchte. Zwei Jahre später übersiedelte er ganz auf die Insel. Als Gast wohnte zuweilen auch die Musikerin und Schriftstellerin Vicky Baum bei ihm. In Ubud schrieb sie ihren berühmten Roman »Liebe und Tod auf Bali«.

Spies galt als Multitalent, schuf viele bedeutende Bilder von der Insel, beschäftigte sich als einer der ersten Ausländer mit balinesischer Musik und zeichnete sie auf. Er war Mitbegründer der Künstlervereinigung Pita Maha und, was weitgehend unbekannt ist, er war es, der in den 1930er-Jahren die Balinesen dazu inspirierte, auf der Grundlage alter Traditionen einen neuen Tanz zu kreieren – den Kecak, der heute an vielen prominenten Stellen Balis aufgeführt wird, etwa jeden Nachmittag am Meerestempel Uluwatu, mindestens einmal wöchentlich im Werdi Budaya Art Center von Denpasar oder an den Stränden zahlreicher Hotels. Dabei dachte Spies durchaus eigennützig: Er wollte das Spektakel des Feuertan-

6

7

1 Meisterklasse – Raja Agung vor Werken von Walter Spies im ARMA. **2** Alltagskunst – aus der Galerie Manacika in Peliatan. **3–7** Impressionen – Gemälde aus dem 19. und 20. Jahrhundert, die im Agung Rai Museum of Art ausgestellt sind. Raja Agung hat dort eine bemerkenswerte Sammlung balinesischer Werke zusammengetragen.

zes in seinem Film »Bali – Insel der Dämonen« verarbeiten. Schließlich wurde der Tanz ja kreiert, um böse Geister zu vertreiben. Deshalb ist der Kecak auch sehr laut. Basierend auf Teilen des Ramayana-Epos wird der Tanz ausschließlich von Männern vorgetragen. Bis zu hundert davon bilden mit blanken Oberkörpern einen spiralförmigen Kreis und damit eine menschliche Bühne. Ohne die Wirkung anderer balinesischer Tänze zu schmälern: Der Kecak ist sicherlich der eindrucksvollste.

Wer sich einen Überblick über die Kunstszene in Ubud machen möchte, hat mehrere Möglichkeiten: etwa im Ratna Wartha, dem ersten Museum für schöne Künste in Ubud, oder im Neka-Museum, einer der größten und vollständigsten Sammlungen balinesischer Kunst. Man findet dort moderne Malerei, klassische Gemälde, aber auch Werke der in den 1930er-Jahren auf Bali lebenden ausländischen Maler. Ebenfalls eine der größten und schönsten Sammlungen balinesischer Werke aus der Blütezeit der Kunst vor dem Zweiten Weltkrieg bis zur moderneren Malerei beherbergt das Museum Puri Lukisan an der Hauptstraße Raya Ubud. Während man die Bilder besichtigt, untermalt ein Gamelan-Spieler die Atmosphäre mit balinesischen Klängen. Das Museum

1 Wildromantisch – die Schlucht des Ayung-Flusses bei Ubud. **2** Kein Tempeleingang – so betritt man das ARMA. **3** Versteckt – das ARMA bei Ubud. **4–5** Ein Pionier – der ehemalige »Stern«-Korrespondent Stefan Reisner aus Berlin gründete in Ubud den Botanischen Garten. Etwa 10 000 verschiedene Pflanzen können von den Besuchern bestaunt werden.

entstand 1956 auf Initiative des Prinzen von Ubud und Mitgliedern der Künstlervereinigung Pita Maha. Während der Wechselausstellungen in Zusammenarbeit mit der lokalen Kunstschule sitzen Schüler und Meister manchmal zusammen und diskutieren über die Bilder. Gerne erklären sie auch Touristen ihr Werk.

Für den besten Überblick muss man Ubud aber für ein paar Fahrminuten in Richtung Süden verlassen. Im Dorf Peliatan findet man das großartig gestaltete Agung Rai Museum of Art, kurz ARMA. Agung Rai ist ein Prinz aus Peliatan. Die Familie aber war arm, der Vater ein Reisbauer. Agung durfte nicht einmal die Schule beenden und wurde deshalb fliegender Händler. Der heutige Galerist verkaufte die Gemälde von Freunden und Verwandten am Strand von Kuta. Der Erfolg blieb nicht aus, und irgendwann begann er selbst Kunstwerke zu sammeln. Diese inzwischen bemerkenswerte Kollektion ist ebenso zu sehen wie klassische balinesische Malerei sowie Gemälde von Raden Saleh, Rudolf Bonnet – stimmungsvoll sein »Pensive young Man« – oder Walter Spies, dessen Ölgemälde »Calonarang« von 1930 scheinbar in die dunkelste Ecke der Mystik vordringt. Im Vergleich dazu sehr interessant: »Der Tanz der Hexen« von 1989 von I Ketut Budiana, der das Spies-Motiv variiert. Anmutig dagegen die barbusige Balinesin von Willem Gerrad Hofker, »Goesti Made Toewi«, aus dem Jahr 1942. Es war zugleich das Todesjahr von Walter Spies. Er starb auf tragische Weise, als er zusammen mit anderen Deutschen auf einem Schiff in Richtung Sri Lanka unterwegs war, das durch eine japanische Bombe versenkt wurde.

Mindestens eines dieser Museen sollte man gesehen haben, wenn man in Ubud ist, vor allem, wenn man über den Kauf eines Bildes nachdenkt. Auf den ersten Blick ist das Angebot gewaltig. Doch nach eingehender Information wird der geneigte Kunstkäufer feststellen, dass hochwertige Werke eher dünn gesät sind. Ubud ist, heutzutage und streng genommen, nichts anderes als eine endlose Kette von Galerien und Galerien und Galerien, aufgelockert durch

3

4

5

Souvenirläden, Lokale, Resorts; und am Ende dieser Schnur befindet sich ein Botanischer Garten, den ein deutscher Aussteiger gegründet hat.

Ein Botanischer Garten auf Bali? Ist das nicht gleichbedeutend mit Eulen nach Athen tragen? Ja und nein, denn Stefan Reisner aus Berlin, ehemaliger »Stern«-Korrespondent, der zwölf Jahre lang in Hongkong sein Zuhause hatte, wählte sich ein ganz besonderes Vorbild für sein Vorhaben: Deutschland ist zwar inzwischen weit weg in Reisners Kopf, Hermann Fürst von Pückler in gewisser Hinsicht jedoch umso näher. »Dessen Leidenschaft für Gärten ging so weit«, erzählt der Ex-Journalist, »dass er im preußischen 19. Jahrhundert statt der üblichen Pferde ein Gespann mit weißen Hirschen nach Berlin schickte, um dort Werbung zu machen für seinen Park, der heute ein Weltkulturerbe der UNESCO ist.« Der exzentrische Fürst war jedoch vom Größenwahn befallen, als er in der Neißeaue, ganz im Nordosten der Oberlausitz, ab 1815 seinen Fürst-Pückler-Park anlegen ließ, der eine »idealisierte Natur« verkörperte. Doch dem Fürsten ging das Geld aus, und vieles blieb unrealisiert.

Ähnlich erging es auch dem Wahlbalinesen Reisner, der 2000 auf die Insel kam und sechs Jahre später seinen »Platz für den Frieden« eröffnete. »Nach Land-, Pflanzen- und Statuenkauf war ich bankrott wie Fürst Pückler«, sagt der Obergärtner, der jeden Monat auch seine 30 angestellten Gärtner bezahlen muss: pro Monat und Kopf knapp 500 000 Rupien, etwa 50 Euro plus Essen. Der Eintritt beträgt 50 000 Rupien, und das Erreichen der Wirtschaftlichkeit »wird schwierig«. Zuschüsse gibt es keine, im Gegenteil: Beim Besuch für die Recherche dieses Buches war seine aus Java stammende Frau gerade in Denpasar, »beim Finanzamt. Das ist in Bali, wie überall auf der Welt: wie ein Gang zum Zahnarzt«

»Innehalten«, sagt der Berliner, »innehalten nach Tausenden Kilometern des Reisens. Das ist die Botschaft, die mein Garten vermitteln soll.« Innehalten für 10 000 Pflanzen, die der Besucher bewundern kann: von A wie die Ananas-Blüte der Bromelie bis Z wie fein riechender Zimt. Von filigranen Orchideen und fleischfressenden Pflanzen über Farne in der Form von Pilgerstöcken und der Mickey-Mouse-Pflanze in Gelb, Rot, Schwarz bis zu der seltenen und noch seltener blühenden Raflesia. Als sie blühte, hat Reisner

1 Fundgrube – der Kunsthandwerksmarkt von Ubud, auf dem es viel Kitsch, aber auch so manche Entdeckung gibt. **2** Aussichtspunkt – »Murnis Warung« bietet nicht nur Mahlzeiten. **3–5** Hingabe – Tempelchen auf dem Markt von Ubud. **6** Entspannung – auf einer Veranda im ARMA.

natürlich fotografiert – und sie auf seinem Mac-Laptop gespeichert, wie alle seine anderen Blütenschätze auch. Blüten vergehen, ein Jpeg bleibt ...

Ubud, das bedeutet nicht nur im Botanischen Garten eine üppige Fülle an natürlicher und landschaftlicher Schönheit. Es verheißt nicht nur die Schätze des kulturellen Zentrums von Bali. Ubud ist für viele Touristen, die nur wenig Zeit haben, auch das Paradebeispiel des ländlichen Bali. Obgleich nur rund 30 Kilometer von Denpasar und nur 40 Kilometer von Kuta entfernt – umgerechnet allerdings oft genug mindestens eine Fahrstunde, oft sogar eineinhalb Fahrstunden – ist Ubud tatsächlich eine andere Welt. Erst Anfang der 1970er-Jahre kamen Stromleitungen in den Ort. Und da die Balinesen traditionell das Meer eher meiden, findet sich im Zentrum schon deshalb ein wesentlich authentischeres Leben als an den Küsten. Einschränkend muss man jedoch sagen: Wer das wirkliche balinesische Dorfleben kennenlernen will, ist in Ubud selbst fehl am Platz. Die ehemals verträumten Dorfstraßen mit herumlaufenden Hühnern und Ausblicken auf die nahen Reisfelder gibt es nicht mehr. Ubud ist heute eine Kleinstadt mit rund 8000 Einwohnern und ein großes Touristenzentrum geworden.

Die Urlauber kommen in Scharen und schauen sich verzückt den fürstlichen Palast Puri Saren mit seinen Toren, Höfen und Bale an, schlendern schräg vis-à-vis über den Markt und Nachtmarkt, entlang der vielen Geschäfte sowie natürlich zum Affenwald. Eine der

beiden Hauptstraßen in Ubud, die in Nord-Süd-Richtung verlaufende Jalan Wana Wana, auch als »Monkey Forest Road« bekannt, führt vom Zentrum in wenigen Gehminuten direkt zu den Makaken. Sie gelten als die Wächter des auf einer Anhöhe liegenden Tempels Dalem Agung. Hunderte hüpfen umher oder blicken neugierig auf die Touristen, ob vielleicht ein paar Nüsschen abzustauben sind. Manche geben sich auch angriffslustig. Einen Stock einfach in der Hand zu halten, reicht aber schon aus, um sich die affigen Aufdringlinge vom Leib zu halten.

Wer Ubud sogar für ein paar Urlaubstage als Domizil wählt und vielleicht mal eine Tageswanderung oder -fahrt mit dem Mietmoped macht, der wird schon in nächster Nähe ein paar Orte finden, in denen man noch uriges Dorfleben erfahren kann. Es gibt wunderbare Ausflüge zu Tempeln, heiligen Quellen, Handwerksbetrieben und Reisfeldern. Durch seine zentrale Lage ist das Kleinstädtchen sogar als guter Ausgangspunkt für Touren über die ganze Insel geeignet. Zumal im Lauf der letzten Jahre etwas außerhalb von Ubud schmucke Boutique-Hotels in malerischer Lage entstanden sind. Fast alle bieten sehr gute Spa-Abteilungen mit balinesischen Behandlungen. Ubud leitet sich schließlich von Ubad, einem heilenden Flusskraut, ab und bedeutet im Balinesischen »Medizin«.

Ubud – das Zentrum der Kunst auf Bali

Anreise/Lage
Ubud liegt sehr zentral im Inselinneren und eignet sich gut als Standort für Touren auf Bali. Das Städtchen ist ungefähr 30 km von Denpasar und gut 40 km vom internationalen Flughafen Ngurah Rai entfernt. Die Fahrtzeit dorthin beträgt aber mindestens eine Stunde, oft auch 30 Minuten länger.

Sehen und erleben
Kunst, *Galerien*, *Museen* stehen im Zentrum des Interesses in Ubud. Aber auch die Märkte und Geschäfte für Kleidung, Souvenirs und Kunsthandwerk werden gerne besucht. Außerdem sind lohnenswert: der fürstliche *Palast Puri Saren*, der *Affenwald* und der *Botanische Garten.*

Unterkunft
⑳****Ubud Village Hotel*, Jalan Monkey Forest, Tel.: 0361-97 55 71, Fax: 0361-97 13 33, www.theubudvillage.com, E-Mail: reservation@theubudvillage.com. Eine der wenigen Anlagen, die immer noch – wie früher viele andere – den Blick

6

auf ein Reisfeld haben. Die 28 Cottages sind hübsch eingerichtet, haben ein offenes Marmorbad und bieten jeweils einen kleinen privaten Garten, Pool und Spa.
㉑***Puri Saraswati*, Jalan Raya Ubud, Tel.: 0361-97 51 64, Fax: 0361-97 29 52, E-Mail: purisaraswati@yahoo.com. Zentrale Lage, aber trotzdem ruhig. Die Bungalows sind mit Bambus eingerichtet und sauber. Ein Resort für genügsame Reisende. Pool.

Restaurants
Café Lotus, mittlere Preisklasse, Jalan Raya, Tel.: 0361-97 56 60. Allein der Lotosteich mit Tempelblick ist einen Besuch wert. Aber auch die Küche ist gut. Die Speisekarte ist umfangreich und bietet für jeden etwas.
Bali Pesto Café, günstig, Jalan Monkey Forest, Tel.: 0361-97 61 77. Kreative indonesische Speisen erhält man für wenig Geld unter freiem Himmel. Meeresfrüchte im Bananenblatt gibt's für gerade mal drei Euro. Es werden aber auch italienische Klassiker angeboten.

Ziele in der Umgebung
Nur wenige Fahrminuten von Ubud entfernt in Richtung Süden liegt *Peliatan* und das großartigen *Agung Rai Museum of Art*. Zu sehen sind klassische balinesische Malerei sowie Gemälde der Europäer, die auf Bali lebten und arbeiteten. Das ARMA gilt als die beste Gemäldesammlung in und um Ubud und damit auf ganz Bali.

1

2

3

4

Besser geht's nicht

Yeh Ayung – Superhotels im Garten Eden

Das »Kupu Kupu Barong« machte Mitte der 1980er-Jahre den Anfang und ebnete den Weg für Weltklasseresorts, die sich nach und nach wie Perlen an einer Schnur das Tal des Flusses Ayung entlang aneinanderreihten.

Am Campuhan-Fluss wächst besonders viel Ubad, jenes Kraut, das Ubud seinen Namen gab. Aber während in Ubud die Galerien dominieren, hat sich die Umgebung am Ayung mit Ubad, Jamu und dem Zauber von Spa-, Wellbeing- und Luxushotels in eine neue Dimension gehievt. Der Fluss ist bekannt für sein tief eingeschnittenes Tal und dessen dramatische Schönheit. Das lockt Geld an, viel Geld. Investoren bauten ein Topresort nach dem anderen an den Rand dieses Garten Eden. Es gibt weltweit nur wenige Plätze im Landesinneren, die so paradiesisch sind und wo Resorts in solcher Qualität und Anzahl miteinander auf wenigen Kilometern konkurrieren. Dabei wurden die Anlagen so geschickt in die Natur integriert, dass sie von außen kaum sichtbar sind. Und kein Resort gleicht dem anderen: Jedes hat seine spezielle Ausrichtung.

Es war 1986, als das »Kupu Kupu Barong« die Gegend wegweisend für die Luxushotellerie erschloss: als Platz für »die Happy few«. Das lange Zeit legendäre »Amandari« sorgte ein paar Jahre später für weltweite Publicity. Seine Gäste machten Ubud mit Kunst, Spies und dem neuen Paradies Ayung zum Partytalk. Ubud war »hot« – und gleichzeitig so cool wie das »Amandari« selbst. Mittlerweile reichen seine fünf Sterne nicht mehr, um am Ayung die Nummer eins zu sein. Den Platz an der Sonne nimmt jetzt das spektakuläre »Four Seasons at Sayan« ein, wo diese Hotelperlentour beginnt.

Sayan ist ein kleines Dorf – und wenn nicht die beigefarbenen Penjor an der befahrenen Straße ein Ausrufezeichen setzen würden, könnte es passieren, dass man am »Four Seasons« vorbeifährt. Was schade wäre. Selbst wenn man sich keine Suite oder Villa in diesem Weltklasseresort leisten kann oder will, auf einen Kaffee, einen Drink oder ein leckeres Nasi Goreng sollte man schon einmal vorbeischauen.

»UFO F-S-A-S ist soeben gelandet. Koordinaten Ayun 8°45'0"N / 115°10'1"E.« Fast glaubt man die blecherne Stimme eines Robo-

1 Eingebunden – Mädchen vom Dorf mit Opfergaben im »Amandari«. **2** Wohltuend – Fußmassage im »Kupu Kupu Barong«. **3** Morgendliche Opfergaben im »Amandari«. **4** Spektakulär – das »Four Seasons at Sayan« mit Lotosblumenteich auf dem Dach des Resorts.

1 Tanzunterricht – Dorfkinder üben im »Amandari«. **2** Luxusherberge – eine Pool-Villa des »Amandari«. **3** Schirmdienst – im Foyer des »Amandari«, falls es mal regnet ... **4** Nachtruhe – Kingsize-Bett im »Amandari«. **5** Traumwelt – Bale im Überlauf-Pool des »Amandari«. **6** Lesezeit – der Gang zur Bibliothek des »Amandari«.

ters zu hören, wenn man über die bewegliche Brücke auf das flache, kreisrunde Gebilde zugeht, das sich da mitten in den üppigen Dschungel gesetzt hat. Eine gelandete Untertasse aus der Sciencefiction-Welt – auf deren Rand ein irdisches Mädchen hockt: bildhübsch mit zum Pferdeschwanz gebundenem, pechschwarzem Haar. Im Yoga-Sitz, die Fingerspitzen nach oben gerichtet, den Blick in die Ferne schweifend, als wolle sie Kontakt aufnehmen mit der fernen Galaxie, aus der das UFO stammt. Ihre stoische Ruhe, die atemberaubende Architektur und das dichte Grün ergeben ein Bild, das einen in eine scheinbar andere Welt transportiert. Und wenn man den Blickwinkel nur etwas ändert, dann könnte dieses Mädchen sogar schweben, irgendwo zwischen Himmel und Lotosblumenteich. Denn dieser schließt das Hotel-UFO nach oben ab. Die gelandete Untertasse ist nämlich voll mit Wasser und Lotosblüten.

Darunter beginnt terrassenförmig das Hotel mit Rezeption, Restaurant, Spa und den versteckt am Hang nach unten gebauten Suiten. Dem futuristischen Entree folgen – unter Verwendung heimischer Materialien – eine innovative balinesische Ausstattung und Mutter Natur von ihrer besten Seite. Der Blick streift über kleine Reisterrassen, verschlungene Wege und sattes Grün. Wer das Glück hat, eine Villa zu beziehen, wohnt direkt am Fluss. Man hört das Rauschen des Ayung – aber man sieht zunächst kein Gebäude.

Auch an dieser Stelle das gleiche Prinzip: Nach oben schließt ein Teich die Villa ab, als wolle er sich mit dem Ayung vereinigen. Über eine Wendeltreppe geht man nach unten und betritt schließlich wie eine Muschel seine scheinbar unsichtbare 200-Quadratmeter-Traumvilla, die plötzlich aufgeht wie eine Blüte: mit offenem Wohnzimmer, Sofa, Teakholzmobiliar und einem drei mal vier Meter großen Privatpool – ein Luxusreich inmitten des friedlichen Ayung-Tals. Nachts hört man den Dschungel, riecht ihn, spürt die Harmonie der Natur, die keineswegs gestört wird durch die 42 Villen, die nur vom Ayung aus sicht- und einsehbar sind. Dieses Hotel-

5

6

UFO, das Altes und Neues nahezu kongenial verbindet, bietet aber auch einen überirdischen Service. Ein simples Beispiel: Von seinem Mietwagen steigt man direkt in ein Buggy um. Der Wagen wird geparkt, der Buggy-Fahrer funkt die Rezeption an, und im Vorbeifahren wird der Villa-Schlüssel übergeben. Alles passiert selbstverständlich, mühelos, effizient und begleitet von einer manchmal fast beschämenden Freundlichkeit. Andererseits offeriert man den Gästen auch ausgefallene Erlebnisse: So etwa bei Vollmond eine Fahrt zum heiligen Tempel Tanah Lot, um unter Anleitung eines Priesters Geist und Körper, also sein Karma, zu reinigen.

Nur einen Steinwurf weiter nördlich – man passiert zuvor die Einfahrten zu den Resorts »Sayan Terrace« und »Villa Puricamas« – liegt das Dorf Kedewatan, die Heimat des »Amandari«. 1989 wurde das Resort eröffnet und gleichzeitig ein umfangreiches Programm zur Unterstützung der Dorfgemeinschaft installiert. Dazu gehört, dass der Reisbauer trotz reicher Touristen direkt unterhalb des Pools auf seinem Feld arbeitet, der Chefkoch Produkte auf dem Dorfmarkt kauft oder Schulkinder zum Tanzunterricht ins Resort kommen. Den Tanzlehrer bezahlt das Hotel, wie auch die

1 Brückenschlag – über die Ayung-Schlucht zum »Four Seasons at Sayan«. **2** Direkt am Fluss – eine der Pool-Villen, die von oben betreten werden. **3** UFO mit Teich – das »Four Seasons« im Dschungel des Ayung-Tals. **4** Wohlfühlbereich – das Spa im »Four Seasons«.

Unterrichtseinheiten zur Sensibilisierung im Umgang mit Natur und Umwelt. Das Dorf soll durch Zulieferungen und Arbeitsleistungen vom »Friedlichen Geist« – so heißt »Amandari« übersetzt – profitieren. Und dieser Geist unterstützt seit 1998 zudem das Orphan House, in dem behinderte Kinder gefördert werden. Bei der jährlichen Weihnachtsauktion des Resorts können auch die Gäste helfen, in dem sie eines der von den Kindern gemalten Bilder erstehen. Der Erlös der Auktion geht komplett an das Orphan House.
Das Resort ist wie ein balinesischer Ort gebaut, die Lobby gleicht einem Wantilan, einer quadratischen, nach allen Seiten offenen Dorfhalle. Und wenn die Gamelan-Spieler abends die Bale am Pool beziehen und mit ihren Klängen das Resort verzaubern, weiß man, warum das »Amandari« einst die Messlatte auf ganz Bali setzte. Die Villen sind großräumig und doppelstöckig, von schlichter Eleganz mit einem Hauch von einer Mischung aus japanischem Design und alpenländischer Rustikalität. Die Atmosphäre ist ländlich. Und wenn das Tausend-Sterne-Firmament gegen 5.30 Uhr heller wird, melden sich die »Stadtmusikanten« von Kedewatan: Wasserbüffel, Hund, Katze und Hühner geben ihr Konzert, bis die Menschen wach sind.
Das »Amandari« ist in Würde alt geworden, gehört zwar noch zu den besten Adressen auf Bali, aber im Service hapert es: Gästen wird keine Vorfahrt gewährt, ein Valet-Parking-Service scheint unbekannt zu sein. Vom Room-Service kommt nicht, was bestellt wurde, am Poolrand finden sich seifige Putzmittelreste. Offensichtlich tanzen die Mäuse auf dem Tisch, wenn die Katze einmal außer Haus ist. Oder würde der Hoteldirektor zulassen, dass Hunde von Angestellten im Resort frei herumlaufen, andere Tennis spielen und der Küchenchef im eigenen Restaurant seine Liebste ausführt, statt am Herd zu stehen?
Weiter geht es Richtung Norden, vorbei an der Abzweigung nach Ubud, am »Villa Indah« und »Royal Pita Maha«, das man als sechste Perle in diesem Abschnitt hätte einreihen können. Die königliche Familie von Ubud hat diese Anlage im balinesischen Stil erbauen

lassen und leitet sie. Nur ist sie selten zugegen, was deutlich das Niveau senkt.
Ganz anders nebenan das »Kupu Kupu Barong«, der Pionier am Yeh Ayung: Prami begleitet die Gäste zur Villa, erzählt vom Konzept des Resorts und von den flatternden Namensgebern. »Kupu Kupu« bedeutet Schmetterling und »Barong« groß, wobei in diesem Fall handflächengroß mit Spannweiten bis zu 30 Zentimetern gemeint ist! Prami sieht klasse aus: schwarze Bluse, schwarze Hose, schwarze Haare – hochgesteckt. Es gäbe 20 Duplex-Villen, sagt sie mit entwaffnendem Lächeln, und alle hätten einen kleinen Pool mit Blick aufs Ayung-Tal. Das Resort liegt oben, am Rand des Tals, und das Auge sieht nichts anderes als dichtes Grün.
Die Villen sind im Minangkabau-Stil errichtet, als seien sie vom gleichnamigen Stamm auf Sumatra erbaut. »Alles ist handgearbeitet wie früher. Die Materialien sind Holz, Bambus, Flechtarbeiten und Schiefer«, erklärt Prami. 2005 war eine dreijährige Renovierungsphase (mit Schließung des Resorts) beendet. Und seitdem kommen auch mal Russen als Gäste und die fragen Prami regelmäßig, ob es denn einen Grund für ihr Lächeln gäbe. »Ich bin nach außen ein modernes Mädchen, aber innen hundertprozentig balinesisch. Wir lächeln eben und sind so ...«
Die Dschungelgeräusche werden nur gelegentlich von kurzen Schreien unterbrochen, die von den River-Raftern auf dem Ayung stammen und schon fast verhallt sind, bis sie oben in der Enklave des »Kupu Kupu Barong« ankommen. David Copperfield erlag dem Zauber des Resorts, sogar die Rolling Stones machten dort friedlich Ferien, und Claudia Schiffer genoss besonders das Spa. Auf dem Weg dorthin geht man an Nachbauten von Stupa-Glocken des Borobudur vorbei, Indonesiens mächtigstem Tempel auf Java. Und inmitten der Zweige eines Mangobaums ist das Mango Tree Spa untergebracht. Der Blick schweift durch die Baumwipfel und Äste in den Dschungel. Die Essenzen duften nach Mango und Jamu, einer aus balinesischen Pflanzen gewonnenen Creme. Kann man noch ursprünglicher und authentischer Wellness erleben als in diesem Baumhaus-Spa?
Mann kann, Frau natürlich sowieso. Das »Como Shambhala« ist schließlich ein Spa mit (formidabler) Unterkunft und kein Hotel mit Spa. Alles, wirklich alles in diesem Haus ist auf Wellbeing ausgelegt.

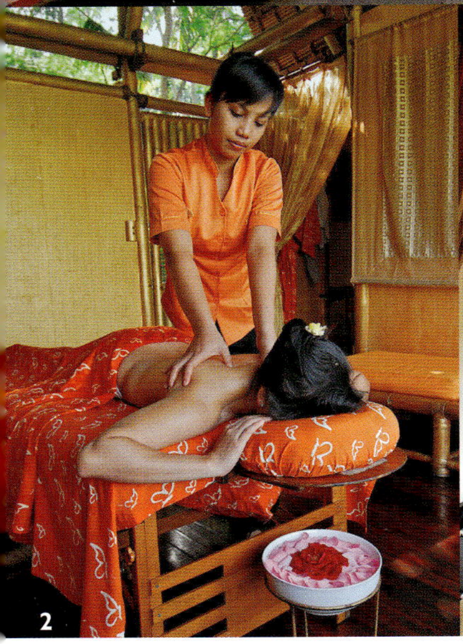

Zur Begrüßung gibt es Gurkensaft, in der Minibar findet sich nicht einmal ein klitzekleines Bierchen und zum Dinner bringt die Bedienung statt der Wein- eine Saftkarte. Mit 360-Grad-Erfahrung umschreiben die Betreiber ihr Konzept, bei dem der Gast eine Reise zur Gesundheit macht. Ganzheitlich: vom Seegrassalat über Mountainbiking bis zur Meditation. Das »Como Shambhala« ist kein One-Stopp-Spa, sondern ein Gesundheitszentrum auf höchstem Niveau und der ultimative Platz für alle, die mindestens ein offenes Ohr haben für Tai Chi, Yoga, Stress- und Gewichtsmanagement oder Reiki, die schöpferische Kraft des Universums.

Das Resort ist großzügig angelegt, und die Wege sind lang, was zwei Hintergründe hat: Erstens soll sich der Gast bewegen – zum Romantikpool unten am Fluss sind es 300 Stufen! – und zweitens verläuft sich alles. Man glaubt alleine in der Anlage zu sein und sieht kaum andere Gäste. Vier bis fünf extravagant ausgestattete Villen teilen sich einen großen Pool, den Butler und eine nach allen Seiten hin offene Lobby.

Wenn das »Como Shambhala« der Platz für alle Wellness-Jünger ist, dann begibt sich das weiter nördlich, fast schon auf halbem Weg

1 Ganz balinesisch – Terrasse im »Kupu Kupu Barong«. **2** Ganz oben – Massage im Baumhaus-Spa des »Kupu Kupu Barong«. **3** Ganz unten – die Badeabteilung des Spa. **4** Ganz romantisch – das Restaurant des »Kupu Kupu Barong«. **5** Ganz in Holz – Villa des »Kupu Kupu Barong«. **6** Ganz wohlig – Dampfbad im »Kupu Kupu Barong«.

zum Gunung Batur gelegene »Hanging Gardens« auf die Ebene normalsterblicher Menschen, die sich mal zu einem besonderen Anlass diese einzigartige Ayung-Lage, die Segnungen balinesischer Luxushotellerie und einen Privatpool leisten wollen, ohne aber dafür gleich einen Monatslohn für ein paar Tage Aufenthalt auf den Tisch legen zu müssen. Als einzige der genannten Hotelperlen liegt das Resort auf der Westseite des Ayung, also mit Sonnenaufgangsblick – und mit Sicht auf den Dalem Segara Tempel, der nachts, wunderbar beleuchtet, eine Traumkulisse abgibt. Das jüngste Tophaus am Ayung, geöffnet seit 2005, hängt – wie der Name schon andeutet – über dem Flusstal in saftigem Grün. Zwei Drahtseilbahnen helfen die Steigungen mit 45 und 65 Grad bequem zu überwinden. Manche der Stelzenvillen mit offener Terrasse scheinen förmlich zu schweben, und das Bad im kleinen privaten Pool, aber auch im doppelstöckigen Hauptpool, der wie zwei Zungen übers Tal gebaut ist, gerät zu einer Erfahrung, die bislang vornehmlich anspruchsvolle und gleichzeitig kostenbewusste Europäer für sich nutzen: zum einen zu schwimmen, gleichzeitig aber auch zu fliegen.

Yeh Ayung – Superhotels im Garten Eden

Anreise/Lage
Das Ayung-Tal liegt westlich von Ubud und ist in wenigen Minuten über die Jalan Raya Sanggingan erreichbar.

Sehen und erleben
Die spektakuläre *Rafting-Tour* auf dem Ayung ist ein Erlebnis für Jung und Alt. Das Schlauchboot driftet durch enge, von Kletterpflanzen überwucherte Felsschluchten, vorbei an Wasserfällen, die kaskadenartig abfallen. An den zahlreichen Stromschnellen muss man kräftig mitpaddeln.

Unterkunft
㉒ *****+*Four Seasons at Sayan*, Jalan Raya Kedewatan in Sayan, Tel.: 0 361-97 75 77, Fax: 0 361-97 75 88, www.fourseasons.com, E-Mail: reservation.fsrb@fourseasons.com.
Ein perfektes Hotel & Resort.
㉓ ******Amandari*, Jalan Raya Kedewatan in Kedewatan, Tel.: 0 361-97 53 33, Fax: 0 361-97 53 35, www.amanresorts.com, E-Mail: reservations@amandari.com. Ein fast perfektes Fünf-Sterne-Resort ...
㉔ ******Kupu Kupu Barong*, Jalan Raya Kedewatan in Kedewatan, Tel.: 0 361-97 54 78, Fax: 0 361-97 50 79, www.kupubarong.com, E-Mail: mail@kupubarong.com. Ein Resort, das vergleichsweise günstig über Reiseveranstalter buchbar ist.

6

㉕ ******Como Shambhala*, Jalan Como Shambhala in Begawan Giri, Tel.: 0 361-97 88 88, Fax: 0 361-97 88 89, http://cse.comoshambhala.bz, E-Mail: res@cse.comoshambhala.bz. Es ist das Wellnessresort schlechthin.
㉖ ******Hanging Gardens*, Jalan Hanging Garden in Buahan, Tel.: 0 361-98 27 00,
Fax: 0 361-98 28 00, www.pansea.com, E-Mail: ubud@pansea.com. Bezahlbarer Luxus. Das Resort gehört zu den »Orient-Express Hotels«.

Restaurants
La View Restaurant, exklusiv, Jalan Raya Kedewatan in Kedewatan, Tel.: 0 361-97 54 78.
Das romantischste Dinner weit und breit gibt es im Lobby Pond des *Kupu Kupu Barong*: ein einziger Tisch für zwei Personen auf einer Plattform in der Mitte eines Teichs. Sensationeller Ausblick plus vier Gänge, leicht französisch angehaucht.
Ayung Terrace, exklusiv, Jalan Raya Kedewatan in Sayan, Tel.: 0 361-97 75 77. Die besten Plätze sind direkt an der runden Balustrade im *Four Seasons*-UFO mit wunderbarem Ausblick aufs Ayung-Tal. Feine indonesische und internationale Küche.

Ziele in der Umgebung
Zwischen dem *Four Seasons at Sayan* und dem *Hanging Gardens* in Buahan gibt es einige lohnenswerte Stopps: Aus Süden kommend, bietet kurz vor der *Villa Indah* ein blinder Masseur seine Dienste an. In *Payangan* findet man viele Lychee- und Durianbäume, in Tiyingan wunderbare Bambushaine.

1

2

3

4

Weltkulturerbe in spe

Mengwi – eines von acht Königshäusern

Auf den Verkehrsschildern findet sich kaum der Hinweis auf die Ortschaft Mengwi, wohl aber stets die Richtung zu ihrem bekanntesten Tempel: Taman Ayun. Er wurde jüngst als neue Welterbestätte der UNESCO vorgeschlagen.

1385 Expats, auf Bali lebende Ausländer, haben eine offizielle Arbeitserlaubnis. Das ist ein Bruchteil der tatsächlichen Anzahl der Ausländer, wenn man alle mit Touristenvisum arbeitenden Tauchlehrer, Mountainbike-Guides oder Organisatoren kleiner Firmen mitrechnen würde. Meistens sind die Europäer oder Australier in mittlerer oder führender Position. Sie bringen nicht nur Know-how, sondern auch Stabilität in die balinesische Arbeitswelt. Auf 365 Kalendertage kommen rund 500 balinesische Feiertage, und ein ungeschriebenes Gesetz in Balis Wirtschaft besagt, dass 50 Prozent der Arbeitnehmer einer anderen als der hinduistisch-balinesischen Religion angehören sollten, um die täglichen Arbeitsabläufe aufrechterhalten zu können. Die meisten angemeldeten Arbeitnehmer sind in Hotels am Empfang, als Köche in Restaurants oder Manager in der Tourismusindustrie tätig. Auch Gery gehörte zu ihnen, bis er eines Tages die indonesische Staatsbürgerschaft annahm. Der 45-Jährige ist verheiratet mit einer Balinesin, wohnt in Mengwi und hatte eine hervorragende Geschäftsidee, nämlich den Touristen das versteckte Bali zu zeigen. Jede seiner Touren beginnt in seinem Ort, in Mengwi am Pura Taman Ayun, dem nach dem Muttertempel Besakih zweitgrößten und zweitwichtigsten Heiligtum Balis. Der Pagodenturm für die Reisgöttin Dewi Sri besitzt elf Dächer und symbolisiert diese Stellung. Auch dass in diesem Tempel Götter verehrt werden, die etwa auf dem Gunung Agung oder Gunung Batur wohnen, weist auf die große Bedeutung hin. Üblicherweise werden in einem Tempel nur Gottheiten verehrt, die dort auch ansässig sind.

Gery weiß: Wenn man früh am Morgen zum Tempel kommt, ist man fast für sich allein, denn die Busse vom Süden haben einen nicht zu unterschätzenden Anfahrtsweg. Und so genießt man die ungestörte und friedliche Atmosphäre am »schwimmenden Blumengarten«, so lautet Taman Ayun übersetzt. Schaut man sich um, sieht man die Pracht: Der Tempel ist nahezu komplett umgeben

1 Gefährlich – furchterregende Barong-Maske im Tempel Taman Ayun. **2** Erquicklich – Brunnen im Taman Ayun von Mengwi. **3** Beschaulich – Badezimmer in der »Villa Kompiang«. **4** Majestätisch – der Blick über die Reisfelder bei Mengwi zum mächtigen Gunung Batukau.

1

2

3

von mit Seerosen bewachsenen Kanälen und wirkt wie eine Flussinsel, bestückt mit den wohlriechenden Tempelpflanzen Frangipani, einem mächtigen heiligen Ficus-Baum und den obligatorischen Tempelwächtern.

Der Pura Taman Ayun ist einer der Reichstempel und hat seine Wurzeln im einst mächtigen Königreich von Mengwi. Raja Gusti Agung Anom ließ den Tempel um 1634 erbauen. Die Fürsten und Könige gelten auf Bali schließlich als die verwaltenden Kräfte auf Erden. Und das ist schon seit Urzeiten so. Der früheste schriftliche Beleg über ein Königreich auf Bali stammt aus dem 8. Jahrhundert. Ab dem 16. Jahrhundert entstanden durch Aufteilung die Raja-Reiche Badung, Bangli, Gianyar, Klungkung, Tabanan, Karangasem, Jembrana und Mengwi. Nachfahren aus diesen Königshäusern leben noch heute.

Die schöne Anlage betritt man durch ein gespaltenes und ein gedecktes Tor, Candi Bentar und Candi Korung. Vor dem Tempelinneren liegt ein parkähnlicher Vorhof mit Brunnenanlage und dem Glockenturm Kulkul, wo bei Zeremonien mit einem dicken Knüppel ein Gong geschlagen wird, dazu eine Versammlungshalle. In diesem Wantilan wurden die UNESCO-Repräsentanten, die Indonesiens Vorschläge für neue Welterbestätten in Augenschein nahmen, Anfang 2007 mit einer Tabuhrah-Aufführung empfangen. Tabuhrah ist ein ritueller, nur zu besonderen Anlässen veranstalteter Hahnenkampf. Ob es der Taman Ayun tatsächlich in die Eliteliste der Welt-

4

5

I Morgendlicher Start – Beamtentraining im Tempel Taman Ayun.
2–5 Einer der Reichstempel – der Pura Taman Ayun von Mengwi gehört zu den wichtigsten Tempelanlagen auf Bali. Er ist komplett von einem Wassergraben umgeben. Die Schreine mit ihren sieben, neun oder elf Dächern werden *Meru* genannt und gehören zu den meistverehrten auf der Insel.

erbestätten der UNESCO schafft, wird in den nächsten Jahren entschieden.

Auf einem schmalen Weg können Besucher jeder Religion ohne Tempelschal um den inneren Tempelkomplex herumgehen und die lange Reihe der Pagodentürme bewundern. Nicht-Hindus ist das Betreten des Tempelinneren verboten, und ein Schild weist darauf hin, dass Frauen während ihrer Menstruation nicht einmal den Vorhof betreten dürfen. Über die niedrige Mauer hat man von allen Seiten einen guten Einblick in den Tempelhof. Die Schreine, *meru* genannt, weisen sieben, neun oder elf Dächer auf. Dort werden die fürstlichen Ahnen, Gottheiten und andere wichtige Tempelwesen auf Bali verehrt.

Die meisten Tempeldächer sind mit Alang-Alang gedeckt, Strohgras, das nach drei bis fünf Jahren ausgewechselt werden muss. Im Taman Ayun wächst aber die Zuckerpalme. Mit ihren Fasern werden die dortigen Dächer hergestellt. Sie halten bis zu zehn Jahre lang, also deutlich länger als die Dächer mit Strohgras.

Außerhalb der Wassergräben liegt das Manusia Yadnya. In dem in einem ehemaligen Palast untergebrachten Museum erhält man einen Einblick in den Weg der Balinesen von der Geburt bis zur Einäscherung. Gery verweist auf den ersten Fotoband über die Insel mit dem Titel »Bali 1912«, den der deutsche Arzt Gregor Krause 1920 und damit lange vor der Arbeit von Walter Spies auf Bali veröffentlichte. Er zeigt Balis Natürlichkeit, die es bis heute noch fast genauso gibt in Gerys verstecktem Bali. Deshalb fährt er mit seinem VW-Kübelwagen nordwärts nach Blakiu. Dort ist gerade Markt: einer mit Reisfeldwürmern, Froschschenkeln, Kautabak und Tabak – der sogar nach Kuba exportiert und dort mit karibischer Ware vermischt wird! – und einer ohne Touristen, außer denen, die Gery bringt. Der gebürtige Österreicher Gerald Nutz erklärt, wie eine Betelnuss gekaut oder wie die Schlangenhautfrucht geschält wird – und lässt auch probieren. Für die Marktfrauen sind Gerys Kunden die Sensation und *damu*, also Gast. Viele wollen fotografiert werden. Manche halten die Hand vors Gesicht. Andere langen kurz die weiße Haut an, um zu spüren, wie sie sich

1 Versteckt – der Garten der »Villa Kompiang« in Mengwi. **2** Auffällig – die VW Kübelwagen, die als Ausflugsfahrzeuge genutzt werden. **3** Idyllisch – die Veranda der »Villa Kompiang«. Hier kann man das vorzügliche Mittag- und Abendessen genießen. **4** Gestenreich – Gery Nutz in Mengwi.

anfühlt. Und einige machen ein Geschäft. Zum Kauf wird in Blakiu niemand gedrängt. Aber in Windeseile ist der Preis bekannt, den die fremden Besucher bezahlt haben: für Räucherstäbchen, Schlangenhautfrüchte oder ein paar einfache Bananen. Und warum ist die Banane krumm? »Weil sie um die DDR einen Bogen machte«, antwortet ein Entdecker des versteckten Bali aus Leipzig. Alle lachen. Dann klärt Gery auf: Das große Bananenblatt deckt die junge Frucht zunächst vor der Sonne ab, bis sie kräftig genug ist, um sich selbst zur Sonne hin krümmen zu können.

Die Erklärungen kommen punktuell, gezielt, etwa zum heiligen Dorfbaum Banyan, einer Ficus-Art, in dem die Geister wohnen, die besänftigt werden müssen mit täglichen Opfergaben. Über den Reis und die Leiharbeiter aus Java, die zur Ernte kommen und in einfachen Zelten an den Wegen hausen. Die Fahrt geht gemächlich vonstatten. Mit 30 Kilometern pro Stunde auf unbeschilderten Wegen, abseits jeglicher Touristenrouten. Der Kübelwagen heißt offiziell VW 181, ein Cabrio-Jeep mit 50 Pferdestärken, gebaut 1976 und ab und an noch auf Bali zu sehen. Zum Mittagessen wird ein Picknick aufgetischt: original balinesische Speisen, die seine Frau Kompiang am Morgen frisch zubereitet hat. Es gibt mariniertes Hähnchen, Fischsaté, Mi Goreng, gebratene Nudeln, und kandiertes Soja. In der Gegend um Plaga gibt es weder ein Restaurant noch ein Hotel. So versteckt ist Gerys Bali. Die Touren macht er schon seit 1988. »Aber geändert hat sich seitdem kaum etwas«, wie er sagt. Nicht im Regenwald auf knapp 1500 Meter Höhe, wo er den Unterschied zwischen Parasiten und Aufsetzern erklärt, die mit der Hauptpflanze eine Symbiose zur Wasserversorgung eingehen. Wo Mörderbäume neben Stützbäumen stehen und die Kinder dem Kübelwagen mit den weißen Insassen noch kreischend hinterherlaufen. Gut, das eine oder andere Dorf hat seit den 1990er-Jahren Strom, eine Teerstraße wurde hier und da einmal gebaut, aber die Wasserstellen, von der die Frauen bis heute eimerweise das kostbare Nass holen, gibt es immer noch.

Nur der letzte Stopp ist nicht versteckt: Sangeh, der heilige Affenwald, in dem mehr als 200 Langschwanzmakaken leben. Der Zeitpunkt ist abermals gut gewählt: Spätnachmittags, die Busse sind fort. Jeder bekommt einen Stock zur Abschreckung, um die manchmal etwas zu aufdringlich werdenden Affen auf Distanz halten zu können. Die Kerle werden zwar von der Dorfgemeinschaft gefüttert, damit sie in ihrem Wald bleiben, den mit Moos überwucherten Tempel bewachen und nicht in den Ort zum Stibitzen kommen, aber man weiß ja nie ...

Der Wald besteht fast ausschließlich aus Pala-Bäumen, die es auf Bali nur an diesem Platz gibt. Ein Geheimnis, dem noch niemand auf die Spur kam. Drei Gangs verwalten das Territorium: den Ost-, Mittel- und Westsektor. Grenzübertritte führen schon mal zum Affenkrieg. Und die Toten werden begraben. Stirbt jedoch ein Säugling auf natürlichem Weg, wird er von der Mutter bis zur Verwesung herumgeschleppt. Sie bekommt pro Jahr nämlich nur ein Junges. »Ansonsten«, sagt Gery, »haben die Affen neben dem Fressen nur eines im Kopf: Sex. Die Männchen machen es in zehn Minuten dreimal ...«

Mengwi – eines von acht Königshäusern

Anreise/Lage

Mengwi liegt nur wenige Kilometer westlich von Ubud, ist aber durch den Nord-Süd-Verlauf fast aller Hauptstraßen nur sehr umständlich vom Künstlerort aus erreichbar. Von der Hauptstadt Denpasar aus nimmt man dagegen die Straße nach Singaraja im Norden und kommt so automatisch nach Mengwi, das stets mit Hinweisen zum Tempel Taman Ayun ausgeschildert ist.

Sehen und erleben

Der bedeutende und auf Bali ungemein wichtige *Tempel Taman Ayun* gehört zu den großen Sehenswürdigkeiten auf der Insel. Am besten kommt man vor zehn Uhr, um den Busladungen von Touristen aus dem Süden zu entgehen. Ruhe, vielleicht sogar noch ein wenig Morgennebel, verleihen dem Tempel die passende Stimmung. Das Tempelinnere ist zwar für Nicht-Hindus unzugänglich, aber dennoch ist alles bestens zu sehen.

4

Unterkunft

㉗ *Villa Kompiang*, Gästehaus, Jalan Ratna, Tel.: 0361-265411, Fax: 0361-224305, www.bali-vw-tour.de, E-Mail: office@balivwtour.com. Mengwi hat kein Hotel, aber die beiden alleinstehenden Gästehäuser des ehemaligen Österreichers Gery Nutz, der die indonesische Staatsbürgerschaft angenommen hat, bilden eine günstige und sehr empfehlenswerte Alternative. Großräumig und komfortabel eingerichtet und mit Ventilatoren, Moskitonetzen sowie kompletter Küche inklusive Kühlschrank ausgestattete Villen, ohne Klimaanlage, aber mit Bale im schönen Garten und Außendusche zum Abkühlen. Das Mittag- und Abendessen kocht die Hausherrin selbst, und zwar vorzüglich!

Restaurants

Sari Royal Garden Restaurant, mittlere Preisklasse, Jalan Taman Ayun, kein Telefon. Abgesehen von ein paar *Warung* (Essensstände) im Ort ist es das einzige Restaurant vor dem *Taman-Ayun-Tempel*, direkt am *Museum Manusia Yadnya* gelegen. Einmaliger Blick auf die Pagoden des Tempels, mittelmäßiges Essen.

Ziele in der Umgebung

Die auf Seite 93 in diesem Kapitel beschriebene Tour (www.bali-vw-tour.de) ab Mengwi führt über weitgehend unberührte Straßen und Dörfer, zu Märkten, Tempeln und Reisfeldern bis hin zu einem Regenwald auf 1500 Metern Höhe und zum Affenwald von Sangeh am Schluss – und sie ist lohnenswert. Wer lieber auf eigene Faust die Gegend erkunden möchte, sollte aber auf jeden Fall Sangeh nicht verpassen: Der einzigartige Wald mit seinen 200 Affen hinterlässt bei jedem einen intensiven Eindruck.

1

2

3

4

Höhlen und Quellen

Von Goa Gajah bis Tirta Empul – im Tal der Heiligtümer

Wie ein Dolch durchschneidet der Fluss Pakerisan die Landschaft zwischen der Elefantenhöhle Goa Gajah und der heiligen Quelle von Tirta Empul. Möglicherweise schmücken diese Stätten bald das Siegel Weltkulturerbe der UNESCO.

Tempelanlagen und Affengemeinden gehören auf Bali normalerweise zusammen. Im Falle des Pura Taman und der direkt daneben liegenden Goa Gajah in der Ortschaft Bedulu trifft dies ausnahmsweise einmal nicht zu. Der Höhleneingang ähnelt einem Elefantenkopf – obgleich es auf Bali nie Dickhäuter gegeben hat. Warum das so ist, erkennt man aber sofort, wenn man, am besten mit Taschenlampe, das Innere der Höhle betritt: Zu sehen ist eine etwa ein Meter hohe Figur mit vier Armen. Sie stellt zweifelsfrei den Elefantengott Ganesha dar, einen der Söhne Shivas.

Die Höhle entstand im 11. Jahrhundert, wurde aber erst 1923 wiederentdeckt und zählt zu den interessantesten altbalinesischen Sehenswürdigkeiten mit zahlreichen Darstellungen dämonischer Wesen, deren Identität bis heute nicht geklärt ist. Es gibt Interpretationen, die mit der Hilflosigkeit der Menschen gegenüber der Natur und dämonischen Kräften argumentieren. Andere Deutungen mutmaßen hinter der Elefantenfratze den Riesen Pasupati, der den Berg Mahameru einst in den Gunung Agung und Gunung Batur spaltete. Auch die Hexe Calon Arang wurde als Urbild des Eingangsbildes der Höhle herangezogen, aber eine fundierte, über alle Zweifel erhabene Erklärung wurde noch nicht gefunden.

Direkt vor der Höhle bilden sechs wunderschöne Nymphen einen scharfen Kontrast zum Elefantenschlund der Höhle. Die weiblichen Steinfiguren des Badeheiligtums wurden sogar erst 1954 freigelegt. Interessant ist die auf Bali allgegenwärtige Nord-Süd-Achse und damit die entsprechende Berg-Meer-Achse. Man sieht sie beim Straßenverlauf, bei der Position von Tempeln und bestens in der Anlage Goa Gajah. Darin bilden die Höhle und das Bad, also symbolisch für den Berg und das Meer, die eine Achse und der Tempel mit Wantilan die andere, die Ost-West-Achse. Man spricht vom Kaja-Kelod-Prinzip. Wobei Kaja den Berg, auf dem die Götter und Ahnen wohnen, und Kelod das Meer darstellt, von dem Gefahr droht und in dem die Dämonen zu Hause sind. Das Schicksal der

1 Immer ein freundliches Lächeln – Besucher bei einem Tempelfest. **2** Wie ein tiefer Schlund – Eingang der Elefantenhöhle Goa Gajah in Bedulu. **3** Rituell – ein zeremonielles Bad im Becken von Tirta Empul. **4** Filigran – der Tempel Tirta Empul mit seinen Wächterfiguren.

1

2

3

1 Eintauchen – der Pool des »Chedi Clubs« bei Dämmerung. **2** Genießen – stilvoll eingerichtetes Wohnzimmer einer Villa im »Chedi Club«. **3** Martialisch – der nur von Männern aufgeführte Kecak-Tanz im Garten des »Chedi Clubs«. **4** Rustikal – Badezimmer im »Chedi Club«.

Menschen: Sie leben genau dazwischen und müssen sich mit beiden Seiten gut stellen ...
Beim Eintritt in die Höhle wird der Besucher quasi verschlungen. Der Oberkiefer des Mauls bildet den Türsturz, der Unterkiefer die Türschwelle. Ist man drinnen, bewegt man sich symbolisch in einer anderen Welt: im Reich der Götter. Gemäß Mythologie konnten Normalsterbliche aus dieser Götterwelt nicht wieder ins irdische Leben zurückkehren. Es war ursprünglich nur den Schamanen möglich, sozusagen als Vermittler zwischen Göttern und Menschen, aus der Höhle auch wieder herauszukommen.
Mythologie ist das eine, Wasser bildet das andere Leitmotiv der UNESCO, den Abschnitt entlang des Flusses Pakerisan von der Elefantenhöhle Goa Gajah mit dem heiligen Bad bis zur heiligen Quelle von Tirta Empul als eine gemeinsame Welterbestätte auszuzeichnen. Das Flusstal vereint Badeheiligtümer, Tempel und die größten archäologischen Fundstellen der Insel. So reihen sich neben den Eckpfeilern auch die Tempel Pagumangan, Pagulingan, Mangening, Penataran Sasih, Pusering Jagat, Pangukur Ukur und Samuan Tiga aneinander. Der Ort Tampaksiring bildet schließlich, etwa 40 Kilometer von Bedulu entfernt, das nördliche Ende des auserwählten Ensembles: Er ist die Heimat von Gunung Kawi und eben Tirta Empul.
Gunung Kawi, übersetzt in etwa mit »Berg der Poesie«, wurde wie Goa Gajah im 11. Jahrhundert errichtet und auch erst im Jahr 1920 wiederentdeckt. Die Anlage in der malerischen Schlucht des Pakerisan besteht aus einem unscheinbaren Tempel, drei Klöstern sowie Grabdenkmälern, die in rund sieben Meter hohe Nischen eingepasst wurden. Sie sind wie Candi tempelähnlich erbaut. Die Haupt-

gruppe mit fünf Grabmälern besteht aus dem Grab von König Udayana sowie dem seiner Frau, seiner Hauptkonkubine und zwei seiner Söhne. Die Felsenklöster aus dem 9. Jahrhundert dürfen nur barfuß und in angemessener Kleidung sowie mit einem Tempelhüter betreten werden. Das Hauptkloster ist ein Komplex mit Mönchszellen, in dessen Mitte ein Monolith von bislang unbekannter Bedeutung steht. Sowohl die Grabmäler als auch die Klöster sind durch den Fluss getrennt.

Am Oberlauf des Pakerisan befindet sich schließlich Tirta Empul, was übersetzt »heiliges Wasser« heißt. Es sind vier Badebecken, die zur rituellen Reinigung dienen. Um die Quelle herum wurde ein Tempel gebaut. Das Heiligtum soll von Gott Indra errichtet worden sein, der damit den göttlichen Heerscharen die Unsterblichkeit geschenkt haben soll. Aber man kann noch heute jeden Balinesen nach der Wirkung von Tirta Empul fragen, und alle würden antworten: Das Quellwasser hat ganz besondere Kräfte.

Von Goa Gajah bis Tirta Empul – im Tal der Heiligtümer

Anreise/Lage

Goa Gajah liegt in Bedulu, nur wenige Kilometer östlich von Ubud, an der Hauptstraße nach Klungkung. Von der Elefantenhöhle aus zieht sich in nördlicher Richtung das Flusstal des Pakerisan nach Tampaksiring und Tirta Empul. Die heilige Quelle ist von Bedulu aus über die Straße nach Penelokan, einem Dorf oberhalb des Batur-Sees, erreichbar.

Sehen und erleben

Goa Gajah, *Gunung Kawi* und *Tirta Empul* gehören bei jeder Bali-Rundreise zum festen Bestandteil und geben durch ihre Unterschiedlichkeit ein umfassendes kulturelles Zeugnis ab. Kein Wunder, dass diese und einige weitere Örtlichkeiten entlang des Flusses Pakerisan der UNESCO als Welterbestätten vorgeschlagen wurden.

Unterkunft

(28) ******The Chedi Club*, Jalan Goa Gajah in Tengkulak, Tel.: 0361-97 56 85, Fax: 0361-97 56 86, www.ghmhotels.com, E-Mail: chediclububud@ghmhotels.com. Stilsicherer Luxus mit Minibar, Snacks, Tennisplatzbenutzung und Wäscheservice – alles kostenfrei. Jede Suite und Villa hat eine kleine Küche. 35-Meter-Pool, Spa. *Tengkulak* ist das Nachbardorf von Bedulu.

(29) ******Anahata Villas & Spa Resort*, Jalan Umah Anyar in Pejeng Kaja, Tel.: 0361-97 89 91, Fax: 0361-97 00 93, www.anahataresort.com, E-Mail: info@anahataresort.com. Der Gast bezieht eine der zwölf dreistöckigen Villen, alle mit kleinem Pool und Garten. Gutes Preis-Leistungs-Verhältnis. Runder Überlaufpool, Reitmöglichkeit, Spa. Ruhige Lage im Regenwald, im Bezirk von *Tampaksiring* gelegen.

4

Restaurants

Club Lounge, gehoben, Jalan Goa Gajah in Tengkulak, Tel.: 0361-97 56 85. Mit Abstand das Beste, was es in der Umgebung der Elefantenhöhle gibt. Gute balinesische und indonesische Küche im *Chedi Club* mit Blick auf den *Gunung Agung*. Sonst gibt es nur einige einfache *Warung* (Essensstände) in Bedulu.

Anahata Restaurant, gehoben, Jalan Umah Anyar in Pejeng Kaja, Tel.: 0361-97 89 91. Gute internationale und indonesische Küche im gleichnamigen Resort. Schöne Terrasse mit herrlicher Aussicht auf üppiges Bali-Grün. Alternative: die vielen Imbissbuden am Eingang von *Gunung Kawi*.

Direkt an den Eingängen zu den Sehenswürdigkeiten finden sich stets einfache *Warung* (Essensstände).

Ziele in der Umgebung

Sukarno's Palace, oberhalb von *Tirta Empul*, ist noch ein paar Stufen und Schweißtropfen wert. Es war eigentlich die Residenz des Gouverneurs, aber der indonesische Ex-Präsident kam häufig zu Besuch. Man sagt, auch um den balinesischen Frauen bei ihrem rituellen Bad zuzuschauen. Der gute Blick auf die Badebecken lässt den Schluss jedenfalls zu …

1

2

3

4

Des Herzens Freude

Von Mas bis Sukawati – Maler, Musiker, Schattenspieler

Ubud hat den großen Namen, aber die meisten Kunstwerke, seien sie auf Leinwand oder aus Holz gearbeitet, stammen aus dem kleinen Vorort Mas. Folgt man der Straße nach Süden, können weitere Künstlerdörfer entdeckt werden.

Kraft schöpfen Balinesen aus diversen Quellen: aus dem heiligen Wasser, vom Berg Agung, aus ihren Tempeln, Riten und Zeremonien, aber auch aus der Kunst. Doch *l'art pour l'art* existierte lange nicht. Die Kunst diente der Religion. Man errichtete Tore und Mauern für die Tempel, schuf Schreine, Statuen und Ornamente. Ob Wandreliefs oder Masken: Als Rohstoff diente ausschließlich hochwertiges Holz wie Eben-, Sandel- oder das zweifarbige Hibiskusholz. Das Beste war gerade gut genug. Die balinesische Malerei stand zu dieser Zeit deutlich im Schatten der Holzschnitzerei und Bildhauerei.

So ist es nicht verwunderlich, dass Mas nicht nur das Zentrum der Maler auf Bali ist, sondern auch der Holzschnitzer. Freilich hat sich die Palette erweitert, und neben wunderbaren Masken für Tanzaufführungen findet man heutzutage auch billig gemachte Ware für den Touristenkonsum. Doch Nutzgegenstände wie Obstschalen aus Holz, Serviettenringe oder Salatbesteck können durchaus Qualität besitzen. Bei den Holzmasken sollte man jedoch nicht nur das Qualitätsprinzip anwenden, sondern sich auch nach der Bedeutung erkundigen. Sonst könnte es passieren, dass man unwissend zu Hause eine balinesische Totenmaske über sein Bett hängt. Die steigende Nachfrage durch den Fremdenverkehr hatte auch einen Nebeneffekt: Sie bewirkte eine Renaissance der Schnitzkunst. Mit Aussicht auf ein gutes Einkommen lernen sich alte Traditionen eben leichter ...

Für die meisten Leute ist Mas aber vor allem das Dorf der Maler. Wobei die Malerei nicht erst mit Walter Spies oder anderen Europäern begann, die ab 1930 auf die Insel kamen. Schon im 15. Jahrhundert gestalteten Maler – im Dienste der Religion – Tempel oder Paläste. Die beiden ältesten erhaltenen Gemälde auf Bali sind im Pura Penataran und Pura Batu Madeg auf zwei Holztafeln im Muttertempel Besakih zu finden.

1 Abendfüllend – die große Kunst des Schattenspiels, vorgeführt in Sukawati. **2** Verlockend – dekorative Glasarbeiten in Mas. **3** Gekonnt – schöne Holzschnitzereien in einer Galerie in Mas. **4** Konzentriert – ein junger Schnitzer bei seiner Arbeit in der Wina Art Galery von Teges.

1 Swimming-Pool am Reisfeld – das nette »Suly Resort« in Mas. **2** Leckere Gerichte im Garten – die Veranda des »Taman Harum Restaurant« in Mas. **3** Kind und Kunst – die Krisna Galery von Mas. **4** Stil und Tradition – im Hof des »Suly Resort«. **5** Das Lächeln beim Empfang – die freundliche Rezeptionistin des »Suly Resort« von Mas.

Lange Zeit waren die Maler in der Regel Bauern, die morgens auf den Feldern arbeiteten. Nachmittags, wenn die Sonne die Feldarbeit zu beschwerlich machte, schöpften sie neue Kraft aus der Malerei. Alles kam aus der Natur, das Leinen, die Bambuspinsel und die Farben: Gelb wurde aus Lehm gewonnen, Braun aus gebrannter Tonerde, Weiß aus Knochenmehl, Schwarz aus Ruß, Rot aus Zinnober und Blau aus Indigo, dem ältesten bekannten pflanzlichen Farbstoff. Zum Teil werden diese natürlichen Farben noch heute verwendet.

Im 21. Jahrhundert dominieren allerdings zeitgemäße Utensilien in der balinesischen naiven und modernen Malerei. Wobei es nicht nur einen Malstil gibt, sondern sich in einigen der umliegenden Orte von Mas und Ubud neue Varianten ergaben. Nördlich von Mas praktiziert in Pengosekan die Community of Artists den Pengosekan-Stil mit Naturmotiven, wobei besonders Vogel-, Schmetterlings- und Pflanzenthemen bevorzugt werden. Die zauberhaften Bilder sind häufig in Hotels zu sehen, aber auch in Büros oder Wohnhäusern in ganz Indonesien. Im Nachbarort Peliatan stößt man auf große balinesische Maler wie Ida Bagus Made Poleng, der bis zu seinem Tod keines seiner Werke an Galerien verkaufte. Westlich von Mas und Ubud feiert die Gruppe Young Artists in Penestanan einen extrem farbenfreudigen Malstil, bei dem die Farbe Rot für das Meer und Gelb für den Himmel steht.

Südlich stößt man schließlich auf die Ortschaft Batuan, in der nicht nur die Maler berühmt sind, sondern auch die Bambus-Kunsthand-

werker und besonders ihre Legong-Tänzerinnen, die zu den besten Balis gehören. Der Batuan-Stil ist gekennzeichnet durch dunkle Stimmungen, die aber durchaus hochgeschätzt sind. Ein Batuan-Stil-Gemälde von Made Budi fand sogar den langen Weg in die USA ins Haus des ehemaligen Präsidenten Ronald Reagan.

Zwischen Mas und Batuan liegt noch Sakah, eine Ortschaft, die nicht nur durch das Riesen-Buddha-Baby an der Kreuzung nach Klungkung bekannt ist, sondern auch durch sein Gamelan-Orchester, dessen Musik schon mit einer CD von Eberhard Schoener veröffentlicht wurde. Nimmt man die Straße nach Klungkung, kommt man nach wenigen Kilometern ins Dorf Blahbatuh, dessen Bambusmöbel sehr beliebt sind. Bleibt man jedoch auf der Straße nach Denpasar, stößt man auf Sukawati. »Des Herzens Freude« lautet die Übersetzung des Namens dieses Marktorts. Er gilt auf Bali als die Schattenpuppenspieler-Stadt. Meist stellen die Künstler die ledernen Figuren noch selbst her. *Wayang kulit*, das Schattenspiel, stammt wahrscheinlich aus vorhinduistischer Zeit, als man glaubte, durch die Schatten in magische Kommunikation mit den Geistern der Vorfahren zu treten. Das Schattenspiel ist aber auch ein bedeutender Pfeiler der modernen balinesischen Malerei. Die Werke zeigen Szenen aus dem Ramayana, dem Kampf des Guten gegen das Böse, meist vor dunklem, finsterem Hintergrund.

Von Mas bis Sukawati – Maler, Musiker, Schattenspieler

Anreise/Lage

Mas liegt südlich von Ubud, an der Hauptstraße nach Denpasar, an der auch die anderen Künstlerorte – von Nord nach Süd – Pengosekan, Peliatan, Sakah, Batuan und Sukawati zu finden sind. Nur Penestanan, westlich von Mas und Ubud, sowie Blahbatuh, östlich an der Straße nach Klungkung, liegen nicht an der Hauptroute von Ubud nach Denpasar.

Sehen und erleben

Kunstgenuss zum einen, den Künstlern mal über die Schulter schauen zum anderen und – nicht zu vergessen – die verführerischen Einkaufsmöglichkeiten von Kunst bis hin zum Kunsthandwerk. In keiner Gegend Balis gibt es in dieser Hinsicht mehr Auswahl – vom kleinen Holzfigürchen über naive Malerei bis zum großen Möbelstück. Ein Kubikmeter Luftcargo in die Heimat kostet rund 200 Euro. Beim deutlich günstigeren Schiffstransport vergehen oft Monate bis zur Ankunft. Stücke bis zu zehn Kilogramm können auch per Post verschickt werden.

Unterkunft

㉚****Suly Resort*, Jalan Raya Mas in Mas, Tel.: 0361-97 61 85, Fax: 0361-97 31 26. www.sulyresort.com, E-Mail: info@sulyresort. com. Etwas außerhalb von Mas in Hanglage, zum Teil mit Blick auf Reisfelder und die Berge. Für ein Mittelklassehotel sehr gut ausgestattet. Pool, Spa.

㉛***Panorama Hotel*, Jalan Raya Pengosekan in Mas, Tel.: 0361-97 33 20, Fax: 0361-97 33 35, E-Mail: panorama@ denpasar.wasantara.net.id. Ein kleiner, sehr günstiger Traum von der Lage her gesehen, da mitten in den Reisfeldern gelegen. Allerdings sind die Zimmer spartanisch. Der Ventilator innen und der nette Gemeinschaftspool draußen sind der einzige Luxus.

Restaurants

Rini's Restaurant, gehoben, Jalan Raya Mas in Mas, Tel.: 0361-97 61 86. Gehoben im Preis, formlos in der Attitüde und sehr variabel auf der Karte. Es gibt chinesische, westliche und indonesische Küche. Im *Suly Resort*.

Warung Enak, einfach, Jalan Pengosekan in Pengosekan, Tel.: 0361-97 2 11. Ein Designer-Warung, etwas funky. Serviert werden auch ausgefallene indonesische Gerichte wie etwa Schlangen-Saté. Schöne Lage an einem Reisfeld.

Ziele in der Umgebung

In *Tebesaya*, einem Nachbarort von *Peliatan*, findet jeden Samstagabend beim Tempel *Dalem Puri* eine nur von wenigen Touristen besuchte *Legong*-Aufführung statt. Am Tanzabend werden viele kleine *Warung* (Essens-) und Saté-Stände aufgebaut, sodass auch das leibliche Wohl nicht zu kurz kommt.

1

2

3

4

Liebe zum Filigranen

Celuk und Umgebung – Silberschmiede und Steinmetze

Sagt man »Silber« auf Bali, meint man Celuk. Beinahe unscheinbar reiht sich dort eine Silberboutique an die andere, während in Batubulan, nur ein paar Kilometer weiter, die Straßenränder vollgestellt sind mit Steinfiguren.

Der Kampf des Guten gegen das Böse ist nicht nur im Ramayana das tragende Element. Auch in einigen Silbergeschäften von Celuk findet täglich ein ähnliches Drama statt: Wobei dort Gut mit Gutmütig und Böse oftmals schon mit Betrügerisch gleichzusetzen ist. Touristen, die mit Bussen ankommen, haben es schwer. Da wird gnadenlos abgezockt. Geschäfte werden gezielt angesteuert, jeden Tag und jede Woche neu, weil der Veranstalter und der Busfahrer jeweils eine satte Provision kassieren. Das gilt im Übrigen für die meisten aller Touren, die irgendwann einmal in einem Shop landen. Und selbst wer glaubt, nach freundlichem Handel ein Schnäppchen gemacht zu haben, ist meist noch deutlich übervorteilt worden. Das trifft besonders die japanischen Urlauber, für die es sogar eigens Preisschildchen mit extrem hoher Auszeichnung gibt.

Individualurlauber, die mit dem Mietwagen oder Moped in Celuk ankommen, werden garantiert an der ersten Ampel von einem motorisierten Schlepper angesprochen: »Mein Vater hat ein sehr schönes Silbergeschäft. Nicht weit von hier. Schöner Schmuck, sehr billig!« Es kann auch der Onkel, der Freund oder die andere Variante sein: »Ich bin Silberschmied und zeige Ihnen gerne mein Geschäft«.

Abschrecken lassen sollte man sich auf keinen Fall. Am besten fährt man weiter, schaut sich um, biegt auch mal in eine Seitenstraße ein und geht ein paar Schritte zu Fuß: bis zu einem Laden, der einen anspricht. Dort kann es allerdings vorkommen, dass nicht gehandelt wird. Der Preis verät aber auch, warum: Günstiger geht es dann nicht mehr, wenn es wirklich Silber sein soll …

Die Schmiedekunst ist traditionell auf Bali. Seit Jahrhunderten sind besonders die Hersteller von Dolchen, dem *Kris*, hochgeachtete Mitglieder der Gesellschaft. Die fantasievoll verzierten Klingen sind von einem Schutzgeist beseelt und werden als mit magischen Kräften versehen betrachtet. Die Herstellung des *Kris* wird von Gene-

1–3 Alle Etappen – in der Silberschmiede Indarti Silver kann man den ganzen Prozess der Silberschmiedekunst erleben, vom ersten Entwurf über die Bearbeitung bis zum fertigen Stück. **4** Als wär's ein echter – Perlmuttfisch in einer Galerie in Celuk.

1 Heiße Sache – beim Herstellen von Silberdraht herrschen hohe Temperaturen. **2–6** Filigrane Arbeit – die Silberschmiede von Indarti Silver tun ihr Bestes, um attraktiven Schmuck für die Verkaufsvitrine zu kreieren.

ration zu Generation mündlich überliefert, der Dolch als Erbstück gepflegt. Den Zeitpunkt für den Beginn der Arbeiten an einem solchen Stück bestimmt bis heute ein Brahmane. Der Dolch ist der Stolz eines jeden balinesischen Mannes und das Symbol, ein vollwertiges Mitglied der Dorfgemeinschaft zu sein. Aber auch landwirtschaftliches Gerät, Teile von Musikinstrumenten oder zeremoniell wichtige Dinge wie Glocken werden geschaffen.

In Celuk kreiert man hochwertigen, filigranen Silberschmuck, bis heute oft mit einfachsten Werkzeugen. Silberschmiede und Geschäft gehören meist zusammen, sodass man sowohl die Herstellung beobachten als auch die Endprodukte in den Vitrinen bewundern kann: vom einfachen Ohrring über Armreifen und Ringe bis zur schweren Halskette, mit und ohne Steine. Wer ein besonderes Stück wünscht, bringt ein Foto, eine Skizze oder eine Vorlage mit. Der Schmied fertigt es genauso an. Und das sehr günstig, da üblicherweise lediglich das Silber berechnet wird, nicht aber die Arbeit. Nur bei besonders aufwendigen Kreationen wird auf den Preis von etwa 50 Cent pro Gramm 925er-Silber eine Aufschlag von 50 Prozent erhoben. Es macht Sinn, den Auftrag am Anfang des Urlaubs zu geben, sodass kein Zeitdruck entsteht und eventuelle Änderungen ebenfalls noch vor der Abreise durchgeführt werden können. Wer Goldarbeiten sucht, ist besser beraten, in die Hauptstadt zu fahren, in die Jalan Hasanudin von Denpasar, die Straße der Goldgeschäfte.

Vor Denpasar kommt aber noch in südlicher Richtung der Ort Batubulan, das Mekka der Steinmetze. Nicht nur in Batubulan, son-

dern auch in den umliegenden Dörfern, etwa in Silakarang, arbeiten ganze Familien an Rohsteinen, die vornehmlich aus Java stammen. Ist das Werk fertig, wird es ausgestellt: direkt an den Straßenrand. Kilometerlang sieht man rechts und links nichts anderes als überdimensional große Götter- und Dämonenfiguren, stoische Buddhas oder auch mal ein europäisches Motiv wie den röhrenden Hirsch. Abnehmer sind die Tempel, aber auch die großen Hotels zur Dekoration sowie internationale Großeinkäufer. Die Steinmetze arbeiten ebenfalls nach Auftrag, persönlichen Vorstellungen und Vorlagen. Und bei so manchem Steinkünstler findet sich die eine oder andere fein gearbeitete Figur, die locker in den Hartschalenkoffer oder in die Handtasche passt.

Ein kurzer Aufenthalt in Batubulan lohnt noch aus einem zweiten Grund: Die Performance der Barong-, Kecak- und Kris-Tänze ist inselweit bekannt. Das hat sich auch bei den Veranstaltern rumgesprochen. Und so sind mittlerweile die Vorstellungen auf den Zeitplan der diversen Busreisen abgestimmt. Dem anmutigen Spiel zwischen dem guten Barong, in der Figur eines Löwen, und der Hexe Rangda, dem spektakulären Feuertanz – der Kecak wird nur von Männern vorgetragen – sowie der Eleganz des Dolch- oder Kristanzes tut dies jedoch keinen Abbruch.

Celuk und Umgebung – Silberschmiede und Steinmetze

Anreise/Lage

Celuk liegt südlich von Ubud, an der Hauptstraße und auf halbem Weg nach Denpasar. Batubulan folgt nach Celuk, etwa 5 km weiter in südlicher Richtung.

Sehen und erleben

Wer Silber liebt, ist in Celuk richtig. Allerdings müssen zunächst die vielen Schlepper abgeschüttelt werden, ehe man sich in Ruhe der Herstellung und dem Angebot der Silberschmiede widmen kann. Wird man mit dem Bus in einen Laden gebracht, sollte man durchaus auch einfach mal ins Nebengeschäft gehen. Schon dort können die Preisschilder deutlich niedrigere Werte aufweisen. In Geschäften, in denen Bustouristen einkaufen, muss gehandelt und der ausgezeichnete Preis um mindestens die Hälfte reduziert werden. Kleinere Silberschmiede haben dagegen einen fixen Grammpreis: um 50 Cent für ein Gramm 925er-Silber. Das Schmuckstück wird gewogen, woraus sich der nicht mehr verhandelbare Preis errechnet. Bei *Komang Adi* in der Jalan Tangsub, Tel.: 0361-29 82 36, verfährt man zum Beispiel so.

Batubulan lohnt wegen der wunderbaren Steinmetzarbeiten und Tanzvorführungen.

Unterkunft

Es steht keine empfehlenswerte Unterkunft in Celuk oder Batubulan zur Verfügung. Empfehlungen: siehe unter *Mas* (zehn Minuten Fahrzeit; siehe Seite 100, Kapitel »Von Mas bis Sukawati – Maler, Musiker, Schattenspieler«), *Ubud* (20 Minuten Fahrzeit; siehe Seite 74, Kapitel »Ubud– das Zentrum der Kunst auf Bali«) oder, wer es besonders luxuriös wünscht, *Yeh Ayung* (je nach gewähltem Resort 20 bis 30 Minuten Fahrzeit; siehe Seite 82, Kapitel »Yeh Ayung– Superhotels im Garten Eden«).

Restaurants

Wo keine Hotels sind, gibt es in der Regel auch keine Restaurants. Das gilt auch für Celuk. Wie in fast jedem Ort auf Bali stehen natürlich einige *Warung* zur Auswahl. Essensstände, die vorwiegend abends aufgebaut werden und unglaublich preisgünstig *Nasi Campur* (Reis mit kalten Beilagen), *Nasi Goreng* (gebratener Reis), *Soto* (Eintopf) oder *Saté* (Grillspieße) anbieten. Selbst ein *Rumah Makan* – wörtlich: Essenshaus, die bessere Variante eines Warung – sucht man in Celuk vergeblich.

Ziele in der Umgebung

Besonders die etwas abseits der Haupt- und Kunststraße von Ubud nach Denpasar liegenden Ortschaften lohnen einen Abstecher. *Singapadu* mit sehr schönen und günstigen Holzmasken und *Silakarang* mit hervorragenden Steinmetzarbeiten sind zwei Beispiele. Man erreicht sie, wenn man an der Abzweigung in *Tegaltamu*, zwischen *Celuk* und *Batubulan*, Richtung Norden und *Sayan*, *Kedewatan* und *Yeh Ayung* fährt.

Der Osten

Weitläufiger Blick – vom Bukit Jambult über Klungkung bis zur Meeresstraße von Badung.

1

2

3

4

Götter über alles

Gunung Agung und Besakih – Balis religiöses Herz

Die Legende besagt, dass alle balinesischen Götter einmal im Jahr von den Höhen des Gunung Agung heruntersteigen und im Pura Besakih wohnen. Der Tempel gilt als der »Petersdom« der Balinesen.

Ursprünglich diente jeder Tanz auf Bali ausschließlich zur Unterhaltung der Götter. Deshalb werden Tänze von Balinesen in vier Kategorien unterschieden, nicht was die Art und Qualität, sondern die zeremonielle Bedeutung angeht. Es gibt touristische, also weltliche Veranstaltungen wie in Batubulan, Tänze, die zu Tempelfesten und Tänze, die im mittleren Hof eines Tempels aufgeführt werden. Die bedeutendste Kategorie heißt *wali* und kommt einer Kulthandlung gleich, etwa wenn der Tanz im Tempelinneren stattfindet, bei einer Leichenverbrennung, als exorzistischer Ritus auf dem Friedhof oder besonders zu Eka Dasa Rudra, dem 100-jährigen Tempelgeburtstag.

Es war 1963. Eka Dasa Rudra, das größte, wichtigste und mehrtägige Tempelfest, das nur alle 100 Jahre gefeiert wird, war im Gange und ganz Bali auf den Beinen. Rituelle Tänze fanden statt, Opfergaben von unglaublicher Größe und Pracht wurden herangeschafft, alle Ortschaften waren geschmückt und der Muttertempel Besakih an den Hängen des Gunung Agung stand im Zentrum aller Feierlichkeiten. Dann passierte es. Am 17. März 1963 brach der heilige Berg der Insel, der Vulkan Agung, aus und vernichtete ganze Landstriche im Osten Balis. Mehr als 1000 Menschen verloren bei dieser Naturkatastrophe ihr Leben. Ein Platz am Vulkan Agung blieb allerdings verschont: die Tempelanlage Besakih. Als sei es ein Wunder, teilte sich der Lavastrom, der auf den Tempel zufloss, in Seitenarme, die sich um den Tempel bewegten. Das höchste Heiligtum der Balinesen blieb also verschont, was als göttliches Zeichen interpretiert wurde. Die Verehrung des Tempels hat sich nach dem Vulkanausbruch des Gunung Agung nochmals gesteigert. Wen erstaunt das nach solch einer wundersamen Begebenheit?

Der Gunung Agung ist ein bis heute aktiver Vulkan, mit 3142 Metern die höchste Erhebung der Insel Bali und – da er der Sitz des Gottes Shiva ist – für Hindus heilig. Bei schönem Wetter sieht man aus der Entfernung, dass der Vulkan trotz eines sehr großen Kraters eine nahezu perfekte Kegelform besitzt. Umgekehrt liegt

1 Der Größte – der Gunung Agung wird auf Bali als heiliger Berg verehrt. **2** Die Grundlage – Bali ohne Reis und Felder ist nicht vorstellbar. **3** Der Wichtigste – Balinesen besuchen die Tempelstadt Besakih. **4** Balis weltberühmte Reisterrassen, in diesem Fall nahe des Gunung Agung.

1 Einsamer Mopedfahrer – bei Pesaban ist der Verkehr noch nicht so dicht wie in den großen Touristenzentren. **2–3** Verschiedene Formen – Reisfelder im Flachlandnahe des Gunung Agung und am Hang bei Sidemen. **4** Fleißige Hände – Feldarbeiterinnen bei der Reisernte in Muncan. **5** Malerische Atmosphäre – die Reisterrassen von Sidemen im Morgendunst.

einem vom Vulkan aus Bali, Penida und Lembongan sowie Lombok zu Füßen. Denn der Berg kann und darf bestiegen werden. Der schnellste Weg führt ab dem 900 Meter hoch gelegenen Dorf Sebudi nach oben. Auch geübte Geher müssen von dort noch mindestens sechs Stunden zum Kraterrand einplanen. Und: Auch der Rückweg muss am gleichen Tag erfolgen! Es gibt nicht einmal eine Schutzhütte für irdische Wesen am göttlichen Berg.

Der mehr als tausend Jahre alte Pura Besakih, über dessen Ursprung nur vage Theorien exisitieren, liegt an der Südwestflanke des Agung auf ebenfalls rund 900 Metern Höhe. Genau genommen ist Besakih eine Tempelstadt: Die Anlage ist mehr als 250 Hektar groß, verfügt über sieben Terrassen, 23 Tempel sowie rund 200 Schreine, die alle als Gasthäuser der Götter gelten, die einmal im

5

Jahr zu Bhatara Turun Kabeh zu Besuch kommen: zum großen Treffen der Götter im März oder April.
Viele balinesische Familien haben dort ihren eigenen Schrein, die Berufsgilden ihre Tempel, ebenso die Kasten und Fürstenhäuser. Deshalb wird Besakih auch als Mutter aller Tempel auf Bali bezeichnet. Der wichtigste ist Pura Penataran Agung, der große Staatstempel, der einst der Königsfamilie von Klungkung gehörte, flankiert von Pura Batu Madeg und Pura Dangin Kreteg. Wie fast alle anderen Schreine und Tempel sind auch diese aus schwarzem Lavagestein erbaut. Ohne Zweifel gibt es prächtigere Tempel auf Bali, den Taman Ayun beispielsweise oder die Tempelanlage von Bangli, aber Besakih ist der heiligste. Deshalb sind einige Bereiche für Nicht-Hindus unzugänglich. Trotzdem kann man in Balis Religion nirgends besser eintauchen als in Besakih. Der ausgeschilderte Fußweg durch die Anlage vermittelt zudem ein umfangreiches Bild.
Fast jeden Tag findet in einem der Tempel ein Fest statt und pilgern Gruppen nach Besakih. Insbesondere zum Göttertreffen Bhatara Turun Kabeh und wenn der jährlich gefeierte Tempelgeburtstag Odalan ansteht, wird man staunender Zeuge der unglaublich intensiv gelebten Religion. Die Opferungen in Besakih sind an Glanz und Gloria, Reichtum und Kreativität nicht zu überbieten. Palmblattstreifen und Bananenblätter werden geflochten und mit Blumen, Reis, gefärbtem Reiskuchen, Obst sowie Räucherstäbchen bestückt und zu Aufbauten mit bis zu einem Meter Höhe geformt. Bei einem Odalan oder zum Bhatara Turun Kabeh werden zuweilen aber auch Hühner oder ganze Ferkel und auch Geld geopfert. Die Frauen verbringen jeden Tag Stunden damit, prächtige Opfergaben für den Haus- oder die Dorftempel zu kreieren. Die kunstvollsten Opfergaben werden aber stets zum größten und heiligsten Tempel Besakih gebracht.
Der indische Hinduismus ist auf Bali über die Jahrhunderte hinweg modifiziert worden. Die Trinität der obersten Götter Brahma, Vishnu und Shiva blieb, die drei Haupttempel von Besakih sind auch genau diesen Gottheiten gewidmet. Daneben werden auf der Insel aber weitere unzählige Götter und Göttinnen verehrt. Und wo Götter sind, gibt es auch Dämonen, die Gegenspieler, mit

1 Der Muttertempel Besakih vor dem großen Gunung Agung. **2** Der Aufgang – Besakih ist eine Tempelstadt. **3** Restaurierung – die blattgedeckten Tempeldächer bedürfen ständiger Pflege. **4** Über den Dächern von Besakih. **5** Kein Tag ohne Opferungen am Muttertempel.

denen man sich ebenfalls durch entsprechende Vorkehrungen wie Gebete und Opfergaben gut stellen möchte. Außerdem muss die Harmonie zwischen den guten und schlechten Kräften auf der Welt gewahrt bleiben.

Die Weltsicht der balinesischen Hindus stützt sich auf die Lehre der Reinkarnation. Die Art der Wiedergeburt bestimmt gutes beziehungsweise schlechtes Karma, das während des Lebens angesammelt wird. Auch die Zuteilung in Kasten existiert, wird jedoch im Alltag, im Gegensatz zu Indien, nicht als relevant empfunden. Mitglieder unterschiedlicher Kasten können auf Bali sogar heiraten. Auf andere tiefgründige traditionelle Lebensweisen scheint die Moderne mit all ihren Errungenschaften aber kaum Auswirkung zu haben. Mühelos verbindet sich religiöse Lebensweise mit zeitgemäßen Neuerungen. Toleranz und Offenheit machen es möglich. Überall kann man rituell bekleidete Männer und Frauen bei zeremoniellen Handlungen beobachten, sei es an einer von Werbung umsäumten Straßenkreuzung in der Stadt, in abgelegenen Reisfeldern, neben einer Diskothek oder auf dem Weg zu einer Zeremonie.

Die Vorbereitungen zu Zeremonien sehen fast überall gleich aus. Haus und Hof werden gründlich gesäubert und dekoriert, Opfergaben vorbereitet, ein Gamelan-Orchester, je nach Größe der Festlichkeit und des Geldbeutels, bestellt. Ein großer Aufwand wird auch für das Essen betrieben: meist für mindestens 50 Gäste, Mitglieder der weitverzweigten Familie, Freunde und wichtige Persönlichkeiten des Dorfes. Und auch die Musikanten, Tänzer sowie der Priester müssen versorgt werden. Da kommen schnell noch einmal 20 bis 30 Personen dazu, was, gemessen am oft spärlichen Einkommen der Familien auf Bali, einen erheblichen Aufwand an finanziellen Mitteln bedeutet. Nicht selten verschulden sich die Leute, um die vorgeschriebenen Rituale angemessen begehen zu können. Doch dies wird oft erst dann bemerkt, wenn die erste Rückzahlungsrate fällig wird. Die erste Zeremonie des Lebens beginnt bei

4

5

der Geburt mit der Nabelschnur. Ein Priester trennt sie ab und segnet das Neugeborene, um es vor Dämonen zu schützen. Nach einem Monat und sieben Tagen wird dem Säugling ein temporärer Name gegeben, um die Dämonen zu verwirren. So werden die bösen Geister abgehalten, vom Kind Besitz zu ergreifen. Das bereits dritte Ritual eines jungen Menschen ist die Drei-Monats-Zeremonie, bei der das Kind seinen wirklichen Namen bekommt. Die vierte Zeremonie erfolgt sechs Monate nach der Geburt. Nun wird das Kind das erste Mal auf den Erdboden gesetzt, und der Priester blickt in die Zukunft, ob dem jüngsten Familienmitglied Glück im Leben beschieden ist – oder nicht. Bei einer kleinen Feierlichkeit zum 18. Monat wird das Kind noch einmal gesegnet und die Aufmerksamkeit der Götter zu seinem Schutz erbeten.

Nach Abschluss der reinen Kindheitsrituale geht es mit der Zahnfeilung weiter: Dabei werden die vorderen oberen sechs Zähne, einschließlich der Eckzähne, gleichmäßig abgefeilt und damit gleichzeitig symbolisch sechs negative Eigenschaften des Menschen weggeschliffen: Eifersucht, Habsucht, Jähzorn, Nachlässigkeit, Gottlosig-

2

1 Erhaben – das Stelzenrestaurant der »Sacred Mountain Lodge« bei Sidemen ist in die Natur harmonisch integriert. **2** Umwachsen – auch der Pool der Lodge passt ins Bild. **3** Behaglich – ein Bungalow der »Sacred Mountain Lodge« mit der Anmutung eines Ökoresorts. **4** Rustikal – Blick in das offene Stelzenrestaurant der »Sacred Mountain Lodge«.

keit und unbotmäßige Passion. Die Feilung impliziert den Abschluss der Kindheit und den Übergang zum Erwachsensein und somit zum heiratsfähigen Alter. Mit der Feilung übernimmt der Mensch vor den Göttern die volle Verantwortung für seine Taten und Gedanken. Gerade für diese Zeremonie spart die Familie oft viele Jahre. Und es ist nicht selten der Fall, dass alle Kinder einer Familie zugleich die Feilung bekommen, sodass der älteste Sohn mit 28 Jahren wie seine jüngste Schwester mit acht Jahren vor dem Priester stehen. Die traditionelle Feilung wird ohne irgendeine Art von örtlicher Betäubung vollzogen. Die Nerven liegen blank, bis die Zähne wieder völlig von Schmelz umschlossen sind. Mittlerweile gibt es aber auch Priester, die eine Feilung nur andeuten. Wer tatsächlich gefeilt wurde, ist sein Leben lang erkennbar an einem ebenmäßigen Lächeln.

Die Hochzeit ist die zweite große Zeremonie im Erwachsenenleben eines Balinesen. In vielen ländlichen Regionen werden die Ehen

3

manchmal noch von den Eltern arrangiert, wie es die Tradition im Grunde verlangt. Aber auch diese Haltung hat sich mittlerweile liberalisiert. Über die Wahl des Ehepartners wird zwar häufig noch innerhalb der Familie diskutiert, doch in den meisten Fällen zugestimmt. Gerade auf dem Land existieren immer noch Großfamilien mit drei, manchmal vier Generationen unter einem Dach. Insofern ist eine Heirat immer auch eine Angelegenheit für die ganze Familie, wenn sie durch die Ehefrau, die stets ins Haus des Mannes zieht, ein neues Mitglied bekommt. Bis heute soll die Gattin als Jungfrau in die Ehe gehen. Doch auch das hat sich inzwischen geändert: Häufig wird erst geheiratet, wenn Nachwuchs unterwegs ist. Im drei Tage währenden Hochzeitsspektakel, das beide Familien ausrichten, findet am ersten Tag die eigentliche Heirat vor dem Priester statt, die im Kreis der Familien meist am Haustempel des Mannes vollzogen wird. Das Brautpaar ist in kostbare, goldbedruckte und farbenprächtige Sarongs, Schärpen und Kleider gehüllt, die Braut trägt zudem eine Art Krone. Am zweiten und dritten Tag kommen und gehen Freunde und Bekannte, Nachbarn und offizielle Vertreter des Dorfes, um Glückwünsche zu überbringen. Wobei der dritte Tag legerer ist: Da kreist schon mal der Arrak, und die Stereoanlage hat das Gamelan-Orchester abgelöst.

Gunung Agung und Besakih – Balis religiöses Herz

Anreise/Lage
Der Gunung Agung liegt mit seinen mehr als 3000 Metern Höhe unübersehbar im Osten von Bali, rund 80 km von Denpasar entfernt. Der Pura Besakih schmiegt sich auf rund 900 Metern Höhe an die Südwestflanke des Vulkans an.

Sehen und erleben
Die Besichtigung der Tempelanlage von Besakih ist gegen 8 Uhr morgens empfehlenswert. Dann trifft man noch keine Busse und auch keine der oft schlechten Führer an, die nur eine schnelle Rupie machen wollen. Ab und an hat man zu dieser Uhrzeit auch noch Glück mit dem Wetter, und der ganze Kegel des *Gunung Agung* ist sichtbar. Religiöse Zeremonien sind praktisch täglich und beinahe zu jeder Tageszeit zu erleben. Wer den noch aktiven *Vulkan Agung* besteigen möchte, muss unbedingt vor Sonnenaufgang aufbrechen, um noch am gleichen Tag zurückkehren zu können. Es gibt keine Schutzhütte am Agung. Ein Führer ist Pflicht.

4

Unterkunft
㉜****Sacred Mountain Sanctuary*. Das Resort ist am Fluss Unda nördlich von Sidemen gelegen, Tel.: 0 366-24 330, Fax: 0 366-23 456, www.sacredmountainbali.com, E-Mail: reservations@sacredmountainbali.com.Es wirkt wie eine Ökolodge, die einen Pool in Olympiaformat hat und von Reisfeldern umgeben ist. Die Villen sind mit abgesenkter Marmorbadewanne auf der Terrasse ausgestattet. Für drei Sterne bestens ausgestattet.

Restaurants
River View Restaurant, mittlere Preisklasse, am Fluss Unda nördlich von Sidemen gelegen, Tel.: 0 366-24 330. Schöner Blick auf den Unda und die umgebenden Reisfelder. Durchschnittlich gute indonesische Küche. Im *Sacred Mountain Sanctuary*.
Lembah Arca Restaurant, günstig, Jalan Pura Besakih in Danginkreteg, Tel.: 0 366-23 076. Idyllisch, in einem Bergtal gelegenes *Rumah Makan* mit typischer Hausmannskost.
Direkt am Eingang zum *Pura Besakih* wartet eine große Anzahl *Warung* (Essensstände) auf Kunden.

Ziele in der Umgebung
Das höchst gelegene Dorf Balis, *Sogra*, ist nur über eine winzige Straße ab *Sebudi*, dem Ausgangspunkt der meisten Gunung-Agung-Besteigungen, erreichbar. Der Ort selbst bietet zwar nichts Außergewöhnliches, auch sein *Pura Pasar Agung* ist eher unscheinbar, aber der Ausblick ist wundervoll und die Nähe zum Krater fast schon spürbar.

1

2

3

4

Drei Ebenen zum Himmel

Bangli – die Stadt der Tempelfeste

Pura Kehen, einer der Staatstempel wie Besakih, ist der bekannteste und schönste von einem Dutzend großer Tempel in Bangli, aus denen auch der Pura Dalem Penunggekan herausragt.

Fünf der zwölf Tempel von Bangli sind den Mächten der Unterwelt geweiht, und der Pura Dalem Penunggekan gilt als der schönste Totentempel der Insel. Der Blickfang ist das prachtvolle Flammentor, die Reliefs zeigen Hexen, und wie jeder Tempel des Todes steht er nicht nur am Dorfende, dem Meer zugewandt, sondern auch direkt neben der Verbrennungsstätte.

Die Totenverbrennung ist die letzte Zeremonie eines jeden Menschen auf Bali. Die Hindus glauben, dass der Tod nicht das Ende des Lebens, sondern lediglich eine Station auf der Reise der Seele ist. Der Körper gilt schließlich nur als Gefäß für die Seele, die während des Schlafes spazieren geht. Kehrt sie eines Tages aber nicht mehr in den Körper des Menschen zurück, dann ist er tot.

Laut und bunt naht die Prozession von Norden her und zieht an der Bangli-Busstation und dem Fürstenpalast Puri Artha Sastra vorbei. Die Leute sind offensichtlich freudig gestimmt, plaudern, lachen, ein paar scheinen zu tanzen. Sie folgen keiner bestimmten Gangart, sie überholen sich, begrüßen sich freudig. Einige scheinen sich nach langer Zeit wieder einmal bei dieser Prozession zu begegnen. Auf die Frage, was denn da gefeiert werde, kommt die für einen Europäer erstaunliche Antwort: »Pengabenan« – da wird ein Leichnam zur Verbrennungsstätte getragen.

An der Spitze der Prozession in Richtung Verbrennungsstätte von Bangli wird ein Sarg von vier jungen Männern getragen. Sie tanzen nicht, aber sie ziehen und zerren das Bambusgestell samt Aufbau hin und her, lassen es auf und ab hüpfen und gehen sogar einige Schritte rückwärts, um gleich wieder im Spurt nach vorne an die Spitze des Zuges zu stoßen. Natürlich spielen bei diesem für Außenstehende recht unlogisch wirkenden Akt wieder einmal die Dämonen eine Rolle. In diesem Fall soll deren Aufmerksamkeit geweckt werden. Denn der Sarg ist leer und dient als Ablenkungsmanöver. Die Dämonen dürfen nicht von der Seele des Verstorbenen Besitz ergreifen. Durch die Aktionen der jungen Männer abgelenkt, sehen die Dämonen von dem in einigem Abstand folgenden

1 Dämonisch – die bewachte Treppe zum Pura Bukit Bangli. **2** Wichtig – jedes Reisfeld hat seinen eigenen kleinen Tempel, um die Götter für die Ernte gütig zu stimmen. **3** Bezeichnend – *Naga* an einem Tempel bei Bangli. **4** Verehrt – großer Banyan-Baum an einer Kreuzung von Bangli.

1 Monumental – fast jeder Kreisverkehr auf Bali ist mit einem Denkmal geschmückt. **2** Unscheinbar – der Tempel von Bangli gehört trotzdem zu den wichtigsten der Insel. **3** Königlich – Ramayana-Darstellung in Bangli.

eigentlichen Sarg ab, in dem der Verstorbene getragen wird. Aber auch der Leichnam wird auf dem Weg zur Verbrennungsstelle in alle vier Himmelsrichtungen gedreht. In diesem Fall, um die Seele zu verwirren. Schließlich soll sie nicht mehr in ihre ehemalige Hülle zurückkehren. Zwischen den Särgen gehen das Gamelan-Orchester, Angehörige und Freunde. Der Priester folgt nach dem zweiten Sarg, auf einem Fahrrad und mit Megafon, damit die Gebete während der Prozession für alle hörbar sind. Je nach Bekanntheit und Beliebtheitsgrad des Verstorbenen kann eine solche Prozession etliche hundert Meter lang sein. Diese in Bangli dürfte immerhin 150 Meter messen. Am Verbrennungsplatz angekommen, wird der mit Leintüchern verhüllte Körper in einer farbenprächtigen, großen Holzfigur untergebracht, die den Kosmos darstellt. Diese Figurensärge ähneln – je nach Kastenzugehörigkeit des Toten – häufig einem Stier, einem Löwen oder – wie hier in Bangli – einem Hirsch. Er ist das Symbol der *Wesias*, der Bauern und Handwerker. Der Priester spricht Gebete und übergießt den Toten mit geweihtem Wasser. Opfergaben werden gebracht und schließlich wird der Sarg in Brand gesetzt. Jetzt geraten die Menschen außer Rand und Band, denn die Seele des Toten wird befreit. Das Feuer ist der Zerstörer der irdischen Hülle, und der Wind trägt die Seele in die Lüfte. Nach zwei, drei Stunden hat das Feuer seinen Zweck erfüllt: Es hat Körper und Seele getrennt. Die verbleibende Asche wird eingesammelt und schließlich, verbunden mit einer weiteren Zeremonie, dem Meer übergeben.

Für westlich orientierte Zeitgenossen ist so eine Verbrennung eine der befremdendsten und merkwürdigsten Begebenheiten, die man auf Bali erleben kann. Manchmal wird eine Verbrennung sogar als Ausflug von Reiseveranstaltern vor Ort oder im Hotel angeboten. Von den erzielten Einnahmen profitiert aber keineswegs die Familie, welche die teure Zeremonie finanzieren muss. Eine Verbrennung ist so teuer, dass sie sich ärmere Familien oftmals nicht leisten können. Deshalb werden häufig mehrere Tote gemeinsam verbrannt. Bis es so weit ist, können unter Umständen sogar Jahre vergehen. Der Tote wird so lange und nur vorübergehend in der Erde beigesetzt. Bis dahin bleibt die Seele mit dem Körper verhaftet, denn nur das reinigende Feuer kann die Seele befreien.

»Stadt der Tempelfeste« wird Bangli auch genannt, und wer so einem Fest einmal beiwohnen möchte, kommt mit Sicherheit in Besakih oder eben in Bangli auf seine Kosten. Nirgendwo auf der Insel gibt es häufiger große Tempelzeremonien. In Bangli steht Gästen zudem das Kulturzentrum Sarsana Budaya offen. Dort werden während der Tempelfeste ausgezeichnete Tänze und Puppenspiele aufgeführt, denen hauptsächlich Einheimische beiwohnen.

Bangli selbst, auf knapp 400 Metern Höhe direkt am Fuß des Gunung Agung gelegen, ist ein ruhiger Ort. Zwar war er einst Sitz eines selbstständigen Fürstentums und ist bis heute Hauptstadt eines der neun balinesischen Regierungsbezirke. Doch wenn nicht gerade der alle drei Tage stattfindende Markt ist oder eine Zeremonie im Gange, wirkt der Ort sehr beschaulich. Die Hühner flitzen im letzten Moment noch vor vorbeifahrenden Autos über die Straße, eine Oma kaut am Straßenrand Betelnuss und das Klingeln des Eisverkäufers mit seinem kleinen Wägelchen ist deutlich vernehmbar.

Dass der kleine Marktflecken lange Zeit Hauptstadt eines eigenständigen Reiches war, zeigt der Palast Puri Artha Sastra, der, mitten im Ort gelegen, noch heute von Nachfahren der ehemaligen Herrscherfamilie bewohnt wird. Auch ein paar Fremdenzimmer stehen bereit. Der Ahnentempel des Fürstentums, der schöne Pura Nataran, ist aber leider meistens verschlossen. Hauptattraktion ist jedoch der aus dem 11. Jahrhundert stammende, zum Teil mit Porzellan geschmückte Staatstempel Kehen, übersetzt »der Tempel der Schatzkammer«. Er gehört zu den eindrucksvollsten Anlagen auf Bali und ist zugleich nach Besakih der zweitgrößte Pura. Wertvolle Bronzetafeln aus dem Jahr 1204 sind Indiz für die Entstehungszeit. Auf drei Ebenen und sieben Terrassen strebt die Tempelanlage zum Himmel. Die drei Ebenen bestehen aus äußerem und innerem Vorhof sowie dem eigentlichen Tempelinneren. Die Kul-Kul-Trommel hängt im ersten Hof in einem alten und sehr großen Banyan-Baum. Zahlreiche Treppenfluchten mit kunstvollen Steinreliefs führen hinauf zum Haupttempel, wo im Inneren der elfstufige, dem Gott Shiva geweihte *Meru* thront. Elfstufige *Merus*, Symbol für den Sitz der hinduistischen Gottheiten, gibt es nicht allzu häufig auf Bali zu sehen, lediglich in den großen Tempelanlagen neben dem Pura Kehen in Besakih und im Taman Ayun von Mengwi.

Bangli – die Stadt der Tempelfeste

Anreise/Lage
Bangli liegt auf rund 400 Metern Höhe direkt am Fuß des Gunung Agung, etwa 60 km nordöstlich von Denpasar. Der Pura Kehen thront in erhöhter Lage 2 km nördlich des Zentrums über dem Marktort, während der Pura Dalem Penunggekan zusammen mit dem Verbrennungsplatz das südliche Ende von Bangli markiert.

Sehen und erleben
Von den zwölf großen Tempelanlagen in Bangli lohnen in jedem Fall der terrassenförmig angelegte *Pura Kehen*, als zweitgrößter Tempel Balis, und der *Totentempel Dalem Penunggekan* die Fahrt in den sonst eher verschlafenen Flecken. Zweimal pro Woche findet außerdem ein großer, sehr schöner Markt statt, bei dem die Bauern der Umgebung alle ihre Waren anbieten.

3

Unterkunft
㉝ *Artha Sastra Inn*, einfaches Gästehaus, Jalan Majapahit,
Tel.: 0 366-91 179. Einfache Unterkunft, die ihren Charme daraus bezieht, zu Gast in einem Teil des Fürstenpalasts beim jungen Fürsten zu sein.
㉞ *Bangli Inn*, sehr einfaches Gästehaus, Jalan Majapahit,
Tel.: 0 366-91 419. Beide Adressen sind eher als Notunterkunft zu verstehen. Empfehlenswerte Hotels gehobener Kategorie stehen in Bangli nicht zur Verfügung. Empfehlungen siehe Seite 96 unter Tengkulak (40 Minuten Fahrzeit; Kapitel »Von Goa Gajah bis Tirta Empul – im Tal der Heiligtümer«) oder direkt am Meer in Manggis (1 Stunde Fahrzeit; siehe Seite 126, Kapitel »Von Kusamba bis Candi Dasa – der Strand des Ostens«).

Restaurants
Da es in Bangli keine Hotels, sondern nur einfache Gästehäuser oder nicht einladende *Losmen*, Zimmer in Privathaushalten, gibt, stehen auch keine empfehlenswerten Restaurants zur Auswahl. Aber dafür gibt es eine große Zahl an zwar sehr einfachen, meist aber ausgezeichneten Speisen von *Food Stalls* und *Warung* rund um den Markt am fürstlichen Palast *Puri Artha Sastra*. Sehr preisgünstig brutzelt man dort *Nasi Goreng* (gebratener Reis), auf Wunsch auch mit Spiegelei, und abends zieht einem der Duft von *Saté* in die Nase.

Ziele in der Umgebung
Rund 5 km nördlich von Bangli befindet sich das terrassenförmig, sehr strukturiert angelegte und damit für Bali recht ungewohnte Dorf *Penglipuran*. Die Gehöfte im traditionell balinesischen Stil reihen sich ausschließlich entlang der nicht befahrenen Dorfstraße, die aussieht, als sei sie am Reißbrett geplant. Am Ende der Straße steht erhaben der Dorftempel.

1

2

3

4

Wo Strafen gemalt wurden

Klungkung – Reich der Könige und Richter

Einst ein wichtiger Außenposten der auf Java herrschenden Majapahit-Dynastie, dann Königreich, kann Klungkung seine lange Zeit hervorgehobene Stellung heute nur noch in Ostbali behaupten.

Der knapp 20 000 Einwohner zählende Regierungssitz der Provinz Klungkung hat für die Region im 21. Jahrhundert den Charakter von einem Klein-Denpasar des Ostens. Die Einheimischen erledigen dort allen möglichen bürokratischen Kram, ihre Bankgeschäfte oder müssen einfach nur umsteigen. Die meisten Touristen fahren auf dem Weg an die Ostküste schnell daran vorbei. Man findet zwar keine Meru mit elf Dächern, auch keine prachtvollen Tempel, aber immerhin doch eine bedeutende Sehenswürdigkeit, für die sich durchaus ein Stopp in Klungkung, auch als »Semarapura« bekannt, lohnt. Es ist die Gerichtshalle Kerta Gosa.

Sie stammt aus dem 18. Jahrhundert und ist mit einzigartigen, mehrmals restaurierten Deckenmalereien geschmückt. In eindrucksvoller Manier verdeutlichen die Bilder im gesamten Dachstuhl anstelle von Gesetzestafeln, welche Strafen ein Verbrecher damals zu erwarten hatte: Diebe werden von Dämonen in Öl gekocht, Lügner von Tieren gefressen, Huren enthauptet und Frauen, die abgetrieben haben, lässt man von Ratten den Busen abnagen. Im Mittelpunkt stand im Wortsinn der Angeklagte. Hob er den Kopf, sah er den Strafenkatalog. In der Kerta Gosa wurde von Richtern, Priestern und, wenn es der Anlass gebot, sogar vom Raja selbst Recht gesprochen. Wegen der Strenge aller Richter war der Gang in den Gerichtshof gefürchtet.

Als kulturelles und religiöses Vorbild diente Klungkung lange Zeit als Hauptstadt von Bali. Die meisten anderen balinesischen Königreiche sind dort verwurzelt, und der oberste Gerichtshof nahm sich all jener Fälle an, die nicht von der Dorfgemeinschaft entschieden werden konnten. Von der Pracht des alten Klungkung ist heutzutage nicht mehr viel zu spüren. Zu rüde gingen die holländischen Kolonialherren einst mit den Menschen und deren Kultur um.

Nach dem Zerfall des Majapahit-Reichs floh der letzte Herrscher um 1500 nach Bali und nahm den Titel des Dewa Agung, König von Bali, an. Gelgel, fünf Kilometer südlich von Klungkung gelegen, war

1 Verzaubert – der Palast Taman Gili, der einst das kulturelle Zentrum der ganzen Insel war. **2** Verkleidet – Schulkinder bei einem Umzug durch Klungkung. **3** Versteckt – kleines Geschäft in Klungkung. **4** Verziert – die Bale Kembang im Lotosteich von Taman Gili.

1 Bilderbuch – Detail in der Gerichtshalle Kerta Gosa von Klungkung. **2–3** Bildhübsch – Schulkinder bei einer Prozession. **4** Strafenkatalog – abgebildet im Dach der Kerta Gosa. **5** Opfergang – Mädchen in Klungkung. **6** Mahlzeit – Suppenküche in Klungkung.

zunächst Sitz der neuen Dynastie. Wegen eines vermeintlichen Fluches zog der Hofstaat aber 1710 nach Klungkung um.

Schon 1849 bekämpfte der Raja die holländischen Eindringlinge am Strand von Kusamba. Im Jahr 1908 zog der König aber den kollektiven Suizid einer Niederlage gegen die Kolonialherren vor. Zwei Jahre nach dem rituellen Freitod von Badung (siehe Seite 66 unter »Denpasar: Balis hektische Hauptstadt«) kam es in Klungkung zu einer tragischen Kopie dieser Tat. Die Holländer zerstörten anschließend den Palast des Raja, seine feudalen Bauten und damit auch das letzte Königreich auf Bali. Nur das heutzutage freistehende Südtor des ehemaligen Semarapura und der schwimmende Pavillon Kembang, in einem Lotosteich gelegen, sind die letzten Zeugen dieser Zeit. Auch aus Gelgels Blütezeit ist nichts übrig geblieben, wenn man einmal von der ungewohnten Weitläufigkeit des Straßenbilds absieht.

Klungkung ist aber auch ein guter Ort, wenn man am Ursprung der balinesischen Malerei interessiert ist. Etwa im 15. Jahrhundert

begannen die ersten Maler im Königreich Gelgel, Tempel und Paläste mit ihrer Kunst auszuschmücken. Und es gibt zwei Plätze in und um Klungkung, wo man noch heute echte klassische balinesische Gemälde findet. Eben in der Kerta Gosa, wo farbenprächtig gemalte Szenen aus dem balinesischen Schattenfigurenspiel »Wayang Kulit«, Geschichten über Horoskope und Voraussagen sowie

die eingangs erwähnten Darstellungen von göttlicher Bestrafung für auf Erden begangene Sünden zu bestaunen sind.
Gemalt wurden diese Bilder von Künstlern aus Kamasan, einem Dorf südlich von Klungkung, wo bis heute ganze Familien von der Kunst der Malerei leben. Dewa Agung Made, der König von Gelgel, beauftragte sie und wünschte einen detailgetreuen und ausdrucksstarken Stil, der nach strikten Regeln und Vorgaben umgesetzt werden musste. So kann man etwa den Charakter und Status einer Person an der Kopfbedeckung oder an der Blickrichtung der Augen erkennen. Männer von edlem Stand haben immer feine Gesichtszüge, während grobe Charaktere mit hervorstehenden Augen und Zähnen dargestellt werden. Die Bilder sollten schließlich nicht nur zur Dekoration dienen, sondern als historisches Dokument der Nachwelt überliefert werden. Der König behielt recht. Und bis heute ist es nur Künstlern aus Kamasan erlaubt, die Werke in der Kerta Gosa zu renovieren.
Der zweite Platz ist das Gunarsa-Museum in Bandem, unweit von Klungkung, wo Nyoman Gunarsa, ein Maler aus Klungkung, eine Privatsammlung zusammenstellte. Dafür investierte er viel Geld und Zeit, um Bilder, die ins Ausland verkauft wurden, wiederzufinden und schließlich in die ostbalinesische Heimat zurückzubringen.

Klungkung – Reich der Könige und Richter

Anreise/Lage
Klungkung ist ein wichtiger Verkehrsknotenpunkt und das Tor nach Ostbali. Von der ehemaligen Königsstadt führen die Wege übers westlich gelegene Gianyar nach Denpasar, das etwa 50 km entfernt ist, nach Besakih zum Muttertempel in den Norden, nach Sidemen zu den Reisterrassen in den Nordosten, nach Süden direkt an den schwarzen Lavasandstrand von Klotok und über die einzige Hauptstraße in den Osten der Insel.

Sehen und erleben
Keine Frage, wer in Klungkung hält, kommt wegen der Gerichtshalle *Kerta Gosa* und ihrer unglaublich intensiven Deckenmalereien. Zum Abkühlen verspricht der schwarze Lavasandstrand von *Klotok*, nur wenige Minuten südlich von Klungkung gelegen, ungestörten Badespaß.

6

Unterkunft
㉟ *Loji Ramayana*, sehr einfaches Hotel, Jalan Diponegoro, Tel.: 0366-21 044. Abgesehen von nur *einem* weiteren *Losmen* ist das Hotel die einzige Wahl in Klungkung und eher als Notunterkunft zu verstehen. Es liegt direkt an der Durchgangsstraße, wenngleich nett und liebevoll gemacht. Luxuriösere und ruhigere Empfehlungen: siehe Seite 126 unter Manggis, direkt am Meer (30 Minuten Fahrzeit; Kapitel »Von Kusamba bis Candi Dasa – der Strand des Ostens«) oder unter Tengkulak auf Seite 96 (30 Minuten Fahrzeit; Kapitel »Von Goa Gajah bis Tirta Empul – im Tal der Heiligtümer«).

Restaurants
Restaurant Loji Ramayana, günstig, Jalan Diponegoro, Tel.: 0366-21 044. Im Hinterhof des gleichnamigen Hotels, abseits der lauten Hauptstraße, isst man in einer *Bale* recht charmant und gut.
Bali Indah, sehr günstig, Jalan Nakula, kein Telefon. Wem der Magen mehr nach chinesischem Essen steht, der kommt in dem kleinen Lokal in einer der Nebenstraßen der Jalan Diponegoro auf seine Kosten, die wirklich sehr gering ausfallen.

Ziele in der Umgebung
Gianyar, wie Klungkung Provinzhauptstadt und nur rund 15 Kilometer westlich gelegen, ist das Zentrum der balinesischen Weberei, *Endek* genannt. Ein sehr arbeitsintensives Verfahren macht die dezent gemusterten Stoffe allerdings teurer als die hauptsächlich aus Java stammenden Batik-Produkte. Wer nichts einkaufen oder nur mal über den Webstuhl sehen möchte, darf Gianyar getrost links liegen lassen. Über Sehenswertes kann leider nicht berichtet werden.

1

2

3

4

Am friedvollen Hügel

Von Kusamba bis Candi Dasa – der Strand des Ostens

Die Fahrt entlang der Ostküste ist geprägt vom Schwarz der Sandstrände, der gewaltigen Ausstrahlung des Heiligen Bergs Agung sowie der märchenhaften Atmosphäre und stilsicheren Eleganz des »Amankila«, Balis Nummer-eins-Resort.

Für viele Besucher beginnt Ostbali erst mit Kusamba: ein einfaches Fischerdorf mit bunt bemalten traditionellen Auslegerbooten im schwarzen, von diversen Ausbrüchen des Vulkans Agung stammenden Sand. Natürlich lockt das Meer, aber Kusamba ist kein Strandbad, es fehlt das gewisse Laissez-faire, das man von den Badeorten im Süden kennt. Dafür gibt es mehr als Kuta-Fast-Food und Traveller-Einheitsküche, etwa das berühmte Kusamba-Fisch-Saté an den vielen *Warung* (Essensstände) direkt am Wasser, aus dem die Einheimischen nicht nur den passenden frischen Fisch fangen, sondern, etwas weiter westlich, auch kostbares Tafelsalz gewinnen, häufig noch nach traditioneller Methode, ohne jegliche technische Hilfsmittel. Alternativ bestellt man Fischsuppe oder *Ikan Pepes*, pikant gewürzten Fisch, der im Bananenblatt gedämpft wird. In den Netzen findet sich weniger Thunfisch als anderswo, dafür gibt es umso mehr Makrelen und auch mal einen Red Snapper. So manche Fischersfrau verkauft den Fang ihres Mannes unmittelbar am Straßenrand.

Seine Präsenz auf der touristischen Landkarte verdankt Kusamba aber nicht den Fischen, sondern zweifelsohne den Fledermäusen. Goa Lawah, die Fledermaushöhle, liegt gleich linker Hand am Ortsausgang von Kusamba in Richtung Osten. Sie ist kaum zu verfehlen, da meistens einige Touristenbusse davor stehen.

Das Phänomen der weitverzweigten Höhle: Tausende von Fledermäusen hängen dicht gedrängt an einer Felsendecke, so eng, dass ständige Unruhe zwischen den Tieren herrscht; dadurch entsteht der Eindruck, als bewege sich die Decke. Genau in dieser Höhle beteten schon immer Gläubige, denn man sagt, es gäbe von Goa Lawah mit seinen für die Balinesen heiligen, aber einen recht strengen Geruch verbreitenden Tieren einen unterirdischen, etwa 20 Kilometer langen Tunnel bis nach Besakih zum heiligen Berg Agung. Er würde die Verbindung zwischen Land und Meer und somit zwischen Gut und Böse bedeuten.

1 Mutterseelenallein – am Strand des »Amankila« an der Padang Bai. **2** Fledermausbehangen – die Höhle Goa Lawah. **3** »Amankila« Style – das Beste vom Besten auf der Insel. **4** Krakenähnlich – Auslegerboot und Fischer am schwarzen Sandstrand von Kusamba.

2

3

Durch die Pole Gut und Böse wurde Goa Lawah – politisch gesehen – auch zu einem Symbol des Freiheitskampfes gegen die holländischen Kolonialherren. 1904 trafen sich dort die Rajas, um zu beratschlagen, was gegen die Eindringlinge gemacht werden kann und was dazu organisiert werden muss.

Nur ein paar Kilometer weiter östlich zweigt von der Hauptstraße der Weg in Richtung Padang Bai und zum Meer ab. Der natürliche Hafen liegt in einer wunderbaren Bucht. Der schönste Strand mit sehr klarem Wasser befindet sich allerdings eine Landzunge weiter und heißt Blue Lagoon. Ein Platz zum Träumen und Faulenzen, zum Schwimmen und Schnorcheln. Manche sagen: Padang Bai sei wie Kuta früher war. Es gibt keine großen Hotels, nur ein paar *Losmen* und Pensionen sowie Freiluftlokale und *Warung* direkt am Strand – nebst dem frischesten gegrillten Fisch, ohne fliegende Händler, die einem jeden Tag eine falsche Rolex verkaufen möchten. Der Blick durch die Taucherbrille lohnt in jedem Fall: Man sieht zahlreiche Geweihkorallen, Schwämme und neben bunten Fischen auch Weißspitzriffhaie. Wer will, kann von Padang Bai aus mit der Fähre

4

1 Blick vom Luxusresort »Amankila« auf den hoteleigenen Strand. **2** Waghalsig – Bootsführer eines Auslegers vor Candi Dasa. **3** Hochverehrt – betende Gläubige im Fledermaustempel von Goa Lawah. **4–5** Filigran – Ansichten vom reich verzierten Tempeltor Goa Lawah.

5

nach Lombok weiterreisen. Und die Fischer nehmen Gäste gegen einen Obolus auch gerne mit aufs Meer. Dazu muss man nur früh aufstehen und zu den Auslegerbooten an den Strand gehen.

Padang Bai zeichnet eine ruhige Laid-back-Atmosphäre für Rucksackreisende aus. Wer ein paar Jährchen älter geworden ist und inzwischen Laid-back-Atmosphäre auf höchstem Niveau lieb gewonnen hat, zieht ein paar Kilometer weiter in Richtung Osten: zum »friedvollen Hügel«. So lautet die Übersetzung für »Amankila«. Seit der Eröffnung beinahe unverändert und seit Jahren trotzdem die Nummer eins unter den Weltklasseresorts auf Bali, verströmt das »Amankila« eine nur schwer zu beschreibende Stimmung, die jeden Gast sehr schnell durchdringt. Es spielt keine große Rolle, ob man weiter oben oder weiter unten am Hang sein Feriendomizil bezieht oder ob man eine Villa mit privatem Pool oder ohne gebucht hat. Die Magie dieses Resorts ereilt jeden Gast, vornehmlich wenn die Dämmerung kommt, die blaue Stunde die Erde schon eingedunkelt hat, den Himmel aber immer noch großzügig in sattem Blau belässt. Der dreiterrassige Überlaufpool ist dezent beleuchtet, geht optisch scheinbar nahtlos ins dunkle Meer über. Die drei Gamelan-Spieler sind in der Dämmerung kaum zu sehen, spielen wie Geister auf Bambus kongenial in diese Stimmung hinein. Ihre Klänge vereinigen sich mit der Luft. Und die fünf *Sala* entlang der Terrassen geben den gebetteten Himmel auf Erden dazu. Die Augen saugen die Stimmung auf, die einen scheinbar übers Meer trägt bis zur kleinen Insel Cambeng und vielleicht sogar zur großen Nusa Penida, die ihre Silhouette an den Horizont zeichnet. Die Ohren lauschen den Klängen, die Nase genießt den Duft des Frangipani-Baums. Und der Mund steht offen – erstaunt, verblüfft. Es braucht nicht einmal ein Glas Champagner, denn das »Amankila« in der Dämmerung ist Champagner für alle Sinne. Und wenn der Gast irgendwann seine Suite aufsucht, dann ist inzwischen auch der private Pool verzaubert: durch am Poolrand aufgestellte, brennende Kerzen.

Das einzige Fünf-Sterne-Resort im Osten von Bali verfügt über 33 Villen, neun davon mit privatem Pool, der diese Bezeichnung auch verdient, den großen Hauptpool mit drei Terrassen, einen 42-

1

1 Dreistufig – der Pool des »Amankila« ist der schönste auf Bali. Wer darin schwimmt, glaubt, weit über dem Meer zu schweben. 2 Perfekt – der Service im »Amankila«, dem besten Resort der Insel. Alle Angestellten kennen die Gäste beim Namen. Sie bekommen eine Passbildkopie zum Lernen.

Meter-Pool, wo man seine Bahnen ziehen kann und einen wunderbaren Privatstrand dazu – an dem man auch wirklich baden gehen kann. Das Gras wird mit der Hand geschnitten, jeder Gast mit Namen gegrüßt. Alle 270 Angestellten bekommen eine Passbildkopie und den Namen von jedem der Gäste. Beim ersten Mal fragt der eine oder andere noch nach der korrekten Aussprache des Namens. Eine zweite Nachfrage gibt es praktisch nicht. Auch Sonderwünsche – zum Beispiel den Joghurt zum Frühstück ausschließlich mit Passionsfrucht zu bekommen – kann man am zweiten Tag schon mit »wie gestern« bestellen. Der Service registriert alles, ist aber physisch nur präsent, wenn er auch benötigt wird und ansonsten scheinbar nur unsichtbar vorhanden. Es gibt Millionäre, die zwei Monate im »Amankila« bleiben und die sich für all dies artig bedanken, nachdem sie für die Urlaubszeit einen Scheck von weit mehr als 100 000 Euro unterschrieben haben. Wahrscheinlich sind es die vielen Kleinigkeiten, die einem das paradiesische Gefühl von Unbeschwertheit geben. Die zwei Schulmädchen, die nachmittags den Gästen Geschenke basteln und natürliche Leichtigkeit vorleben. Der Afternoon-Tea, der nicht zelebriert, sondern schlicht nebenbei angeboten wird. Der Fernsehapparat, der in der Villa fehlt. Überhaupt spielt die ganze Ausstattungslitanei angefangen bei Designermöbeln bis hin zum DVD-Spieler im »Amankila« nur eine Nebenrolle: Alles ist eine Selbstverständlichkeit. Und wer unbedingt TV sehen möchte, bekommt seine »Glotze« natürlich sofort in die Villa gestellt.

Das Geheimnis ist, kein Hotelzimmer zu bieten, sondern ein privates Refugium, in dem sich der Gast um nichts kümmern muss – außer sich zu erholen ... Es ist eben das Gefühl, zu Hause in der Fremde zu sein. Dazu gehören keine festen Frühstückszeiten, kein Büffet, keine Unterschrift nach dem Essen. Es gibt Gäste, die nehmen sich fünf oder zehn Unternehmungen im Urlaub vor: Tauchen, Trekking, Tempel anschauen und so weiter. Bei der Abreise sagen

2

sie aber glücklich: »Wir haben nichts davon gemacht, sondern nur das Resort genossen!« Das Angebot muss da sein, aber wenn die Gäste nichts davon nutzen, dann scheinen die Hoteliers den noch besseren Job gemacht zu haben.

»Aman«-Junkies nennen die Marketingstrategen die Fans und Gäste, die dreimal ein »Aman«-Haus besucht haben. Hollywood- und Bollywood-Stars, Sportler, Musiker, die reiche Geschäftswelt vom CEO (Aufsichtsratvorsitzenden) bis zum oberen Management: 100 000 Namen weltweit sind in den »Aman«-Computern gespeichert. Und wenn einer nach sieben Jahren ein Haus wieder einmal besucht, dann wird er mit »Willkommen zu Hause« begrüßt.

Aus Sicht der Balinesen hätte man dieses Buch nicht geografisch, sondern gemäß der *Triloka* gliedern müssen. In der oberen Welt der Berge leben die Götter. Balinesen schauen lieber zum Berg als zur See. In den Bergen wohnen schließlich auch die Ahnen. Und nur die Vulkane haben die ultimative Kraft, etwas aufzubauen – oder zu zerstören. In der mittleren Welt, auf der Insel unterhalb der Berge, vergnügen sich Mensch und Tier in Harmonie mit der Natur. Und sie bereiten sich gewissenhaft auf ein Leben nach dem irdischen Dasein vor, auf den Wechsel vom Sichtbaren – *Sekala* – zum Unsichtbaren – *Niskala*. Die uralten Riten und hinduistisch-animistischen Zeremonien dienen dieser Veränderung. In der Unterwelt des Meeres schließlich hausen die Geister – das Gefährliche, das Böse – abgetrennt nur von schmalen Sandstränden. Auch deshalb – und nicht nur wegen der Hitze – meiden Balinesen diese Übergangszone, welche für die meisten Touristen so etwas wie den Himmel auf Erden darstellt. Die Fremden leben überdies oft genug in einer vierten Welt, die bis auf die Angestellten kaum ein Balinese kennt: die ruhige, von jedem Trubel abgeschnittene Welt des Luxus der »Aman«-, »Bulgari«- und Co.-Resorts. Inseln auf der großen Insel, Paradiese mit Eistüchern beim Empfang oder am Pool, Gebiete, in denen Milch und Honig fließen, wo dienstbare Geister jeden Wunsch von den Augen ablesen. Manchmal, wenn man in die Parks der Luxusresorts einfährt, erscheint so eine Anlage wie von unsichtbaren Schallschutzwänden umgeben, als ob nichts von

1

2

3

4

1 Wenn die Dämmerung einsetzt, ist das »Amankila« unvergleichlich schön. 2 Magische Momente – im Restaurant des »Amankila«. 3 Magischer Blick – über die Pools aufs Meer. 4 Magische Romanze – in einer »Aman«-Villa. 5 Magische Massage – im Spa am Strand.

außen eindringen könnte: kein Lärm, kein Schmutz, kein Alltag. Und wäre es nicht Bali, wo angestellte Balinesen zumindest ihr tägliches, rituelles Leben auch ins Resort bringen, könnte man meinen, in einem vollkommen autarken Raum gelandet zu sein.

Candi Dasa, das ehedem kleine Fischernest in der Amuk Bay, das sich anschickte, einmal das Kuta des Ostens zu werden, ist letztlich auch so eine Insel auf der Insel, aber durchlässig, balinesischen und touristischen Alltag spielerisch integrierend. Es ist viel gebaut worden, und das Überangebot an Unterkünften und Restaurants ist offensichtlich. Aber dennoch fühlen sich all diejenigen im »Dorf der zehn Tempel«, so die Übersetzung, wohl, die Kuta wie Legian als zu turbulent, Seminyak, Jimbaran und die Bukit-Badung-Badeorte als zu teuer und prospekthaft sowie Lovina als zu aufdringlich empfinden. Candi Dasa gehört zu den ruhigeren Orten, mit kleinen Restaurants, Bars und Läden, die sich alle nur wenige Gehminuten vom Resort entfernt befinden. Das Nachtleben beschränkt sich darauf, Saté-Spieße zu grillen – und das auch nur bis 22 Uhr. Hier geht alles noch ein wenig beschaulicher zu. Und obgleich das Dorf stark touristisch geprägt ist, hat es seinen ländlichen Charme bewahrt. Man kennt sich untereinander, und bald gehören auch die Touristen dazu, die ein paar Tage bleiben und nicht nur auf der

Durchreise sind. Der Wermutstropfen: Der kleine, schmale Strand von Candi Dasa, variierend zwischen schwarzen und hellen Sandschattierungen, ist nur bei Ebbe sichtbar. Manche Beachhotels verfügen zwar über künstlich gewonnene Sandbänke, die das Meer aber in regelmäßigen Abständen wieder einfordert. Durch den Bauboom und als Folge der Abtragung von schützendem Korallengestein gibt es weniger Barrieren gegen die Meeresbrandung als früher. Der Versuch, dem Sand- und Strandschwund mit Betonklötzen Einhalt zu gebieten, ist ebenso hässlich wie nutzlos. Trotzdem kann man natürlich in der Bucht schwimmen – oder in den vielen Hotelpools plantschen. Die meisten Hotels und Bungalowanlagen haben direkten Zugang zum Meer.

Candi Dasa mit seinem Seerosenteich als markantestem Punkt in der Mitte ist heute ohne Zweifel die touristische Drehscheibe in Ostbali, immer noch zum Baden, aber auch vermehrt als Ausgangspunkt, um Ausflüge ins Hinterland oder zum Tauchen zu machen. Von seinen zehn Tempeln sind allerdings nur noch zwei erhalten geblieben: Der eine neben der Polizeistation und der andere vis-à-vis der Lagune, wo bis heute kinderlose Ehepaare bei Gott Hariti um Nachwuchs bitten.

Von Kusamba bis Candi Dasa – der Strand des Ostens

Anreise/Lage

Bei Kusamba trifft man – erstmals seit Sanur – mit der Hauptstraße wieder aufs Meer. Der Fischerort liegt knapp 60 km östlich von Denpasar und Sanur entfernt. In jeweils kurzen Abständen in Richtung Osten folgen die Fledermaushöhle Goa Lawah, Padang Bai, Manggis und Candi Dasa.

Sehen und erleben

Goa Lawah mit seinen Fledermäusen gehört zum touristischen Pflichtprogramm im Osten. *Padang Bai* mit kristallklarem Wasser und *Candi Dasa* – trotz schmalem Strand – sind reine Badeorte. Während das *Amankila* in seiner vollkommenen Harmonie eine ganz eigene Reise – wie zu fernen Ufern – ist.

Unterkunft

(36) *****+*Amankila*, Jalan Amankila bei Manggis, Tel.: 0 363-41 333, Fax: 0 363-41 555, www.amanresorts.com, E-Mail: amankila@amanresorts.com. Schlicht und einfach das Beste, was Bali an Resort zu bieten hat. Wer atmosphärisch auf der Welt noch etwas Besseres findet, ist ein Glückspilz!

5

Mehr Pool-Möglichkeiten gibt es nirgendwo auf der Insel, Beach-Club mit großem Wassersportangebot, Spa, Mountainbikes, Tennis.

(37) *****Candi Beach Cottage*, Resort & Hotel, Jalan Sengkidu in Candi Dasa, Tel.: 0 363-41 234, Fax: 0 363-41 111, www.candibeachbali.com, E-Mail: reservation@candibeachbali.com. Ein typisches, ruhiges und gehobenes Resort von *Candi Dasa*, direkt am Mendira-Strand. Geschmackvoll und gut ausgestattete Zimmer, Pool, Spa.

Restaurants

The Restaurant, exklusiv, Jalan Amankila bei Manggis, Tel.: 0 363-41 333. Wer sich eine Nacht im *Amankila* nicht leisten kann oder möchte, sollte aber wenigstens einmal die Atmosphäre schnuppern, etwa bei einem Dinner: Das Hausrestaurant serviert feine indonesische und westliche Gerichte.
Vincent's, gehoben, Jalan Raya Candi Dasa in Candi Dasa, Tel.: 0 363-41 368. Fisch, Salate sowie Gerichte aus der indonesischen und westlichen Küche. Dazu eine exzellente Weinkarte mit bezahlbaren Tropfen.

Ziele in der Umgebung

Westlich von Kusamba wird Tafelsalz häufig noch nach traditionellen Methoden, ohne jegliche technische Hilfsmittel, gewonnen. Dabei wird frühmorgens das Meerwasser über präparierte Sandflächen gesprüht. Es kristallisiert aus und wird durch ein feines Bambussieb vom Sand getrennt.

1

2

3

4

Wenn die Hähne Farben tragen

Tenganan und Umgebung – in den Dörfern der Bali Aga

Als einziges Dorf in Bali ist Tenganan von einer Mauer umgeben. Die Einwohner sind keine Hindi, haben sich weitgehend isoliert und so ihre Traditionen bewahrt. In Tenganan leben die Bali Aga, was übersetzt die »Original-Balinesen« heißt.

Im Tempel um Nachwuchs zu bitten, ist für die Bali Aga undenkbar, die Toten zu verbrennen ebenfalls: Die Menschen von Tenganan sind keine Hindi und leben seit Jahrhunderten weitgehend isoliert. Als der Islam Java eroberte, zogen sich die Götter nach Bali zurück. Und Gott Indra schuf die Bali Aga. Zum Beweis dafür wird die Schöpfungsgeschichte »Usana Bali« aus dem 14. Jahrhundert vorgelegt. Dort wird beschrieben, dass die im Dorf Tenganan lebenden Menschen direkt von den Göttern abstammen. Deshalb ist – neben zahlreichen anderen Regeln – etwa das Heiraten einer Person, die von außerhalb des eingegrenzten Dorfs stammt, verboten. Wer es dennoch tut, wird verstoßen und muss sich außerhalb von Tenganan ansiedeln. Und wer niemanden findet im Dorf, wirft an einem bestimmten Tag im Jahr eine Blume über die Mauer. Das Mädchen, das sie fängt, wird dann geheiratet. Liebe spielt dabei keine Rolle. Hauptsache, das Blut der Gemeinschaft bleibt rein. Die Folge: Die Bali Aga werden langsam, aber sicher aussterben. Schon heute sind keine Kinderscharen auf der Straße zu sehen, wie sonst auf Bali. Die Einwohnerzahl ging während der letzten 100 Jahre von etwa 1000 auf unter 500 zurück. Es fehlen das frische Blut und auch die üblicherweise so offensichtliche Lebensfreude der Rest-Balinesen. Tenganan und – mit Abstrichen einige weitere Bali-Aga-Dörfer – sind die Bewahrer der Wurzeln der Ureinwohner, ohne Kastensystem und in einer Mischung aus Patriarchat und kommunistischer Verwaltung. Denn Landbesitz kennt nur die Gemeinde, nicht aber der Einzelne.

Noch vor wenigen Jahren ließ man nur sehr ungern Besucher in die Gemeinschaft hinein. Heute wird jedem Einlass gewährt, der eine Spende abgibt. Der Schriftführer an der Pforte bittet um den Eintrag ins Gästebuch und gleichzeitig um die Angabe der Summe, die als Spende zu erwarten ist. Er beobachtet genau, welche Zahl geschrieben wird und ob sie auch mit der tatsächlich gegebenen Zahlung übereinstimmt. Ist dem so, wird dem Fremden durch ein

1 Gehört zum Ortsbild – eine Kuh im autofreien Tenganan. **2** Vorbereitung auf einen Hahnenkampf, der allerdings offiziell verboten ist. **3** Mit Schirm – Tempeleingang in Candi Dasa. **4** Gegen die Meereskräfte – Wellenbrecher schützen die kleine Ortschaft Candi Dasa.

1 Sitzgelegenheit – Dorfbale in Tenganan. **2** Hahn im Korb – das bunt eingefärbte Federvieh. **3** So sieht Tenganan von einer der Bales aus. **4** Souvenirs – an einem Sarong-Stand. **5** Familienglück – mit Vater und Sohn. **6** Gemeindestolz – die Ikatarbeiten. **7** Tempel am Straßenrand.

mehr oder weniger zufriedenstellendes Nicken der Zugang ins Dorf durch ein sehr schmales Tor gewährt. Drinnen wartet weder ein Gewühl aus Einheimischen und Touristen noch gibt es einen Déjà-vu-Effekt: Tenganan gleicht keinem anderen balinesischen Dorf.

Ähnlich einer Straße mit Mittelstreifen gibt es zwei parallel verlaufende, kopfsteingepflasterte Wege, an deren Seiten die Wohnhäuser aneinandergereiht sind. Die Anwesen haben alle den gleichen Grundriss und orientieren sich an den geradewegs nach Norden hin verlaufenden Dorfmauern. Den imaginären Mittelstreifen bilden Versammlungshäuser, Brunnen, Freiflächen oder Reisscheunen. Die Gemeinde besitzt viele fruchtbare Felder und gehört zu den reichsten Dörfern der Insel. Die Legende, wie man zu dem weitläufigen Besitz kam, deutet auf eine gewisse Schlitzohrigkeit hin: Als ein König sein geliebtes Pferd verlor, versprach er demjenigen, der es

5

6

7

ihm wiederbringen würde, eine hohe Belohnung. Die Männer von Tenganan machten sich auf die Suche und fanden nur noch den Kadaver des Pferdes. Als Belohnung bekamen sie aber dennoch all das Land, in dessen Umkreis das tote Pferd noch zu riechen war. Ein Beamter des Königs, der eine besonders gute Nase hatte, ritt mit den Männern von Tenganan über das Land. Überall, wo sie auch hinkamen, war der Geruch des toten Pferdes noch wahrzunehmen. Kein Wunder: Der Dorfälteste hatte unter seinem Sattel ein Stück verwesendes Fleisch versteckt ...

Die Felder lässt man übrigens von Bauern, die nicht zum Dorf gehören, bewirtschaften. Denn laut Schöpfungsgeschichte sind die Ureinwohner nicht zur Arbeit bestimmt, sondern zur Erfüllung religiöser Riten: als Tänzer, Musiker und Künstler. Inzwischen sagt man sich aber auch in Tenganan: Geschäft ist Geschäft und Eintrittsgeld ist Eintrittsgeld. Warum darauf verzichten? Vor den Wohnhäusern bieten deshalb *Ikat*-Weberinnen, Eier-Bemaler und *Lontar*-Künstler ihre Werke an. Sogar die Palmblattschreiber lassen sich ihren ursprünglich zeremoniellen Ritus heutzutage versilbern. Die Buchstaben werden mit Messern ins Palmblatt eingeritzt und später mit Asche sichtbar gemacht. Solche *lontars* sind teuer und beliebt. Aber auch die Ikat-Frauen von Tenganan sind geschäftstüchtig – und berühmt für ihre Web- und Färbetechnik. Diese Doppel-Ikat-Stoffe sind derart kompliziert zu fertigen, dass ein einzelnes Tuch jahrelange Arbeit bedeuten kann. Die schönsten Stücke werden zu zeremoniellen Anlässen getragen. Sie geben magischen Schutz vor Krankheitsdämonen und werden stets vererbt. Und natürlich werden manche Tücher in Tenganan auch zum Verkauf angeboten. Sie sind in ganz Bali sehr gefragt. Besonders aufwendige Arbeiten können jedoch bis zu 1000 Euro kosten.

Alles wirkt einerseits unaufgesetzt und selbstverständlich: die Dorfarchitektur, die Künstler, die stoische Ruhe in der Gemeinde, wenn man einmal von den Hennen und Küken, die frei herumgackern dürfen, absieht. Rinder dösen im Schatten, ohne angepfahlt zu sein. Eine zweite Herde wird von einem Mann mit dem Stock durchs Dorf getrieben. Es scheint, als ob die Symbiose von Mensch, Tier und Riten noch funktioniert.

Andererseits wird man manchmal den Eindruck nicht los, in ein bewohntes Museumsdorf geraten zu sein, ein Wehrdorf, das man

1 Auslegerboote am Sandstrand von Candi Dasa, die noch immer für den Fischfang benutzt werden. **2** Das nette Resort »Puri Bagus« in Candi Dasa. **3** Dunkelblau – der Swimming-Pool des Resorts. **4** Ruhig – die Lagune von Candi Dasa, die nur durch einen kleinen Damm vom wilden Meer getrennt ist. **5** Uralt – die *Lontar*-Rollen von Tenganan.

autofrei zur Fußgängerzone erklärt und in dem inzwischen auch das Fernsehen Einzug gehalten hat – unzweifelhaft erkennbar an den Antennen. Die Hähne der Eier-Maler müssen zu Dekorationszwecken mit rotem, gelbem oder grün gefärbtem Gefieder unter der Korbglocke ihren Tag verbringen. Und wahrscheinlich liegt es auch am zu entrichtenden Obolus und an manchem kommerzialisierten Stand im Dorf, dass ein Disneyland-Eindruck im Hinterkopf schwebt. Ob solche Einschätzungen vielleicht auch die großen Massen davon abhalten, Tenganan aufzusuchen?
Wie auch immer: Falsch ist die Beschreibung »bewohntes Museumsdorf« ja nicht! In Tenganan leben nun mal die Nachfahren einer Volksgruppe aus vorhinduistischer Zeit, die sich von der Restbevölkerung Balis abgeschottet hat. Wie zum Beispiel durch die sie umgebende Mauer, aber auch durch Bräuche, wie in geschlossenen

Steinhäusern zu wohnen, und Riten, wie beim alljährlich abgehaltenen *Usaba Sembah*. Dann peitschen sich zwei junge Männer des Dorfes bei einem Zweikampf mit dornigen Pandanusblättern. Dabei fließt Blut. Blut, das Indra, den Schöpfergott der Bali Aga, günstig stimmen soll.

Ähnlich authentisch leben die Bali Aga nur noch am Ostufer des Batur-Sees in Trunyan. In unmittelbarer Umgebung von Tenganan liegen noch weitere Bali-Aga-Dörfer, die allerdings alle nicht so intakt geblieben sind: Bugbug, Timbrah, Asak, Bungaya und Bebandem. Von letzterem Ort lohnt sich die Weiterfahrt nach Sibetan, Putung und Sidemen. Die Straße führt entlang wunderbarer Landschaften am Hang des Gunung Agung vorbei. Die Reisfelder sind mit Mischkulturen verwoben. Es wachsen kunterbunt Bananen, Kokospalmen, Gemüse und Reis. Die Natur zeigt sich überwuchernd grün, die Dörfer sind unverfälscht ländlich. Frauen tragen Wassereimer auf dem Kopf, Männer balancieren an Bambusstangen schwere Lasten, und das *Bemo*, der Kleinbus, ist in dieser Gegend oft noch die einzige Verbindung zu anderen Dörfern, nach Klungkung oder in die Hauptstadt Denpasar.

Tenganan und Umgebung – in den Dörfern der Bali Aga

Anreise/Lage

Tenganan liegt nur 4 km nördlich von Candi Dasa entfernt und damit gut 75 km östlich von Denpasar. Um in die weiteren *Bali-Aga*-Dörfer zu gelangen, nimmt man die Straße von Candi Dasa nach Amlapura bis Bugbug. Etwa 1 km nach Bugbug biegt man links Richtung Norden und Timbrah Asak, Bungaya sowie Bebandem ab. Die Ortschaften folgen in kurzen Abständen hintereinander. Von letzterem Dorf kann man durch wunderbare Reisfelder in Richtung Westen nach Sibetan, Putung sowie Sidemen fahren.

Sehen und erleben

Die Kultur der Bali *Aga* erschließt sich nicht sofort auf den ersten Blick. Aber sie lohnt auch einen intensiveren zweiten. Und der Bummel durch *Tenganan*, das Paradebeispiel der *Bali-Aga-Kultur*, ist höchst interessant. Sensiblen Besuchern sei gesagt: Man fühlt sich absolut nicht als Eindringling – und man wird auch nicht als solcher betrachtet.

5

Unterkunft

(38) ***Dasawana Resort*, Jalan Tenganan zwischen Tenganan und Candi Dasa, Tel./Fax: 0361-462611. In Tenganan gibt es keinerlei Fremdenunterkünfte. Das einfache, aber nette *Dasawana* liegt nur am nächsten zum *Bali-Aga-Dorf*, sodass man auch zu Fuß gehen kann. Ansonsten stehen zahlreiche Unterkünfte aller Kategorien in Candi Dasa und Umgebung zur Auswahl (siehe Seite 126, unter Kapitel »Von Kusamba bis Candi Dasa – der Strand des Ostens«).

Restaurants

In Tenganan existiert auch kein Restaurant, nur ein kleines *Warung* (Essensstand) bietet ein paar Snacks an. Auch fürs Essen und Trinken gilt: In Candi Dasa und Umgebung stehen für jeden Geschmack zahllose Restaurants zur Verfügung (siehe Seite 126, unter Kapitel »Von Kusamba bis Candi Dasa – der Strand des Ostens«).

Ziele in der Umgebung

Auch wenn der Weg etwas weiter ist und mit Hin- und Rückfahrt durchaus zwei bis drei Stunden dauern kann, lohnt die Fahrt entlang der südlichen Hänge des *Gunung Agung*. Durch sattgrüne Reisfelder geht es bis Sidemen oder Muncan, wenn man auf der Straße nach Rendang verbleibt. Wer nach Sidemen abbiegt, kann auch über Klungkung und Kusamba wieder zurückfahren.

1

2

3

4

Der Blick nach Lombok

Gunung Seraya – rund um den östlichsten Zipfel Balis

Der Aufstieg zu Fuß dauert gut zwei Stunden. In ungefähr der gleichen Zeit hat man motorisiert die Straße um den fast kreisrunden Berg Seraya ebenfalls gemeistert – mit wunderbaren Bildern im Gepäck.

Auf ihr *Bemo* lassen die Balinesen nichts kommen. Die Kleinbusse mit dem lautstark die Fahrtziele ausrufenden Bemo-Boy – der mit einem Bein im Bus steht und mit dem anderen während der Fahrt über der Straße schwebt – bringen jede Person praktisch in jeden Winkel der Insel. Mit einer Ausnahme: Rund um den Gunung Seraya, eine Vulkanruine mit 1175 Metern Höhe, benötigt man einen Mietwagen oder zumindest ein Moped.

Wenn man auf eine Straßenkarte Balis blickt, erkennt man, dass praktisch alle Wege stets vom Norden nach Süden und damit vom Berg zum Meer führen und es kaum Ost-West-Verbindungen gibt. Das führt zum einen dazu, dass man zum Beispiel von einem Dorf zu einem anderen, das Luftlinie vielleicht nur einen Kilometer davon entfernt liegt, statt fünf Minuten eine halbe Stunde Fahrtzeit benötigt. Und zum anderen muss man wissen, dass Bemos auf solchen Wegen nicht verkehren. Ältere Straßenkarten von Bali weisen zudem keine durchgängige Straße um den Seraya aus. Diese ist inzwischen, wenngleich sehr schmal, fertiggestellt, asphaltiert und gut zu befahren.

Die Tour beginnt in Amlapura, auch bekannt unter dem Namen Karangasem, einst Fürstensitz und heute Provinzhauptstadt. Zeugnis von der großen Vergangenheit legt der Fürstenpalast Puri Agung Kanginan leider nur unzureichend ab, denn der im 19. Jahrhundert errichtete Bau wurde durch Erdbeben teilweise zerstört. Gleiches gilt für die Paläste Puri Gede und Puri Kertasura auf der anderen Seite der Hauptstraße. Überall schimmert nur noch ein Teil der ehemaligen Pracht durch, etwa in der Bale London mit filigran geschnitzten Türen oder in der Bale Pemandesan, wo die Zahnfeilungen für die Raja-Kinder stattfanden. Doch auch die politische Macht des Rajas von Karangasem stand nur noch auf dem Papier, als die Holländer Bali eroberten. Nach dem Einmarsch in Amlapura unterwarf sich der Raja den Invasoren. Er durfte seinen Titel zwar behalten, doch Glanz und Macht waren ihm genommen. Etwa fünf Kilometer nordwestlich von Amlapura sieht die Fürsten-

1 Eingebettet – der kleine Pool des »Hotel Uyah« in Amed. **2** Rosarot – Bougainvillea-Blüten am östlichsten Zipfel Balis. **3** Spritzig – Kinder beim Spielen mit den Meereswellen. **4** Orangerot – Sonnenuntergang an der Bucht von Amed mit Blick auf den Gunung Agung.

1–2 Direkt am Strand – der Swimming-Pool des »Santai Hotel« von Bunutan. **3** In Reih und Glied – die bunten Auslegerboote der Fischer von Amed. **4** Ganz aus Holz – das Restaurant »Garam« im »Hotel Uyah« in Amed. **5** Mit Moskitonetz – Zimmer im »Hotel Uyah«.

welt von damals noch mal anders aus: Tirta Gangga, einst eine herrschaftliche Badeanlage, ist mittlerweile ein öffentlich zugängliches Freibad. Die Anlage mit Wasserspielen, speienden Fabelwesen und Figuren wurde 1947 vom letzten Raja erbaut und durch einen Vulkanausbruch schwer beschädigt. Die Rekonstruktionen sind weitgehend originalgetreu. Umkleidekabinen stehen übrigens zur Verfügung, sodass man Tirta Gangga, das Wasser vom Ganges, durchaus als Süßwasser-Badestopp einplanen kann.

Vor und hinter Tirta Gangga kommt man an Bilderbuch-Reisterrassen vorbei, die zu den schönsten der Insel gehören und die sich perfekt in die üppig-grüne Landschaft einpassen. Wenige Kilometer weiter geht es rechts ab zum Pura Lempuyang aus dem 11. Jahrhundert, der zu den neun wichtigsten Tempeln Balis gehört und auf 768 Metern Höhe auf einer Bergkuppe des gleichnamigen Lempuyang thront. Dessen Spitze ist mit 1058 Metern Höhe nur unwesentlich kleiner als der Gunung Seraya, dessen Nordflanke bei Culik erreicht ist.

Wer in diese Region kommt, hat aber meistens nicht die Höhen der Berge, sondern eher die Tiefe der See im Auge. Motto: *Get wet in Amed.* Das kleine Dorf, in dem traditionell Salz gewonnen wird, hat einen feinen, gräulichen Sandstrand und ist bei Schnorchlern und Tauchern sehr beliebt. Die Unterwasserwelt beginnt wenige Meter vom Strand entfernt, und die Korallengärten vor der Küste gehören zu den besten vor Bali. In den letzten Jahren haben sich etliche kleine Resorts angesiedelt. Die Gäste schätzen die Ruhe im

abgelegenen Nordosten, und sie werden dennoch mit allem Nötigen versorgt, von Resorts und Restaurants bis zum Internet- und Tauchladen.

Die nach Amed schmaler werdende, aber immer noch durchgängig asphaltierte Straße geht teilweise extrem steil nach oben, um hinter der nächsten Kurve wieder genauso steil nach unten zu führen. Die Ausblicke auf schwarze Sandbuchten, die meist von bunt verzierten Auslegerbooten als Parkplatz benutzt werden, sind traumhaft. Ein schlichter weißer Leuchtturm weist den Schiffen den Weg durch die Lombok Strait. Die Vegetation ist karg, die Lavaformationen sind gewaltig und die Dörfer ärmlich. Alle Kinder winken einem zu, schreien Hallo und rennen zuweilen auch dem Mietwagen des Fremden hinterher. Bis vor wenigen Jahren hatten sie noch nie Weiße gesehen. Das hat sich zwar geändert, aber trotzdem wirkt die Welt im äußersten Osten wie um 30 Jahre in die Vergangenheit zurückversetzt. Das gilt auch für das Dorf Seraya Timur, wo bei klarer Sicht die Insel Lombok mit dem mächtigen, 3726 Meter hohen Gunung Rinjani zum Greifen nahe erscheint. Über Ujung und seinen Palast, den weitgehend verfallenen und älteren der beiden Wasserpaläste von Karangasem, erreicht man schließlich nach rund fünf gemütlichen Stunden Fahrtzeit wieder Amlapura.

Gunung Seraya – rund um den östlichsten Zipfel Balis

Anreise/Lage

Der Gunung Seraya bildet das östliche Ende von Bali, gut 100 km von Denpasar entfernt. Ältere Straßenkarten weisen keine durchgängige Straße um den Berg aus. Der Rundweg ist aber, wenngleich nur sehr schmal, fertiggestellt und asphaltiert. Man muss mit etwa fünf Stunden Fahrtzeit rechnen, wenn man einmal gemütlich um den Berg herumfahren möchte.

Sehen und erleben

Die Fahrt um den *Gunung Seraya* ist eine wunderbare Mischung aus Kultur – etwa in Amlapura –, herrlichen Landschaften zwischen saftigen Reisterrassen und kargen Lavaformationen sowie Badespaß im Süßwasser des Tirta Gangga und dem Salzwasser des Meeres.

Unterkunft

(39) ****Santai Hotel*, Boutique-Resort, Jalan Pantai Bunutan in Bunutan, Tel.: 0363-23 487, Fax: 0363-23 585, www.santaibali.com, E-Mail: info@santaibali.com. Urige Bungalows im Sulawesi-Stil, eine tolle Lage über dem Meer und aller nötiger Komfort in rustikaler Innenausstattung. Schöner Garten mit 16-Meter-Pool.

(40) ***Hotel Uyah*, Jalan Pantai Timur in Amed, Tel./Fax: 0363-23 462, www.hoteluyah.com, E-Mail: hoteluyah@naturebali.com. Eco-Lodge mit zweckmäßig eingerichteten Zimmern und jeweils kleiner Terrasse. Pool, Fahrräder und Padi-Tauchcenter im Haus.

Restaurants

Dancing Dragon, gehoben, Jalan Pantai Amed in Amed, Tel.: 0363-23 521. Relaxed, freundlich und gutes Essen von »Ost bis West«, gekocht von einem Australier. Auch *Pepes Ikan*, Fisch im Bananenblatt, steht auf der Karte. Das Restaurant wurde nach Feng-Shui konzipiert und liegt direkt am Meer.

Prabu Café, mittlere Preisklasse, Jalan Pantai Anda Amed in Lipah, Tel.: 0828-37 22 738. Open-Air-Restaurant mit frischen Fischgerichten. Blick auf Strand und Meer.

Ziele in der Umgebung

Drei Treppen, jeweils flankiert von weißen Drachenköpfen, führen ganz nach oben zum – nach solch pompösem Aufgang – selbst eher unscheinbaren *Tempel Lempuyang*. Auch wenn das Tempelinnere geschlossen ist, wie so oft: Die Aussicht ist grandios und lohnt den Abstecher von der Ringstraße. Bei *Magetelu* geht es knapp 3 km östlich den Berg hinauf.

Wasserfall mit Tempelchen – Gitgit gehört zu den schönsten Wasserfällen auf Bali.

Der Norden

1

2

3

4

Erster Kontakt zu Europäern

Von Culik bis Singaraja – an der östlichen Nordküste

Eingeklemmt zwischen Kaja und Kelod, dem mächtigen Bergmassiv des Agung und der weiten Bali-See, zeigt sich der Nordosten. Und ganz im Norden, in Singaraja, installierten die holländischen Kolonialherren 1849 ihren ersten Sitz auf der Insel.

Am Nachmittag, ab 17 Uhr, wenn in den Luxushotels im Süden der Afternoon-Tea gereicht wird, beginnen die gemütlichen Stunden im Dorfleben auf Bali. Der Bauer treibt seine Gänse nach Hause, die Bäuerin balanciert ihre Harke auf dem Kopf – genau austariert mit dem schweren Teil nach hinten und dem leichteren, längeren und damit schneller fassbaren Stiel nach vorne. Man trifft sich am Straßenrand zum Plausch. Geschehnisse werden berichtet, Späße gemacht – alles auf Balinesisch, das mit der Staatssprache Bahasa Indonesia nichts gemein hat. Am Tempel betet man und opfert Reis und Kleinigkeiten aus dem Sok Asi, dem omnipräsenten, viereckigen Reiskörbchen. Die Hunde erwachen aus ihrem Tagesschlaf. Und auch der Müll wird verbrannt. Zuvor ist es dafür zu heiß. Die nachmittäglichen Rauchschwaden erzeugen in der schräg stehenden Sonne ganz nebenbei eine bezaubernde Stimmung.
Nachmittags geht's aber auch an den luftigen Bars von Tulamben hoch her. Es ist Sundowner-Zeit. Und bei Cocktails, Bier und Nüsschen werden die wildesten Geschichten erzählt, tatsächlich erlebte und offensichtlich erfundene. Da wird ein zwei Meter langer Riffhai schon mal zu einem Vier-Meter-Teil, und der apfelgroße Muränen-Kopf mutiert zum Melonenformat. Tulamben ist Balis berühmtester Tauchplatz, weil dort das Wrack der »Liberty«, eines im Zweiten Weltkrieg versenkten US-amerikanischen Schiffes, liegt. Wenig Strömung, große Fischschwärme und schöne Hart- und Weichkorallen am zugewachsenen Wrack lassen Taucher- sowie Schnorchlerherzen höher schlagen.
Abgesehen von Tulamben ist der östliche Teil der Nordküste touristisch nicht erschlossen. Die Dörfer wirken unberührt. Die Leute leben vom Fischfang, der Landwirtschaft und Salzgewinnung, wie zwischen Kubu und Tianyar. Doch selbst in dieser Gegend gibt es *Warung Tel*, mindestens ein Haus des Telefons, in dem man seine Prepaidkarte fürs Handy erwerben kann. Der Empfang für Mobiltelefone ist bis ins letzte Eck der Insel gut.

1 Verwunschen – eine steinerne Buddha-Figur im Wald von Sambangan bei Singaraja. **2** Belastet – auf Bali packt stets die ganze Familie mit an. **3** Versteckt – eine kleine Hängebrücke vor einem Wasserfall bei Sambangan. **4** Geschmückt – Reliefs am Pura Beji von Sangsit.

1 Naturschwimmbecken – gespeist aus Quellen in Air Saneh. **2** Bale – im »Shanti Natural Panorama View Hotel« in Sambangan. **3** Hotel-Pool – im »Mimpi Resort Tulamben«, das an einem Lavasandstrand liegt. **4** Aussicht – aus einem der Zimmer im »Shanti Natural Panorama View Hotel«. **5** Weg zu den Naturschwimmbecken in Air Saneh.

Die alleeähnliche Küstenstraße, die größtenteils entlang schwarzer Sandstrände verläuft, ist das eigentliche Ziel, denn Sehenswürdigkeiten sind rar. Bei Les kann man zum Wasserfall Yeh Mempeh abbiegen. Pura Ponjok Batu, kurz nach dem Badeort Tejakula, zeigt sich als ein typisch nordbalinesischer Tempel aus schwarzem Lavagestein, dominiert von Garuda-Figuren. Das heutige Wappentier von Indonesien trug den Hindu-Gott Vishnu vom Himmel zur Erde und sieht aus wie ein prähistorischer Riesenvogel. Seinen Platz in jedem balinesischen Haus hat er sicher. Schließlich ist er ein Freund des Menschen und passt auf, dass Rawana, der Dämon des Feuers, keinen Brand legt.

In Kubutambahan, der nördlichsten Gemeinde Balis, sollte man den Tempel mit dem Radfahrer nicht verpassen. Der Pura Maduwe Karang ist dem Erdgott geweiht, weshalb dort um reiche Ernten gebetet wird. Er ist prachtvoll mit Reliefs ausgestattet. Die eindrucksvollste Steinmetzarbeit zeigt einen Radfahrer, dessen Räder mit Blumen besetzt sind. Das Kuriosum soll auf einen holländischen Forscher zurückgehen, der den Norden Balis mit einem Rad erkundete. Die Einheimischen, die zuvor niemals ein Fahrrad gesehen hatten, sollen so beeindruckt gewesen sein, dass dieses Bild in der Tempelmauer verewigt wurde.

Nach Kubutambahan wird der Verkehr dichter. Singaraja, das Zentrum des Nordens, naht. Doch zuvor lohnt noch ein kurzer Abstecher zum Pura Beji in der Nähe von Sangsit. Der Tempel ist der

Reisgöttin Dewi Sri geweiht und nahezu überall verziert: Mythische Fabelwesen, Hexen, Dämonen, Tiger und Schlangen sind in den Mauern zu erkennen. Herzallerliebst ist die Geschichte über den durch Sichtschutzmauern nicht einsehbaren hinteren Bereich des Tempels: Auch Göttinnen haben im Glauben der Balinesen Liebesbedürfnisse und deshalb ist der hintere Teil der Anlage das von Tempelwächtern gesicherte Refugium für die Liebesspiele der Dewi Sri ...

Keine zehn Kilometer westlich folgt – begleitet von städtischer werdendem Verkehr – Singaraja, bis 1846 die Residenz des Raja von Buleleng, ab 1849 der erste Sitz der holländischen Kolonialherren und bis 1946 auch Inselhauptstadt. Das Zentrum des Nordens mit 30 000 Einwohnern ist für Fremde weniger interessant und wegen des Einbahnstraßennetzes schwer zu durchqueren. 1849 drangen die Holländer in Singaraja nach Bali ein. Der erste Kontakt mit Europäern in dieser Gegend ist in der Gedong Kirtya, der mit 4000 Palmblatt-Manuskripten größten *Lontar*-Bibliothek der Insel, ebenso dokumentiert wie viele andere historische Ereignisse. Doch auch der Pura Dalem daneben, der Pura Jagat Natha, der größte Tempel Nordbalis, Tama Lila, der Hauptmarkt, und der Konfuzius-Tempel am alten Hafen sind besuchenswert.

Von Culik bis Singaraja – an der östlichen Nordküste

Anreise/Lage
Singaraja liegt im Norden von Bali, etwa 80 km von Denpasar entfernt. Von der ehemaligen Königs- und Hauptstadt zieht sich die Straße entlang der Nordküste Richtung Osten bis ins knapp 100 km entfernte Dorf Culik, dem nördlichen Tor nach Ostbali.

Sehen und erleben
Die Küstenstraße, häufig eng eingebettet zwischen Bergmassiv und Meer, ist das Ziel. Die Sehenswürdigkeiten unterwegs sind rar. Einen Abstecher lohnen die Tempel *Ponjok Batu*, nahe Tejakula, in Kubutambahan der *Pura Maduwe Karang* und der *Pura Beji* bei Sangsit. In Singaraja ist die größte *Lontar-Bibliothek* der Insel ein Erlebnis: die *Gedong Kirtya*. Besonders Wracktaucher fühlen sich in Tulamben in ihrem Element.

5

Unterkunft
(41) ****Mimpi Resort Tulamben*, Pantai Tulamben in Tulamben, Tel.: 0 363-21 642, Fax: 0 363-21 939, www.mimpi.com, E-Mail: tulamben@ mimpi.com. Am Fuß des Bergs Agung, direkt an einem schwarzen Lavasandstrand, liegt das kleine, angenehme Resort. Pool, Spa, Tauchcenter.
(42) ****Tauch Terminal Resort Tulamben*, Jalan Danau Tamblingan in Tulamben, Tel.: 0 361-77 45 04, Fax: 0 361-77 84 73, www.tulamben.com, E-Mail: resort@tulamben.com. Direkt am Strand, in einem exotischen Garten, stehen komfortable Unterkünfte in netten Apartments zur Verfügung. Pool, Tauchcenter.

Restaurants
Tunkung Restaurant, mittlere Preisklasse, Pantai Tulamben in Tulamben, Tel.: 0 363-21 642. Open-Air-Lokal aus Holz und Bambus mit Blick auf die Tulamben Bay im *Mimpi Resort*. Auf der Karte stehen Gerichte aus aller Welt, damit auch keiner der Tauchgäste, die aus aller Welt zu Gast sind, zu kurz kommt.
Wer in Singaraja Hunger verspürt, sollte tagsüber zum Hauptmarkt in die Jalan Jen Achmed gehen und abends zum Nachtmarkt in die Jalan Durian. Die Auswahl an Essensständen von Süß bis Sauer und von Gegrillt bis Gedämpft ist riesig. Ein Durchprobieren ist durchaus ratsam. Aber bei der Auswahl zu beachten: Augen und Nase essen immer mit.

Ziele in der Umgebung
Der Wasserfall von *Les* liegt nur knapp 5 km von der Küstenstraße entfernt in Richtung Inselzentrum. Der *Yeh Mempeh* gehört zu den höchsten Wasserfällen auf Bali. Der kleine Umweg macht aber nur in der Regenzeit zwischen November und April Sinn.

1

2

3

4

Der rauchende Vulkan

Danu Batur und Umgebung – das andere Bali

Die raue landschaftliche Szenerie rund um den Batur-See ist schlichtweg atemberaubend. Steil fallen die grün bewachsenen Bergflanken in den dunklen Kratersee. Und weiße Wolkenfetzen reiten rastlos darüber hinweg.

Chinesen, wie man sie auch noch zahlreich in Singaraja im Viertel um den alten Hafen antrifft, sind geborene Händler und Köche. Geschäft und Essen gehen ihnen über alles. Und würde man nicht auf einen Blick erkennen, dass die Einwohner von Penelokan keine Chinesen sind, würde man am liebsten Nachforschungen anstellen, woher das äußerst geschäftstüchtige Verhalten dieser Bergbalinesen kommt. Wobei geschäftstüchtig eine sehr liebenswerte Formulierung ist, denn in Penelokan spielen sich zwischen Einheimischen und Touristen regelmäßig unschöne Szenen ab. Fast immer, wenn Geld im Spiel ist, ob mit einem örtlichen Fremdenführer, beim Transport oder schlicht beim Einkauf, wird mehr verlangt, als ausgemacht wurde oder die Regel ist. Auf der ganz normalen Landstraße nehmen die Dörfler eine Maut, Guides aus anderen Gegenden Balis sind nur ungern gesehen, und Bustouristen, die nicht irgendetwas von den aggressiv auftretenden fliegenden Händlern erwerben, werden regelrecht beschimpft.

Die Frage, ob man ein Foto machen dürfe, findet auf Bali in den meisten Fällen Zustimmung, manchmal kommt sogar Freude und Stolz durch, fotografiert zu werden. Häufig reicht ein freundlicher Blick oder eine kleine Geste, um die Zustimmung für ein Bild einzuholen. Gelegentlich werden mal eine Zigarette oder Bonbons als kleine Gegenleistung angenommen. Nicht so in Penelokan: Dort muss es Bares sein, um Ärger aus dem Weg zu gehen.

Aber man kann glücklicherweise auch Penelokan aus dem Weg gehen. Auf Sehenswürdigkeiten – vom Ausblick auf 1450 Metern Höhe abgesehen – muss man in Penelokan sowieso verzichten: Es gibt keine. Die Alternative heißt Kintamani, wenn man die Sicht von oben trotzdem haben möchte. Der Blick zum Gipfel des Vulkans und zum Kratersee Batur kann sich mit der Aussicht von Penelokan durchaus messen. Und dort kann auch jeder seine Fotos in aller Ruhe machen. Der Nachteil ist, dass Kintamani leider oft wolkenverhangen und der Blick auf den 1717 Meter hohen Gunung Batur

1–2 Atemberaubend – Ausblicke vom »Lakeview Hotel« in Penelokan, das direkt am Kraterrand liegt, auf den Batur-See. **3** Verwunschen – alter Baum in Trunyan. **4** Erhaben – die Übersicht, die man von der Ortschaft Kintamani auf die Caldera des Vulkans Batur genießt.

1

2

3

und den gleichnamigen See darunter manchmal unmöglich oder stark beeinträchtigt ist. In diesem Fall bleibt einem Penelokan – wörtliche Übersetzung: »schöne Aussicht« – nicht erspart und die sonst so auffällige Herzlichkeit und Freundlichkeit der Balinesen in diesem anderen Bali verborgen.

Das Dorf Kintamani liegt, von Singaraja und Kubutambahan kommend, sechs Kilometer vor Penelokan, fast genau auf der Passhöhe, die Nord- und Südbali teilt. Der alle drei Tage stattfindende Markt in Kintamani ist in jedem Fall einen Besuch wert. Es gibt unter anderem herrliche Erdbeeren und frische Kaffeebohnen. Und auch Balis höchst gelegenes Heiligtum, rund fünf Kilometer nördlich von Kintamani bei Penusilan, ist sehenswert. Zumindest wenn man etwas Kondition mitbringt, denn zum 1745 Meter hoch gelegenen Tempel Tegeh Koripan am Berg Penusilan führen zuletzt 400 Stufen hinauf. Sattgrüne Reisfelder und üppiger Regenwald säumen den Weg, und der Ausblick vom Tempelvorhof auf die umgebenden Berge ist großartig. In der Anlage aus dem 11. Jahrhundert steht in der Mitte ein Thron, den Shiva, der Herr der Berge, einnimmt, wenn er Zeremonien und Riten beiwohnt.

Das eigentliche Ziel der Tour ist aber Batur: Batur-Dorf, Batur-See und Batur-Berg.

Das Dorf Batur ist beinahe schon mit Kintamani verwachsen und wurde nach zwei Ausbrüchen des Gunung Batur auch zweimal neu aufgebaut. Der Tempel Ulun Danu Batur mit einem imposanten elfstufigen *Meru* und weiteren kleineren Stufenpagoden blieb allerdings bei beiden Naturkatastrophen, 1926 und 1963, verschont.

Wie fast überall im Norden wurde die Anlage aus schwarzem Lavastein erbaut. Sie ist der Göttin der Seen und Flüsse, Dewi Danu, gewidmet.
Der Batur-See gehört mit 140 Quadratkilometern Fläche zu den größten Vulkankesseln der Erde. Entstanden vor Millionen Jahren, ist er heute fast hundert Meter tief. Sein Wasser ist für balinesische Verhältnisse kalt, misst knapp 20 Grad und ist so rein, dass es als Trinkwasser für die Einheimischen dient. Die grün bewachsenen Vulkanwände scheinen direkt aus der Oberfläche des dunklen Kratersees zu wachsen und recken sich steil empor. Oft genug hängen die Wolken dicht über dem Danu Batur, was ein unglaublich intensives, fast mystisches Bild abgibt, das jede Anreise, von welchem Fleck auch immer, auf Bali rechtfertigt.

1 Wo die Geister toben – ganz oben auf dem Kraterrand des Gunung Batur. **2** Wo die Geister wohnen – im Batur-Tempel von Kintamani. **3** Einst ganz im Wasser – der Pura Ulun Danu Batur im Batur-See liegt im Zuge der Verlandung des Gewässers schon fast am Land.

Die Legende sagt, dass auf Bali einst ein Riese lebte, der so groß wie ein Berg war. Mit seiner ungeheuren Kraft half der Gute den Menschen beim Bau von Tempeln, Dörfern und Reisterrassen. Für seine Arbeit bekam er genug zu essen, allerdings doch so viel, dass 1000 Menschen davon hätten satt werden können. Nach einer Missernte gab es jedoch nicht genug Nahrung für den Riesen, der daraufhin böse wurde und vieles zerstörte, was er aufgebaut hatte. Deshalb wandten die Menschen eine List an: Sie baten den Riesen, einen tiefen Brunnen zu graben und versprachen, ihn dann reich-

1 Hochland-Romantik – Bananenstauden und Hortensien im morgendlichen Nebel. 2 Federvieh-Paradies – glückliche Hühner auf Bali. 3 Festtagsschmuck – der Batur-Tempel von Kintamani. 4 Terrassen-Glück – die Veranda des »Lakeview Hotels« in Penelokan.

lich mit Essen zu belohnen. Als er an der tiefsten Stelle angekommen war, überschütteten ihn die Menschen mit Kalk, der sich mit dem Wasser verband und den Riesen festsetzte. Das Grundwasser aber stieg an, floss über den Brunnenrand und formte den Batur-See.

Am Westufer haben sich einige *Losmen* angesiedelt. Es gibt bei Toya Bungkah heiße Schwefelquellen und am nördlichen Ende der Uferstraße das Dörfchen Songan. Die Attraktion dort ist ein spektakulärer Blick, den man sich allerdings mit einem kurzen, aber steilen Aufstieg verdienen muss. Bei gutem Wetter geben der gigantische Krater, der Vulkanrand, der See und in weiter Ferne das Meer eines der schönsten Landschaftsbilder ab, die man auf Bali erleben kann. Im kleinen *Warung* von Songan stärkt man sich anschließend mit frisch gefangenem, sehr köstlichem Süßwasserfisch.

Ein völlig anderes Dorf ist Trunyan am gegenüberliegenden Ufer des Batur-Sees. Der kleine Bali-Aga-Ort (siehe Seite 135) ist nahezu komplett von der Außenwelt abgeschnitten, nur per Boot erreichbar und entzieht sich beinahe völlig den balinesisch-hinduistischen Einflüssen. Die Einwohner halten an Traditionen und Sozialordnungen fest, die noch aus Urzeiten stammen. So gibt es, wie bei den anderen Original-Balinesen auch, keine Verbrennungen. Die Toten werden aber auch nicht begraben, sondern in Seenähe, etwa fünf Bootsminuten vom Dorf entfernt, in weiße Tücher gehüllt, abgelegt und der Natur überlassen. In diesem Friedhof ohne Grabaushub steht ein heiliger Baum, der dafür Sorge tragen soll, dass kein natürlicher Verwesungsprozess stattfinden wird, so die Aussage der Bali Aga. Tatsache ist, dass es tatsächlich keinen Verwesungsgeruch in der Luft gibt. Die Einwohner von Trunyan standen Fremden jeglicher Herkunft stets skeptisch gegenüber. Diese Haltung hat sich in den letzten Jahren etwas geändert, da man die monetären Segnungen des Fremdenverkehrs nun durchaus zu schätzen weiß, was allerdings, ähnlich wie in Penelokan, auch zu nicht sehr angenehmen

Szenen führen kann, wenn man den überteuerten Überfahrtspreis nicht bezahlen will oder keinen Friedhofsführer als ständige Begleitung wünscht. Vis-à-vis thront der Batur-Berg mächtig über der Westseite des Sees. Seit seinem letzten Ausbruch 1963 hat der rauchende Vulkan Ruhe gegeben. Die Eruption fand übrigens beinahe zeitgleich mit dem großen Ausbruch des Gunung Agung statt. Auch wenig bergerfahrene Wanderer schaffen den Aufstieg in gut drei Stunden. Um den Wolken aus dem Weg zu gehen, empfiehlt es sich, früh aufzubrechen. Der schnellste Weg führt, gut ausgeschildert, durch eine faszinierende Lava- und Berglandschaft, südlich von Toya Bungkah nach oben. Doch nicht nur der Batur ist ein imposanter Berg. Auch der ältere Bruder, so die Übersetzung für den Gunung Abang, mit 2153 Metern Höhe sogar gut 400 Meter höher als der gegenüberliegende Batur, trägt einen gehörigen Teil dazu bei, dass die Bergszenerie um den Batur-See so einzigartig auf Bali ist. Auch der Abang, der mit Regenwald fast bis zum Gipfel überzogen ist, kann bestiegen werden. Allerdings ist etwa die doppelte Aufstiegszeit einzukalkulieren.

Danu Batur und Umgebung – das andere Bali

Anreise/Lage

Der Batur-See liegt mitten in der Bergkette, die sich im Norden von Bali ausbreitet, knapp 70 km von Denpasar entfernt, an der Hauptstraße von Bangli nach Singaraja. Kintamani, das Dorf Batur und Penelokan liegen oberhalb, Toya Bungkah, Songan und Trunyan direkt am Ufer des Sees.

Sehen und erleben

Wenn an dieser Stelle bei den südlichen Badeorten Strand, Strand und nochmals Strand geschrieben steht, so muss man beim *Danu Batur* sagen: Landschaft, Landschaft und nochmals Landschaft. Es empfiehlt sich, vormittags da zu sein. Dann ist die Chance am größten, die Berge noch klar und ohne Wolken zu sehen. Für Aufstiege gilt dies sowieso. Kulturinteressierte gehen auch zum Tempel *Ulun Danu Batur* im Dorf *Batur*. Sein elfstufiger *Meru* und die anderen Stufenpagoden sind einen Besuch wert.

Unterkunft

(43) ****Lakeview Hotel*, direkt am Kraterrand in Penelokan, Tel./Fax: 0366-51 394, www.indo.com/hotels/lakeview, E-Mail: lakeview@indo.com. Auch wenn die Einwohner von Penelokan als recht unfreundlich gegenüber Fremden gelten, dieses Hotel ist das einzige direkt am Kraterrand und die beste Wahl in der Gegend. Der Blick ist atemberaubend und lässt das auf Massenabfertigung ausgelegte Hotel in besserem Licht erscheinen.

4

(44) **Lakeside Cottages*, Resort direkt am See in Toya Bungkah gelegen, Tel.: 0366-51 249, Fax: 0366-51 250. Wer auf Komfort verzichten kann, dem sei zu diesem niedlichen Resort am See geraten. Die Leute sind freundlich, die heißen Quellen nah und selbst das Essen ist passabel. Die Superior-Zimmer sind zwar auch nicht super, wie der Name suggeriert, bieten aber doch zumindest warmes Wasser im Bad.

Restaurants

Surya Restaurant, günstig, direkt am See in Kedisan, Tel.: 0366-51 378. Der Blick ist sensationell, die Küche mit indonesischen Klassikern gut. Für den ersten Halt am See, von *Penelokan* kommend, durchaus empfehlenswert.
Restiti Warung, günstig, direkt am See in *Songan*, kein Telefon. Allein die kleinen Süßwasserfischlein sind den langen Weg ans Ende des Sees wert. Und den Blick über den See gibt's gratis dazu.

Ziele in der Umgebung

Balis höchst gelegenes Heiligtum, den Tempel *Tegeh Koripan*, obgleich abseits des *Batur-Sees* bei *Penusilan* gelegen – rund 5 km nördlich von *Kintamani* –, sollte man sich nicht entgehen lassen. Der Tempel ist allerdings nichts für Besucher, die schlecht zu Fuß sind: 400 Stufen sind immerhin noch am Schluss zu überwinden. Dafür bekommt man einen großartigen Ausblick auf Shivas Thron, den der Herr der Berge immer zu Zeremonien einnimmt.

LUMBUNG BALI
COTTAGES
MUNDUK VILLAGE, BANJAR
BULELENG - NORTH BALI
FAX/PHONE : 062 - 362 - 92818
E-mail: lumbung bali @ hot mail.com
HOTEL & RESTAURANT

1

2

3

4

Drei Seen und ein Wasserfall

Danu Bratan und Umgebung – in der Kühle des Hochlandes

Welch ein Gegensatz zur rauen Landschaft um den Batur-See: Am Danu Bratan wächst und gedeiht es wie im Garten Eden. Und das Umland ist wie geschaffen für herrliche Ausflüge und einen tollen Abschlag beim Golfen.

Die Kette der Vulkane vom Gunung Seraya (mit 1175 Metern Höhe) und Gunung Agung (3142 m) im Osten über die beiden Berge Abang (2153 m) und Batur (1717 m) um den Batur-See findet ihre westliche Fortsetzung am Danu Bratan: Der See ist umgeben vom Kraterrand des Gunung Catur (2096 m) und dem Massiv des Gunung Pohen mit 2063 Metern Höhe.

Wie meist in den Bergen ist es am frühen Morgen auch im Hochland am Danu Bratan am schönsten. Der Hauptort der Gegend, Bedugul, liegt schon auf rund 1200 Metern Höhe, Candi Kuning, direkt am See, auf ähnlicher Höhe. Bedugul ist umgeben von Bergurwald sowie Kaffee- und Gemüseplantagen. Es ist angenehm kühl, und selbst gegen Mittag klettert das Quecksilber nur selten über die 30-Grad-Marke. Wegen dieses sommerlichen Klimas mitteleuropäischer Prägung gehört der nahe gelegene Golf-und-Country-Club auch zu den beliebtesten Greens auf der Insel. Die 18 Löcher verteilen sich auf gut sechs Kilometer Länge. Aufgrund der häufigen Regengüsse in dieser Gegend hat der Platz ein Entwässerungssystem, das die Bahnen binnen 30 Minuten nach dem letzten gefallenen Regentropfen wieder bespielbar macht.

Bedugul selbst hat für Besucher, bis auf ein paar Souvenir- und Essensstände *(Warung)*, nichts zu bieten. Nur der Ortsname ist interessant, da er gleichbedeutend mit der Bezeichnung für die zahllosen kleinen Schreine ist, die man überall auf Bali in den Reisfeldern sieht. Schließlich ist der See ja die Quelle für zahllose, tiefer gelegene Reisterrassen. Candi Kuning hingegen ist bekannt für seinen schönen Markt und vor allem für eines der meistfotografierten Motive Balis: den Pura Ulun Danu Bratan, der im 17. Jahrhundert errichtet wurde. Lagen zwei der *Meru*, einer mit elf Dächern für Vishnu und der andere mit drei Dächern für Shiva, bis vor nicht allzu langer Zeit noch auf Inseln im See, so hat sich das in den letzten Jahren geändert. Deutlich weniger Niederschlag ließ den Seespiegel rapide sinken. So sind beide Pagodentürme nunmehr

1 An der Passstraße – das »Lumbung Bali« in Munduk. **2** Inselchen – der kleine Tempel Dewi Danu Meru im Batur-See. **3** Im Hochland – der Golfplatz des »Handara Kosaido Country Club«. **4** Der Pura Ulun Danu Bratan im Batur-See.

1 Der Eingang zum Haupttempel des Pura Ulun Danu Bratan. **2** Spiegelglatt – Bratan-See mit Auslegerbooten. **3** Schwermütig – tiefe Wolken über dem Buyan-See. **4** Kleinteilig – der Dorftempel von Munduk. **5** Auffällig – die Bungalows des »Handara Kosaido Country Clubs«.

trockenen Fußes erreichbar. Im Tempelensemble zu Lande ergänzt ein siebenstufiger *Meru* für Brahma die Hindu-Trinität. Den Innenhof des Tempelkomplexes dürfen zwar nur Hindus betreten, aber das ausgrenzende Mäuerchen ist niedrig genug, um fast alles sehen zu können. Auch fünf Buddha-Statuen sind aufgestellt. Buddha wird von den Hindus ja als Inkarnation von Vishnu betrachtet. Und während man all dies staunend zur Kenntnis nimmt, kann es passieren, dass von der modernen und recht großen Moschee im nahen Ortskern einige Koransuren über Lautsprecher verbreitet werden. Am See entlang, den Golf-und-Country-Club rechts liegen lassend, geht es in Richtung Singaraja in den Affenwald, wo ein paar Makaken den Weg versperren und Wegzoll in Form von Bananen einfordern. Andere hocken, bereits satt, gelangweilt auf den Leitplanken oder im dichten Geäst der Bäume. Nur wenige Kilometer weiter, und etwa 800 Meter von der Hauptstraße entfernt rauscht im üppigen Dschungel Balis romantischster Wasserfall knapp 40 Meter in die Tiefe. Gitgit, so der Name des Wasserfalls, ist ein guter Platz für ein Picknick. Es stehen aber auch zahlreiche *Warung* zur Verfügung, falls man vergessen hat, auf dem Markt von Candi Kuning eine Obstauswahl einzukaufen.

Oder man hebt sich seinen Hunger für das wunderbar gelegene »Warung Puncuk Bagus« auf. Gelegentlich zwar wolkenverhangen, aber erhaben, hat es seinen Platz auf einem hoch gelegenen Sockel zwischen den beiden Kraterseen Buyan und Tamblingan, die noch

vor zwei Jahrhunderten zusammen mit dem Danu Bratan eine gemeinsame Wassermasse bildeten. Durch vulkanische Bewegungen wurde diese jedoch getrennt. Auf Reliefkarten kann man unschwer erkennen, dass sich der einstige Riesensee wie eine Sichel entlang der Kraterwand des Gunung Catur schmiegte und zum Süden hin vom Vulkanmassiv des Gunung Lesong abgedichtet wurde. Die beiden jetzigen Kraterseen Buyan und Tamblingan können in rund vier Stunden umwandert, jedoch mangels Ringstraße nicht umfahren werden.

Die Höhenstraße weit oberhalb der Seen, landschaftlich fantastisch in die Natur integriert, lohnt jedoch die Weiterfahrt. Sie zweigt bei Wanagiri von der Hauptachse Denpasar – Singaraja ab, ist mit »Munduk« ausgeschildert und wird nach den Seen zu einer steilen und kurvigen Passstraße, die durch üppige Vegetation führt. Die natürlich terrassierte Form gewährt immer wieder tiefe Einblicke in den Regenwald, aber auch Kaffee- und Nelkenplantagen sind zu sehen. Munduk, immer noch 700 Meter hoch in Hanglage, war zu Kolonialzeiten so etwas wie die Sommerfrische für die Holländer von Singaraja. Die das Dorf umgebenden Reisterrassen gleichen modellierten Kunstwerken, die den steilen Anfahrtsweg absolut lohnen.

Danu Bratan und Umgebung – in der Kühle des Hochlandes

Anreise/Lage

Der Bratan-See liegt inmitten der Bergkette, die sich im Norden von Bali ausbreitet. Bedugul, 50 km nördlich von Denpasar, erreicht man über die Straße von der Hauptstadt nach Singaraja. Zum Wasserfall Gitgit folgt man dieser Verbindungsachse gen Norden, zu den Seen Buyan und Tamblingan sowie nach Munduk biegt man bei Wanagiri in Richtung Westen ab.

Sehen und erleben

Die liebliche Landschaft und das milde Klima locken zum Kanu oder Wasserski fahren auf dem Bratan-See. Gleich daneben lässt sich eine exzellente Runde Golf spielen. Und eines der meistfotografierten Motive Balis sollte man sich auch nicht entgehen lassen: *Pura Ulun Danu Bratan*. Ebenfalls einplanen: *Gitgit*-Wasserfall und die wunderschöne Straße nach *Munduk*, vorbei an den Kraterseen *Buyan* und *Tamblingan*.

5

Unterkunft

(45) *****Handara Kosaido Country Club*, Resort & Hotel, Jalan Kembang Merta in Pancasari, Tel.: 0362-22 646, Fax: 0362-23 048, www.balihandara-kosaido.com, E-Mail: reservation@balihandarakosaido.com. Gediegener Luxus mit Blick von der Zimmerterrasse auf das 18. Loch des Golfplatzes. Für Golffans, neben dem *Amanusa* direkt am Golfplatz von Nusa Dua, ein absolutes Muss. Japanisches Bad, Tennisplatz.

(46) ***Lumbung Bali*, Resort, Jalan Buleleng in Munduk, Tel./Fax: 0362-92 818, www.lumbung-bali.com, E-Mail: lumbungbali@hotmail.com. Außerhalb von Munduk, in herrlicher Hanglage mit Blick ins endlose Grün. Einfach, aber liebevoll gemacht. Die Terrassentüre kann offen bleiben: Alle Bungalows haben ein Moskitonetz – und ein privates Bad.

Restaurants

The Kamandalu Restaurant, exklusiv, Jalan Kembang Merta in Pancasari, Tel.: 0362-22 646. Wer japanische Küche liebt: Das ist der richtige Platz. Der japanische Küchenchef kocht original. Toller Blick aufs Green des *Handara Kosaido Country Club*.

Warung Puncuk Bagus, günstig, liegt ohne Dorfanbindung und Telefon auf einem Sockel zwischen den beiden Kraterseen Buyan und Tamblingan an der Straße von Wanagiri nach Munduk. Gute indonesische Gerichte, unschlagbarer Ausblick.

Ziele in der Umgebung

Für Rekordesammler lohnt ein Abstecher nach *Baturiti*, etwa 10 km südlich von Bedugul auf der Hauptstraße nach Denpasar. Das Dorf ist mit knapp 3500 Millimetern Niederschlag der regenreichste Ort Balis. Und falls es wirklich beim Besuch regnet: Im *Restaurant Mutiara Sari* kann man gut und günstig speisen.

1

2

3

4

Das Ziel der Deutschen

Von Lovina bis Pemuteran – die westliche Nordküste

Zahlreiche Moscheen prägen das Bild dieses Küstenabschnitts, denn zwischen dem trubeligen Strandbad Lovina und dem immer noch verschlafenen Dorf Pemuteran leben prozentual die meisten moslemischen Balinesen.

Reisfelder dominieren, wie in den meisten Gegenden Balis, auch die Landschaft im Norden. Aber wer sich schon einmal gefragt hat, woher denn nur der balinesische Wein kommt – auch Rebstöcke wachsen in Taman Bali, insbesondere zwischen Gondol und Musi. Taman Bali klingt zauberhaft und bedeutet so viel wie Garten Bali. So nennen die Einheimischen ihre Heimat, zu der schwarze Sandstrände ebenso gehören wie verhältnismäßig viele Moscheen – und ein deutscher Pionier.

Er kam als Metzger, um die Balinesen sein Handwerk von der Pike auf zu lehren, und ist heute Besitzer des besten Resorts im Norden. Magnus Bauch, Fleischgroßhändler aus München, seit 35 Jahren mit einer Balinesin verheiratet, wird in Pemuteran nur »Pak Johnny« genannt. »Mein Spitzname, denn Magnus Bauch konnte damals kein Mensch im Dorf aussprechen«, sagt der Hotelier. Damals, das war 1987. Da kam »Papa« – die Übersetzung für Pak – Johnny das erste Mal nach Bali. In Pemuteran gab es noch keinen Strom, kein fließendes Wasser und vielleicht zehn Mopeds. Fünf Jahre später, als für das »Matahari Beach Resort & Spa« der Grundstein gelegt wurde, kam der Dorfälteste und bat: »Pak Johnny, gib uns Arbeit.« Papa Magnus gab den Dorfbewohnern Lohn und Reis: Von den 700 Bauarbeitern kam die Hälfte aus dem Dorf. Das hieß nichts anderes als Vollbeschäftigung für den Ort Pemuteran. Bauch wollte zum Ausgraben des Pools einen Bagger einsetzen. Aber der Dorfälteste bat erneut: »Pak Johnny, lass uns die Arbeit machen.« Und so wurde der 23 mal elf Meter große und bis zu drei Meter tiefe Swimmingpool mit bloßen Händen ausgehoben. »Ich konnte es nicht fassen«, blickt Magnus Bauch zurück: »mit bloßen Händen – und mit Freude ...«

Heute geht es dem Dorf sichtbar gut. Den Kindergarten hat Bauch spendiert. Die Häuschen und Gärten sind schmuck, und sogar so manches Auto steht davor. Die Mehrheit des »Matahari«-Personals stammt aus dem Ort und zumeist noch aus der ersten Stunde, als

1 Überraschung – Rehe im »Melka Excelsior Hotel«. **2** Ruhepol – Buddha-Statue im Vihara-Kloster von Banjar. 3 Freundlichkeit – Empfang im barock gestalteten Spa des »Matahari Beach Resort«. 4 Tanzeinlage – Legong-Vorführung auf der Bühne des »Matahari Beach Resort«.

1 Ein preisgünstiges, aber gemütliches *Warung* in Lovina. **2** Bitte eintreten – Eingang mit Schirmchen zu einer Villa des »Matahari Beach Resort«. **3** Bitte Ruhe – Doppelbett im »Matahari Beach Resort«. **4** Bitte genießen – der Park im »Matahari Beach Resort« von Pemuteran. **5** Bitte schauen – Holzfiguren in »Zakia's Warung« von Lovina.

die Anlage 1995 eröffnet wurde. Die Wechselbeziehung von Geben und Nehmen zwischen Resort und Dorf funktioniert auch in die andere Richtung: Bauch braucht für sein Resort keine zusätzlichen Sicherheitskräfte. Das Aufpassen übernimmt die Dorfwehr; und wenn etwas mal nicht stimmen sollte, reicht ein Anruf beim Dorfältesten.

Architektonisch ist die Anlage Balis königlichen Wasserpalästen nachempfunden. Von der handgeschnitzten Eingangstüre über Wächterfiguren bis hin zum kleinsten Detail ist balinesische Handwerkskunst zu sehen. Das »Don't-disturb«-Schildchen hält eine barbusige balinesische Tänzerin aus Holz, und in einer alten Reisscheune befindet sich eine Sammlung wunderbarer Wayang-Kulit-Puppen. Das »Matahari« ist lange nicht das beste, aber vielleicht das balinesischste von all den vielen schönen balinesischen Resorts.

Privatpools gibt es nicht. Dafür dient als Dusche ein wasserspeiendes Steinfabeltier unter freiem Himmel, gibt es im ganz nach dem Geschmack des Besitzers ausgerichteten, sehr barocken Spa – benannt nach seiner Frau Parwathi – eine Sechs-Hand-Massage. Außerdem ist das Haus seit 2007 auch ISO-zertifiziert. Eine eigene Kläranlage bereitet pro Jahr 12 000 Kubikmeter Nutzwasser für die Gartenbewässerung auf. Die Mitarbeiter sind privat bei ihrem Arbeitgeber krankenversichert. Und wer Bambus pflanzt, lockt Vögel an. Somit muss auch weniger Chemie für die Mückenbekämpfung eingesetzt werden.

Abgesehen vom Vogelgezwitscher ist in diesem abgeschiedenen Resort nichts zu hören. Ein Platz für Urlauber, die Ruhe lieben. Es sei denn, man ist am Strand. Dann kommt das Meeresrauschen hinzu. Aber es nerven keine Händler, allenfalls ziehen abends ein paar Bauern auf dem Heimweg vom Feld an den Liegestühlen vorbei.

Pemuteran ist zu 30 Prozent von Muslimen bewohnt und damit typisch für die weniger dicht besiedelte Nordküste, die Badegästen in der Regel nur durch Lovina, oft mit dem Zusatz Beach, bekannt ist. Dabei handelt es sich um den etwa vier Kilometer langen Strandabschnitt um Kalibukbuk. »Lovina« ist eine Wortschöpfung der Touristen. Die schwarzen Strände, das vorgelagerte Riff und mittlerweile eine touristische Infrastruktur, die, wie Kuta, alles bietet, sind die Basis. Der Sand ist feinkörnig und grau-schwarz, das Wasser seicht, Schwimmen ist aber jederzeit möglich. Am Strand bieten einheimische Fischer Schnorchel- und Bootsausflüge an. Und die Tümmler, die morgens gerne in Küstennähe vorbeigleiten, geben das Sahnehäubchen ab.
Die Hinweise »Zimmer frei« an der Straße sind nicht nur ein Indiz, dass sich das Geschäft auch im Norden noch nicht wieder ganz eingerenkt hat, sondern auch dafür, dass der Anteil der deutschen Gäste an dieser Küste besonders hoch ist. Im »Matahari« beziffert man ihn auf 40 bis 50 Prozent.

Von Lovina bis Pemuteran – die westliche Nordküste

Anreise/Lage
Lovina – auf Balinesisch *Kalibukbuk* – liegt im Norden von Bali, rund 90 km von Denpasar entfernt. Vom Strandbad, 10 km vor Singaraja im Westen, zieht sich die Hauptstraße entlang der Nordküste bis Pemuteran, etwa 60 km weiter westlich.

Sehen und erleben
Ruhe liebende Touristen, die schwarze Lavasandstrände mögen, kommen voll auf ihre Kosten. In Lovina wird die ganze Palette der touristischen Infrastruktur angeboten. Andere Strände sind komplett naturbelassen. Große Sehenswürdigkeiten dürfen nicht erwartet werden. Der Tempel *Pulaki*, kurz nach Pemuteran in Richtung Singaraja, ist aber einen Besuch wert. Die dort lebenden Affen sind ziemlich zutraulich, manche aber auch sehr dreist.

Unterkunft
(47) *****Matahari Beach Resort & Spa*, Jalan Singaraja in Pemuteran, Tel.: 0 362-92 312, Fax: 0 362-92 313, www.matahari-beach-resort.com, E-Mail: mbr-bali@indo.net.id. Wahrscheinlich das balinesischste Resort auf der Insel. Solider Luxus und viel Ruhe. Ein »Relais & Châteaux«-Haus mit Pool, Tennisplatz, Spa. Heliport in der Nähe.
(48) ****Melka Excelsior Hotel*, Jalan Raya Kalibukbuk in Lovina, Tel.: 0 362-41 552, Fax: 0 362-41 562, www.melkagroup.com,

6

E-Mail: melka@telkom.net. Schicke Zimmer in einer großräumigen Anlage, die zwar fünf Gehminuten vom Strand entfernt ist, aber dafür einen Salzwasserpool besitzt, in dem man mit Delfinen schwimmen kann. Deutsches Management. Spa.

Restaurants
Dewi Ramona Restaurant, gehoben, Jalan Singaraja in Pemuteran, Tel.: 0 362-92 312. Küche auf hohem Niveau unter dem Motto »East meets West«. Manchmal gibt es aber auch Grillabende mit knusprigen *Babi Guling* im Beach Restaurant, direkt am schwarzen Strand des *Matahari Beach Resort*.
Kwizien, mittlere Preisklasse, Jalan Raya Kaliasem in Lovina, Tel.: 0 362-42 031. Bar, Bistro und Restaurant mit zarten Lendensteaks sowie schmackhaften indonesischen Gerichten auf der Karte. Gute Wein- und Bierauswahl.

Ziele in der Umgebung
In *Banjar* findet man den einzigen buddhistischen Tempel im Norden von Bali. Er gehört zum Kloster *Brahma-Asrama-Vihara*. Gleich in der Nähe blubbern die 37 Grad heißen Quellen *Air Panas*. Das größte der drei Becken eignet sich sogar zum Schwimmen. Etwa 6 km westlich von *Lovina*, noch vor *Seririt*, geht es südlich in die Berge. Ein Verkehrsschild weist den Weg.

Der Westen

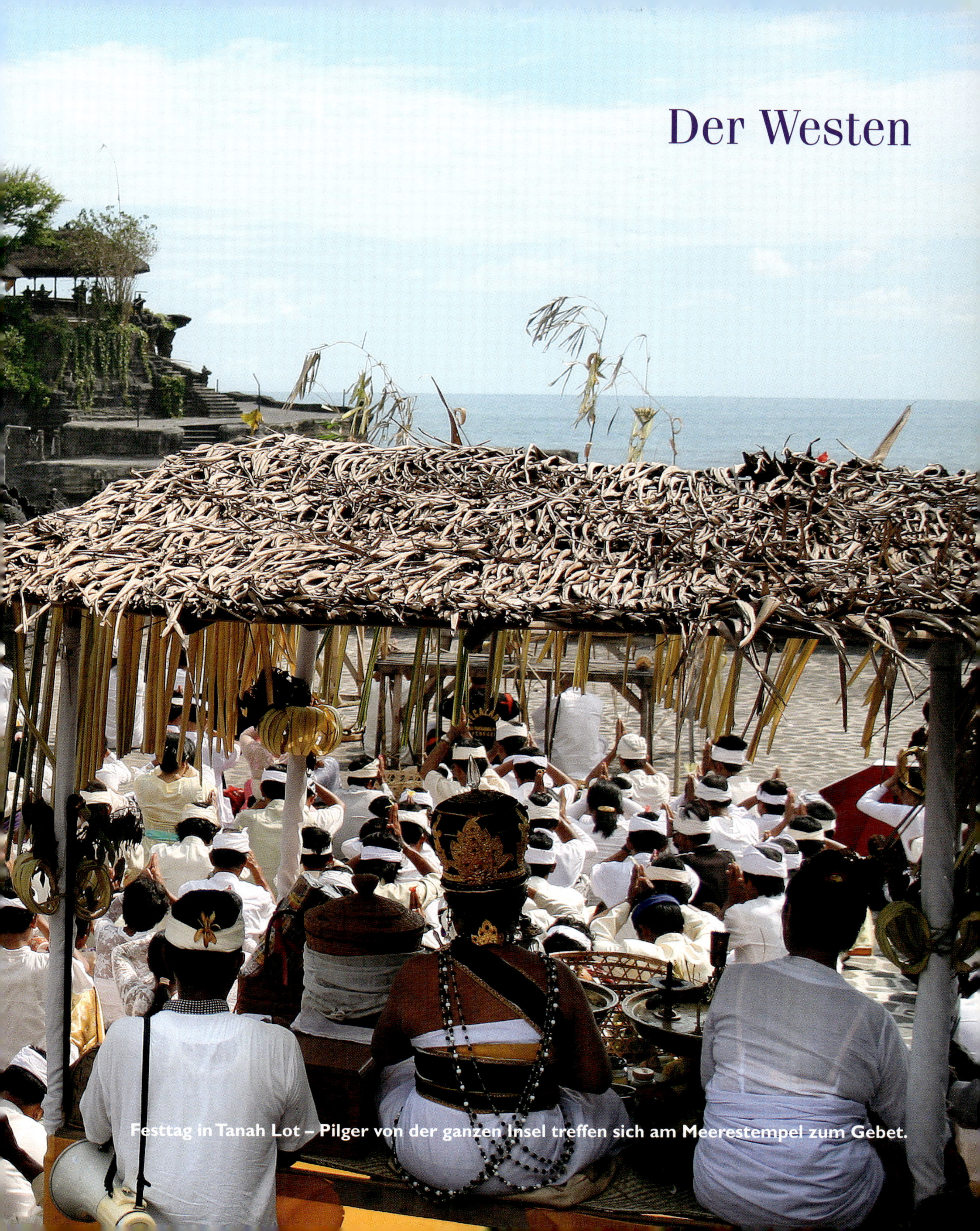

Festtag in Tanah Lot – Pilger von der ganzen Insel treffen sich am Meerestempel zum Gebet.

1

2

3

4

Im Reich der Hirsche

West-Bali-Nationalpark – der unberührte Dschungel

Der Taman Nasional Bali Barat im äußersten Nordwesten ist ein Rückzugsgebiet für zahlreiche Tierarten, ein Biotop für Regenwaldpflanzen und für Wanderer wie Naturliebhaber ein geradezu ideales Terrain.

Angenehm windig ist es in der obersten Etage des fünfstöckigen Bali Tower, und der Ranger sagt ohne Umschweife: »Ihr Deutschen interessiert euch wirklich für die Natur. Das spüre ich immer wieder.« Made arbeitet für das staatliche »Menjangan Jungle & Beach Resort«, zu dem auch der mehrstöckige Aussichtsturm mit Restaurant gehört. Der Rundumblick ist gewaltig: Dichtes Grün, wohin man schaut, ob auf die im Westen deutlich flacheren Bali-Berge um die höchste Erhebung, den Gunung Kelatakan mit 698 Metern, oder über die Bali-Straße, die turbulente Meeresenge, hinweg nach Java zum stattlichen Gunung Baluran mit 1247 Metern Höhe.

Dann geht's los. Regen, natürlich Regen, der Name Regenwald kommt ja nicht von ungefähr. Dabei wirkt der Regen wie Regenstaub , feiner noch als Nieselregen, so als seien die Tropfen durch ein unsichtbares Sieb gepresst worden. Das Dach des Waldes ist dicht, um die 50 Meter hoch. Jede Pflanze kämpft um Licht und Wasser. Jeder Regentropfen trifft unzählige Male auf Bäume, Blätter, Äste, Tiere, wird kleiner, zerstäubt, ehe er sich, ganz unten angelangt, fein und weich über Kopf und Körper legt wie ein Film. »In der Trockenzeit, ab Mai bis etwa Oktober«, sagt Made, »ist alles braun, alles vertrocknet. Fällt aber nur ein bisschen Regen, wuchert die Natur sofort und es sprießt und grünt aller Orten.« Bali hat eine Regenzeit, also mit punktuellen, durchaus heftigen Regenschauern – im Unterschied zu einer Monsunzeit in anderen Gegenden Asiens, in der während der Monsunperiode flächendeckend massenhaft Regen niedergeht.

Der Park ist Mades Territorium, seine Welt, die Touristen auch nur mit einem Führer betreten dürfen. Er liebt diesen Regenwald, der auch ganz anders ist als der, von dem man in langweiligen Reiseführerbeschreibungen gelesen hat. Made macht den Nationalpark mit starken Gesten erlebbar. Er trinkt. Nimmt Wasser aus einem Trichter aus Blättern, den er am Auslauf verstopft hatte. Das Wasser hat

1 Tauchers Paradies – die Gegend vor Menjangan ist für ihre Unterwasserwelt bekannt. **2** Sergeant Major – der Spitzname für die Rifffische von Menjangan. **3** Tauchers Badezimmer – im »Mimpi Resort Menjangan«. **4** Auf geht's zum Schnorchelausflug nach Menjangan Island.

1

2

sich beim Gehen angesammelt. Er reicht den Blätter-Trichter weiter. Wortlos. Aus dem anfänglichen Gespräch ist inzwischen Schweigen geworden. Ein stundenlanges Schweigen, das trotzdem so vieles erzählt, weil Made mit Blicken kleine Geheimnisse des Waldes zeigt: perfekt getarnte Tiere, an denen Fremde einfach vorbeistolpern, Blätter, die er zwischen den Fingern zerreibt, die dann ätherische Öle freigeben, kleine Beeren, die als schmackhafter Zwischendurchsnack dienen. Seine Körpersprache sagt dazu: Nicht reden hier. Ich zeige doch alles.

200 unterschiedliche Pflanzenarten gedeihen im Taman Nasional Bali Barat, aber es gibt auch vereinzelt Pythons und grüne Schlangen. Mit Balzlauten lockt Made Vögel heran. 300 Arten wurden im Park gezählt. Zwar kommt keiner der fast schon ausgestorbenen weißen Bali Starling – es soll nur noch 20 Exemplare davon im Nationalpark geben –, aber ein handflächengroßer Schmetterling fliegt heran und labt sich an einem gebrochenen Blatt. Der schöne Flattermann saugt und kann scheinbar gar nicht genug davon bekommen. »Sex, Drugs und Rock 'n' Roll«, lacht Made auf einmal. »So ein männlicher Schmetterling lebt nur 18 Tage. In dieser Zeit trinkt er die 50-fache Menge Alkohol, die er eigentlich vertragen würde, tanzt dementsprechend froh gelaunt durch die Lüfte, bis er ein Weibchen findet, das mit ihm 48 Stunden ohne Unterbrechung Liebe macht ... Und diese Blätter mit ihren ätherischen Ölen locken diese Kerle magisch an!«

Der Regenwald ist rund 150 Millionen Jahre alt. Er befindet sich immer noch in einem Stadium der Evolution: Es pfeift, blubbert, knackt – permanent, durchdringend, manchmal ein bisschen beängstigend, auch wenn meistens nur ein Wildschwein im Unterholz sein Unwesen treibt. Hinter einem Farn taucht endlich auch ein Bali-Hirsch auf. Er ist vielleicht einen Meter groß und trägt ein verhältnismäßig mächtiges Geweih. Mit einem Bali-Tiger kann auch Parkkenner Made nicht dienen: »Fehlanzeige, den hat es bei uns nie gegeben ...« Dafür hüpfen kleine Baumfröschchen von Blatt zu Blatt, ab und an lässt sich ein Leguan blicken, und diverse Affenarten sind praktisch ständige Begleiter.

Zum West-Bali-Nationalpark gehört aber auch noch eine unbewohnte Insel: Menjangan, die Hirschinsel, so benannt wegen der großen Population an Hirschen und Rehen. Vorwiegend kommen aber keine Wanderer, sondern Taucher. Die Schönheit der Unterwasserwelt mit bemerkenswertem Korallenwuchs schon in geringer Tiefe und vor allem der Fischreichtum, vom Napoleonfisch über Barrakudas bis zum Weißspitzenriffhai, haben sich herumgesprochen. Im Kanal zwischen Bali und Nusa Menjangan herrscht allerdings teilweise eine starke Strömung, die nichts für Anfänger ist.

1–2 Über den Baumwipfeln – das »Tower Restaurant« bietet einen wunderbaren Rundumblick über den West-Bali-Nationalpark bis zur Java-See. **3** Unter dem Baldachin – Kingsize-Bett im besten Zimmer des »Menjangan Jungle & Beach Resort«. **4** Direkt am Meer – der Pool des »Mimpi Resort Menjangan« mit Blick auf die Mangroven.

West-Bali-Nationalpark – der unberührte Dschungel

Anreise/Lage

Der West-Bali-Nationalpark liegt sowohl von Denpasar als auch vom Flughafen Ngurah Rai aus gesehen am entferntesten Fleck der Insel. Rund 140 km sind es vom äußersten Westen bis in die Hauptstadt. Der schnellste Weg führt über die Südwestküste und Negara bis 3 km vor die Hafenstadt Gilimanuk: Bei Cekek nimmt man die Abzweigung in nordöstlicher Richtung nach Singaraja. Auf dieser Straße stößt man automatisch auf Labuhan Lalang und Pejarakan.

Sehen und erleben

Wanderer und Naturfreunde finden im Nationalpark ein ideales, kaum besuchtes Terrain. Im Hauptquartier des Parks, direkt an der Abzweigung bei Cekek, oder in den Resorts der Umgebung werden *Trekkingtouren* samt obligatorischem Guide organisiert. Die Taucherinsel *Menjangan* wird von Labuhan Lalang angefahren.

4

Unterkunft

㊾ ****Menjangan Jungle & Beach Resort*, Jalan Raya Gilimanuk in Pejarakan, Tel.: 0362-94700, Fax: 0362-94708, www.menjangan.net, E-Mail: info@menjangan.net. Die *Dschungel-Bungalows* erinnern an Reihenhäuser, sie sind komfortabel um einen kleinen Pool herum gebaut. Die *Strand-Gazebos* liegen völlig abgeschirmt in den Mangroven. Sie sind sehr schlicht und günstig, haben Strandzugang, sind nach allen Seiten offen, aber mit Moskitonetz für einen ruhigen Schlaf ausgestattet.

㊿ ****Mimpi Resort Menjangan*, Pantai Mimpi in Banyuwedang, Tel.: 0362-94497, Fax: 0362-94498, www.mimpi.com, E-Mail: menjangan@mimpi.com. Ansprechend ausgestattete Zimmer und einige Villen, die sogar auf Vier-Sterne-Niveau angesiedelt sind. An einer Meeresbucht gelegen, mit Pool, Spa.

Restaurants

Tower Restaurant, günstig, Jalan Raya Gilimanuk in Pejarakan, Tel.: 0362-94700. Gute indonesische Küche mit Blick auf den Nationalpark und die See. Auf der obersten Etage weht stets eine angenehme Brise. Gehört zum *Menjangan Jungle & Beach Resort*.

Floating Restaurant, mittlere Preisklasse, Pantai Mimpi in Banyuwedang, Tel.: 0362-94497. Ein Teil des Restaurants des *Mimpi Resort Menjangan* ist ins Meer gebaut. Schöne Stimmung, gute Sicht und feine Kost »von Ost bis West«.

Ziele in der Umgebung

Etwas abseits vom Dorf *Pejarakan* befinden sich *heiße Quellen*. Vor der Benutzung geht man ins *Mandi*, das traditionelle indonesische Bad, bei dem man mit einer Kelle das Wasser aus einem großen Steinbecken nimmt und über sich ergießt. Vorsicht: Niemals in ein Mandi-Becken steigen, sondern nur Wasser daraus entnehmen!

1

2

3

4

Lebensader nach Java

Von Gilimanuk bis Tabanan – im Stau am Strand entlang

Die geschäftige Hafenstadt Gilimanuk ist das Tor Balis zur indonesischen Hauptinsel Java mit ihrer Hauptstadt Jakarta. Bewaldete Berge geben der viel befahrenen Küstenstraße eine hübsche Kulisse bis fast in den Süden.

Für Selat Bali, die Bali-Straße und gut drei Kilometer breite Meeresenge zu Java, sollte man sich ein paar Minuten Zeit nehmen, wenn man in Gilimanuk weilt. Der Ort selbst ist uninteressant, aber die starke Strömung zu beobachten, gleicht einem Schauspiel. Deutlich wird der Sog an den zwischen den Inseln verkehrenden Schiffen, die alle Müh' und Not haben, Kurs zu halten.

»Alles Schlechte kommt aus Java«, merkt ein älterer, traditionell gekleideter Balinese im »Rumah Makan Murah Meriah« unvermittelt in gutem Englisch an. Bei *Nasi Campur* mit Blick nach Java erntet er bei seinen Nachbarn klare Zustimmung für seine Worte an den Fremden im kleinen Essenshaus, so die wörtliche Übersetzung für *Rumah Makan*, die einfachere Variante eines Restaurants. Er meine nicht nur die terroristischen Islamisten, die für das Kuta-Bombing verantwortlich waren, er meine auch den Müll im Meer, der vom Westen, also von Java, angeschwemmt wird, und so manche Benachteiligung Balis durch die Regierung in Jakarta. Abermals heftige Zustimmung unter den anderen Gästen. Der Mann stellt sich als Made und Inhaber eines *Losmen* vor. Und als der Fremde, der sich unter sie gemischt hat, angibt, Journalist zu sein, geht es erst richtig los. Als wollten sie alle ihr Herz ausschütten: Der Westen Balis sei dünn besiedelt, verfüge deshalb nicht über eine entsprechende Infrastruktur und schon gar nicht über eine starke Lobby wie die Touristenorte im Süden, »die Geld- und Jobmaschinen«, wie Made sagt. »Gäbe es die Hauptstraße nach Gilimanuk zum Hafen nicht, hätten uns alle hier schon längst vergessen.« Schließlich fügt ein anderer hinzu – so als ob er sich das Wichtigste zum Schluss aufgehoben habe: »Hier sind inzwischen zu viele aus Java, Leute, die unsere balinesische Kultur nicht verstehen. Wir haben hier einfach zu viele Moslems ...« Lautstark wird untereinander in Balinesisch weiterdiskutiert. Made verabschiedet den Fremden förmlich und gibt ihm noch einen Tipp mit auf den Weg in

1 Glücksmoment – ein Surfer beim Wellenritt vor Medewi. **2** Kaffeegeruch – junge Bohnen von einer Plantage bei Pekutatan. **3** Trainingsfleiß – wer beim Ochsenrennen von Negara gewinnen möchte, muss viel üben. **4** Felsenbucht – einsame Bademöglichkeit bei Lalanglinggah.

1 Donnernd – die Brandung bei Rambut Siwi. **2** Einladend – das Restaurant des »Puri Dajuma« am Strand von Pekutatan. **3** Meernah – der Strandtempel von Rambut Siwi steht an vorderster Front. **4** Behaglich – Doppelzimmer im »Gajah Mina Beach Resort«. **5** Urig – Bungalow im »Gajah Mina Beach Resort«.

Richtung Negara: »Fahren Sie vorher nach Blimbingsari und Palasari! Sie werden überrascht sein ...«

Bei den beiden Gemeinden handelt es sich um Bergdörfer, die von jeweils rund 1500 protestantischen (in Blimbingsari) und katholischen Balinesen (in Palasari) bewohnt werden. Beide Kirchen sind sehenswert, vereinigen sie doch Elemente der christlichen mit der balinesischen Bau- und Dekorationsweise. So gibt es in Blimbingsari zum Beispiel keine Kirchenglocke, sondern einen *Kulkul* mit hölzerner Trommel, und auch die Englein muten sehr balinesisch an.

Die Hauptroute nach Java, meist entlang der Küste, ist sehr stark befahren, Staus sind nicht selten. Die Landschaft rechts und links der Strecke ist dafür wunderschön, kulturelle oder historische Anziehungspunkte sind dagegen Mangelware. Kleine Flüsse strömen von den Bergen durch Reisfelder und Kokoshaine ins Meer. Häufig waschen sich die Dorfbewohner darin. Und auf den Feldern kann man den Wasserbüffeln bei der Arbeit zusehen.

Wegen der offenen Seeseite ist der Westen der Insel klimatisch etwas unfreundlicher als die Ostseite. Badegäste, die an einsamen Stränden schwimmen möchten, sollten zuvor genau die Signale der Balinesen an den wenigen erschlossenen Stränden wie Medewi oder Soka studieren. Ein grünes Fähnchen signalisiert: Schwimmen erlaubt. Ein gelbes Fähnchen bedeutet: Aufpassen! Baden gefährlich. Durch ein rotes Fähnchen wird auf ein Badeverbot aufmerksam gemacht. Häufig knallen schließlich meterhohe Wellen an die meist schwarzen Lavasandstrände.

Entlang der gesamten Küstenstraße von Gilimanuk in die Provinzhauptstadt Tabanan ist Negara die einzig nennenswerte Stadt. Sie grüßt mit einem mächtigen, und anders als sonst auf Bali, oben verbundenen Eingangstor. Pferdekutschen als Taxi, *Dokar* genannt, prägen das Bild – und kaum ein Mensch spricht auch nur ein Wort Englisch. Auf ganz Bali ist die hauptsächlich von Moslems bewohnte Kleinstadt durch ihre Wasserbüffelrennen bekannt. Dann ist alles auf den Beinen. Tausende Besucher kommen bei großen Rennen, hauptsächlich zwischen August und November, darunter auch viele Spieler, die – verbotenerweise – hohe Einsätze beim *Mekepung* wagen. Dabei ziehen zwei Büffel einen Zweiradwagen, der von einem Fahrer gesteuert wird. Die ungelenk wirkenden Tiere erreichen eine Geschwindigkeit bis zu 50 Kilometer pro Stunde. Die Renndistanz ist rund zwei Kilometer lang. Die Fahrt geht in Richtung Pekutatan weiter. Gewürznelken zur Herstellung der Nelkenzigaretten, *Kretek*, und Vanille gedeihen in dieser Gegend und besonders zwischen Payan und Antosari, aber auch anschließend auf dem Weg nach Tabanan sind immer wieder sehr schöne Reisterrassen zu sehen. Wie Negara hat aber auch das 12 000-Einwohner-Städtchen Tabanan wenig Sehenswertes zu bieten, wenn man einmal von einigen Tempelanlagen und dem Reismuseum absieht.

Von Gilimanuk bis Tabanan – im Stau am Strand entlang

Anreise/Lage
Gilimanuk liegt knapp 130 km von Denpasar und etwa 90 km von Singaraja entfernt. Von Balis westlichster Gemeinde führt die Hauptstraße entlang der Südwestküste über Negara, Pekutatan, wo es erstmals wieder eine Verbindung nach Norden gibt, und weiter über Lalanglinggah bis Antosari und Tabanan. Bei Melaya, zwischen Gilimanuk und Negara, zweigt die Straße nach Blimbingsari in die Berge ab. Von dort geht es auf unausgeschildertem Weg auch nach Palasari. Man muss sich durchfragen.

Sehen und erleben
Nicht von ungefähr findet der Westen Balis in den Prospekten der Reiseveranstalter fast keine Erwähnung. Es gibt nur wenig Sehenswertes. Wer es aber gerne einsam hat, den werden die vielen unberührten Lavasandstrände entlang der Südwestküste faszinieren. Und wer auf Ungewöhnliches setzt, ist in *Negara* bei den *Wasserbüffelrennen* zwischen August und November am geeigneten Platz.

5

Unterkunft
(51)****Puri Dajuma*, Pantai Pekutatan in Pekutatan, Tel.: 0365-43 955, Fax: 0365-43 966, www.dajuma.com, E-Mail: info@dajuma.com. Familiäre Anlage und nett gemachte Bungalows mit Freiluftdusche und Kühlschrank. Schöne Lage auf einer Landzunge zwischen zwei schwarzen Lavasandstränden. Pool, Spa, Internetcafé.
(52)****Gajah Mina Beach Resort*, Pantai Suraberata in Lalanglinggah, Tel.: 0812-38 11 630, Fax: 0361-73 11 74, www.gajahminaresort.com, E-Mail: info@gajahminaresort.com. Geschmackvoll ausgestattetes Hotel mit Vulkanstein, Kokosnussholz oder unpoliertem Marmor. Kleine Veranden, ein Pool und ein 30 km langer schwarzer Sandstrand warten.

Restaurants
Dajuma Restaurant, mittlere Preisklasse, Pantai Pekutatan in Pekutatan, Tel.: 0365-43 955.
Sehr gute internationale Küche vom thailändischen Süppchen über traditionelles Nasi Goreng bis hin zum frischen Seafood erhalten Sie im *Puri Dajuma*.
Rumah Makan Murah Meriah, günstig, Jalan Raya in Gilimanuk, kein Telefon. Ein typisches Essenshaus mit einfachen, aber sehr schmackhaften Reisgerichten für wenig Geld.

Ziele in der Umgebung
Das *protestantische Blimbingsari* und das *katholische Palasari* mit den beiden mächtigen Kirchen sollte man durchaus einplanen. Wie sich dort christliche und balinesische Elemente vereinigen, ist sehenswert. Für den Umweg in die Berge muss man aber mindestens zwei Stunden extra einkalkulieren.

1

2

3

4

Kunst im Feld

Gunung Batukau – in der Reiskammer Balis

Einer der einsamsten Tempel wacht am Südhang des Vulkans Batukau über den Leib und das Wohl Balis. Unterhalb des Pura Luhur Batu Karu breiten sich, so weit das Auge reicht, Reisfelder mit sehenswerten Reisterrassen aus.

Reis bedeutet in Asien soviel wie Leben. Ohne Reis kann es nicht existieren. In manchen Ländern wird das Wort Reis gleichgesetzt mit dem Wort Essen, etwa in Thailand, oder mit dem Wort Mahlzeit, *Ngajengang*, in Indonesien. Auf Bali haben Generationen von Bauern Bewässerungskanäle und Terrassen angelegt, um dort Reis, ihr Lebenselixier, anzubauen. Es bildeten sich *Subak*, demokratisch strukturierte Genossenschaften, da jedes Feld von einer Quelle abhängig ist und das Wasser raffiniert von Feld zu Feld weitergeleitet wird. Was zunächst einfach klingt, ist jedoch sehr kompliziert. Ein Reisfeld kann für die Umpflanzung der Setzlinge überschwemmt sein, während das Nachbarfeld trocken und erntereif ist. Entsprechend muss das Wasser auch geleitet werden. Nassreisanbau ist arbeitsintensiv, ermöglicht jedoch hohe Erträge und bis zu drei Ernten pro Jahr. Nach der Aussaat auf einem recht trockenen Feld wird der Boden des späteren Reisfeldes mit Wasser durchmischt. Bis heute vielfach noch durch die Kraft der Wasserbüffel, aber immer häufiger mit technischem Hilfsgerät. Es folgt die Umsetzung der Setzlinge vom trockenen Pflanzfeld in das geflutete Reisfeld – in mühsamer und gebückter Haltung per Hand. Dann muss das Feld weiter bewässert werden, ehe es knapp ein halbes Jahr später trocken gelegt wird und der Reis schließlich geerntet wird. Interessant ist, dass die balinesischen Bauern ihre Enten auf die Felder führen, um Ungeziefer zu vertilgen. Zudem gilt Entenmist als hervorragender Dünger.

All dies kann man in der Reiskammer Balis zu jeder Jahreszeit bestens beobachten. Die wunderschön geformten und geschwungenen Terrassen, die archaische Arbeit, die harmonische Stimmung auf den Feldern: Ein verdichtetes Bild von Bali zu malen, heißt, ein Bild seiner Reisterrassen zu zeichnen.

Die vom 2276 Meter hohen Gunung Batukau zur Südwestküste hin abfallenden Täler gehören zu den fruchtbarsten Regionen auf Bali. Aber besonders die Hänge haben die schönsten Reisterrassen

1 Gespenstisch – der Tempel Luhur Batu Karu verströmt seine ganz eigene Atmosphäre. **2** Zart – junge Setzlinge in einem gefluteten Reisfeld. **3** Beruhigend – Steinfigur im Pura Luhur Batu Karu. **4** Die Reisterrassen von Jatiluwih gehören zu den schönsten der Insel.

1

2

3

der Insel aufzuweisen. Jatiluwih, unweit des bedeutenden Tempels Batu Karu, auf rund 700 Metern Höhe gelegen, wurde unlängst von Indonesien zum Weltkulturerbe der UNESCO vorgeschlagen. Noch gibt es keine modernen Gebäude oder Stromleitungen, noch ist das Dorf »Wunderbar«, so die Übersetzung, ein Kleinod und seine Umgebung eine ursprüngliche Landschaft, die in vollkommener Schönheit die Einwohner ernährt. Aber auch die westlichen Ausläufer des Vulkans Batukau geben einen hervorragenden Boden für den Reisanbau her. In diesem Landschaftsbereich sind die Reisterrassen zwischen Antosari im Tiefland und Pupuan auf den Höhen die kunstvollsten.

Touren in die stillen Bergdörfer, seien sie nun östlich oder westlich des Batukau, gehören zu den stimmungsvollsten und schönsten auf Bali. Und genau dann passiert es vielleicht: eine Reifenpanne ... Aber was wie Pech aussieht, kann durchaus zu einem Glücksfall werden. Die Situation: Ein Plattfuß, niemand versteht Englisch und kein Dorf ist in Sicht. Die balinesische Lösung heißt, dass zunächst jemand herbeigeholt wird, der Englisch versteht. Dann wird der Fremde versorgt, mit etwas Obst und Reis. Inzwischen ist unbemerkt jemand zur nächsten Werkstatt aufgebrochen. Etwa 30 Minuten später montiert ein wildfremder Mann wortlos das Rad mit dem platten Reifen ab, nimmt alles mit, um etwa eine knappe Stunde später das Rad mit dem reparierten und vollgepumpten Reifen wieder anzuschrauben. Der Fremde wurde unterdessen nach allem Möglichen ausgefragt: nach Frau, Kindern, Beruf, der Heimat und was er so von Bali hält. Das Ganze kostet keine fünf Euro, inklusive des Moped-Transfers. Das Essen war eine Einladung – mit viel Vergnügen für die Einheimischen und kommoder, interessanter Wartezeit für den Gast. Erst nach zähem Ringen wird ein wenig Schulgeld für die Kinder akzeptiert. Dafür folgt aber auch eine ganz genaue Wegbeschreibung zum Pura Luhur Batu Karu nebst dem Hinweis, dort unbedingt einen Tempelschal sowie einen Sarong zu tragen.

Der Batu Karu gehört – in allen gängigen Auflistungen – zu den sechs heiligsten Tempelanlagen Balis, zu den Reichstempeln. Er wurde schon im 11. Jahrhundert erbaut und liegt wie verwunschen

in einem scheinbar unberührten Stück Dschungel auf gut 800 Metern Höhe. Es ist kühl, das Moos riecht, und Wolkenschwaden ziehen hastig vorüber. Manchmal geben sie sogar ein Stückchen Berg frei. Dem Geist dieses Berges ist der höchste, siebenstufige *Meru* im Tempelinneren gewidmet, das Touristen jedoch nicht offen steht. Elementarer Bestandteil des Batu Karu, besonders bei Zeremonien, die dort wegen der einsamen Lage fast immer ohne Besucher vonstatten gehen, sind auch der nahe liegende, romantische See sowie reinigende heilige Quellen daneben. Nur der März bildet eine Ausnahme: Zum Tempelgeburtstag kommen alljährlich mehrere Tausend Pilger aus allen Ecken und Enden Balis – und in deren Schlepptau auch zahlreiche Touristen.

1 Anziehungspunkt – inniges Gebet am Pura Luhur Batu Karu, einer der sechs heiligsten Tempelanlagen Balis. **2** Kunstvolles Detail – Tempelfries am Pura Luhur Batu Karu. **3** Landschaftsgemälde – die Reisterrassen von Jatiluwih. **4** Hochlanddorf - die einfachen Häuser von Jatiluwih. Noch ist das Dorf »wunderbar«, so die wortwörtliche Übersetzung. Es wurde sogar als Welterbestätte vorgeschlagen.

Gunung Batukau – in der Reiskammer Balis

Anreise/Lage
Der Vulkan Batukau liegt abseits, aber gut erreichbar nordwestlich von Denpasar. Der Endpunkt der Straße von der Hauptstadt über Tabanan und Penatahan ist nach etwa 50 km am Tempel Batu Karu erreicht. Von dort kann man weiter in die östlich gelegenen Dörfer Jatiluwih und Baturiti fahren. Bei Apuan geht es südlich nach Marga. Und nach Antosari und weiter nördlich nach Pupuan kommt man von Tabanan aus.

Sehen und erleben
Die Gegend um den *Gunung Batukau* ist eine der stimmungsvollsten auf Bali, die mitunter fast märchenhaft anmutet. Dazu gehören der verwunschene Tempel *Batu Karu*, aber auch die traumhaft schönen Reisterrassen sowie die teilweise noch unberührten Dörfer.

Unterkunft
(53) *****Yeh Panes Resort*, Jalan Batu Karu in Penatahan, Tel.: 0361-7449050, Fax: 0361-464860, www.bali-traveldeal.com/bali/hotels/yehpanes-resort, E-Mail: info@bali-traveldeal.com. Inmitten von Reisterrassen, zwischen Berg Batukau und Fluss Yeh Ho gelegenes und hübsch eingerichtetes Spa-Resort, das sich auch der bekannten heißen Quellen von Yeh Panes bedient. Mit Pool.

4

(54) ****Hotel Pacung Indah*, das malerisch zwischen Reisterrassen und Hügeln liegt. Es ist komfortabel eingerichtet und ideal für einen Zwischenstopp auf dem Weg Richtung Norden: Jalan Pacung in Baturiti, Tel.: 0368-21020, Fax: 0368-21964, www.pacungbali.com, E-Mail: reservations@pacungbali.com.

Restaurants
Nature Land, mittlere Preisklasse, Jalan Soka in Jatiluwih, Tel.: 0361-812919. Der Blick auf die Reisfelder vom nach allen Seiten offenen Holzrestaurant bereichert das sehr gute indonesische und koreanische Essen.
Yeh Panes Restaurant, gehoben, Jalan Batu Karu in Penatahan, Tel.: 0361-7449050. Chinesische, europäische und indonesische Küche direkt am Fluss Yeh Ho im gleichnamigen Resort.

Ziele in der Umgebung
Historisch Interessierte machen einen Stopp in Marga, wo ein Denkmal zu Ehren des letzten balinesischen Massensuizids im Kampf gegen die Holländer steht. Dies geschah 1946; heute erinnern Hunderte von kleinen Steinstupas an die Freiheitskämpfer von damals.

1

2

3

4

Der schönste Sonnenuntergang

Tanah Lot – am Tempel der Schlangen

Der Pura Tanah Lot ist eines der beliebtesten Postkartenmotive Balis. Doch dieser Tempel gehört nicht nur zu den am häufigsten besuchten und meistfotografierten Tempeln der Insel, sondern auch zu den heiligsten.

So malerisch der kleine Tempel auf seiner Insel liegt, so hübsch auch die Sonne dahinter untergehen kann – am Pura Tanah Lot ist man praktisch nie allein. Stets sind zahlreiche Balinesen zum Gebet versammelt oder auch beim Ausflug anzutreffen. Und stets wuseln Hundertschaften von Touristen umher. Die Budenstraßen vom Parkplatz zum Tempeleingang gleichen einem riesigen Basar, in dem es praktisch alles gibt: gebratenen Reis, T-Shirts mit markanten Sprüchen, Kokosnussdrinks, Coladosen, Geldwechsler und sogar Fliegende Hunde, die zur Schau gestellt werden. Abends bestaunen dann Touristen und Einheimische einträchtig das Naturschauspiel, wenn hinter dem kleinen Heiligtum die Sonne ins Meer versinkt. Die Statistik weist rund eine Million Besucher pro Jahr auf. Touristen und Balinesen, die in die Gemeinde, zu welcher der Tempel gehört, viel Geld bringen, schaffen eine Menge Jobs für die Bevölkerung und stärken in erheblichem Maße die Wirtschaftskraft der Region. Seit 2000 wird die Anlage mit allem Drumherum von der Gemeinde selbst – und nicht mehr vom Staat – gemanagt. Das ist die eine Seite von Tanah Lot.

Das andere Tanah Lot sieht man in der morgendlichen Ruhe oder am Tag nach Vollmond. Hinter den Tempelmauern reihen sich bunt die Gebetsschirme aneinander, denn schließlich brauchen auch die Götter Schatten. Eine Balinesin reibt die Stirn, Hand- und Fußflächen ihres schreienden Babys mit etwas Salz ein, damit die Dämonen von dem Kleinen ablassen und es nicht weiter beim Schlaf gestört wird. Und ein Priester empfängt die Gläubigen mit Weihwasser. Sie kommen aus allen Teilen Balis und bringen zur Besänftigung der Dämonen, die im Meer hausen, Opfergaben dar. Gebetsfahnen flattern im Wind, und ein großes Gamelan-Orchester spielt verzaubernde Klänge für die Götter. Wüsste man nicht, dass das 21. Jahrhundert längst angebrochen ist, könnte man meinen, die Zeit sei hier stehen geblieben oder gar zurückgedreht worden. Tanah Lot, was ungefähr so viel wie »Land im Meer« bedeutet, ist aller

1 Vom satten Green zum nahen Inselchen von Tanah Lot. **2** Foyerblick – ins Hotel »Le Meridien«. **3** Badblick – in ein Badezimmer des Hotels. **4** Sonnenuntergangsblick – wer Tanah Lot so gesehen hat, wird den kleinen Tempel auf der zerklüfteten Insel nie wieder vergessen.

1 Golfhotel – vom »Le Meridien« hat man direkten Zugang zum Golfplatz. **2** Pool-Anlage – geschwungen und palmengesäumt lockt das Schwimmbecken des »Le Meridien«. **3–4** Resorteinblick – Zimmereingänge und Haupthaus des »Le Meridien«. **5** Yoga-Stunde im Park des Hotels.

Postkartenmotive und allem Trubel zum Trotz in erster Linie ein Heiligtum. Die Größe spielt dabei keine Rolle, denn die beiden *Meru* mit fünf und drei Stufen fallen vergleichsweise bescheiden aus. Aber wer die Tempelanlage aus dem 16. Jahrhundert betritt – und dazu muss man nicht einmal ins für Nicht-Hindus unzugängliche Tempelinnere vorstoßen –, spürt intensiv die gelebte hinduistische Religion, die Harmonie zwischen Mensch, Meer und Göttern, die allenthalben spürbare Friedfertigkeit des spirituellen Lebens. Man fühlt sich teilweise wie in einem Film. Aber was wie eine Inszenierung wirkt, ist nichts anderes als die Realität.

Es gibt kaum einen Ort auf der Welt, wo Alt und Neu, Ost und West so offensichtlich aufeinander treffen. Und es gibt wohl keinen anderen Ort auf Bali, an dem auf so kleinem Raum so viel zu sehen und zu erleben ist. Die Tourismusverantwortlichen der Insel sind bemüht, ein Image aufzubauen, das einen Mix aus Kultur, Wellbeing, grandiosen Landschaften und Stränden präsentiert. Quasi ein Tropen-Eiland, das für jeden Geschmack etwas bietet, jedoch ohne peinliche Anbiederung. Das wahre magische Geheimnis von Bali, das jeden Besucher gefangen nimmt, liegt dabei im ganz normalen Alltag, wenn sich Religion, Natur, Kunst und die Gemeinschaft verbinden. Es ist die Unfassbarkeit einer abgekapselten Welt, bei der Fremde das Glück haben, ein wenig reinschauen zu dürfen.

Tanah Lot soll gemäß der Legende von dem Hindu-Priester Danghyang Nirartha gegründet worden sein und zählt zu den sechs wichtigsten Reichstempeln Balis. Die Anlage liegt malerisch auf

einer Felsspitze im Indischen Ozean. Während der Ebbe kann man trockenen Fußes dort hinüber spazieren. Im Laufe der Zeit hat der Fels durch Erosion eine schroffe, pilzartige Form angenommen. Und die starke Brandung setzt der Tempelinsel leider immer mehr zu. Da helfen nicht einmal die heiligen Tempelwächter, die schwarz-weiß gestreiften Seeschlangen, die in den Unterwasserhöhlen leben.

Fast alle signifikanten Tempel Balis wurden von Priestern oder Wandermönchen aus Java gegründet. Als es dem Islam gelang, Java zu erobern, zogen sich die Götter nach Bali zurück, heißt es. Auch der wegen seines Glaubens verfolgte Danghyang Nirartha kam von der westlichen Nachbarinsel. Noch heute ist Java, wie beinahe ganz Indonesien, fast zu hundert Prozent moslemisch geprägt. Und es fällt einem wieder eines der ersten Bilder ein, die sich nach der Ankunft am Flughafen eingeprägt haben: Links, am Zubringer des Airports zum Bypass, steht eine Moschee – noch ehe man auch nur den ersten balinesischen Tempel zu Gesicht bekommen hat. Dieses Bild erinnert daran, dass das kleine Bali mit der doppelten Fläche des Saarlands nur eine hinduistische Winzlingsinsel im muslimischen Archipel Indonesiens ist.

Tanah Lot – am Tempel der Schlangen

Anreise/Lage
Pura Tanah Lot liegt an der Südwestküste, etwa 35 km von Denpasar entfernt und ist sehr leicht erreichbar. Man nimmt die ausgeschilderte Stichstraße, die von der Hauptroute Denpasar – Gilimanuk abgeht oder fährt von der Hauptstadt in westlicher Richtung quer durch die Reisfelder und Dörfer – schöner, aber zeitaufwendiger –, bis bei Beraban der Tempel Tanah Lot ausgeschildert ist. Tibubiyu liegt weiter nordwestlich und wird von Tabanan aus angefahren.

Sehen und erleben
Ein Ausflug zum *Pura Tanah Lot* ist ein Muss bei jeder Bali-Reise. Die meisten Besucher kommen zum Sonnenuntergang. Das ist ein wunderbares Erlebnis, aber es ist auch dementsprechend voll. Wer dem großen Rummel entgehen möchte, kommt am Morgen. Am eindrucksvollsten ist aber der Tag nach Vollmond, wenn die Touristen deutlich in der Unterzahl sind und die Einheimischen in Scharen zum Gebet erscheinen.

Unterkunft
(55)******Le Méridien Nirwana Golf & Spa Resort*, Jalan Raya Tanah Lot in Tanah Lot, Tel.: 0361-81 59 00, Fax: 0361-81 59 01, www.starwoodhotels.com/lemeridien, E-Mail:

5

info@balimeridien.com. Luxus mit Tempel- oder Golfplatzblick. Geräumige, modern eingerichtete Zimmer mit einem Hauch balinesischer Atmosphäre. Drei Pools, Squash-Court.
(56)**Bibi's Bungalows*, Jalan Pantai in Tibubiyu, Tel.: 0812-36 04 517. Das Resort besteht aus schlichten Steinbungalows und ist in Reisfeldern gelegen. Es herrscht ein typisches Landleben drumherum, und im Resort befindet sich eine kleine Galerie lokaler Künstler.

Restaurants
Nirwana Restaurant, exklusiv, Jalan Raya Tanah Lot in Tanah Lot, Tel.: 0361-81 59 00. Bestes Restaurant der Umgebung. Asiatische Küche, auch Reistafel, ein Querschnitt indonesischer Gerichte wird angeboten. Man sitzt klimatisiert oder unter freiem Himmel im *Méridien*.
Dewi Sinta Restaurant, Jalan Raya Tanah Lot in Tanah Lot, Tel.: 0361-81 29 33. Gute Menüs, abends zu ansprechendem Legong-Tanz.

Ziele in der Umgebung
Gefangen genommen von der Schönheit des *Pura Tanah Lot*, bekommt man vielleicht Lust auf mehr Seetempel. In direkter Umgebung liegen, direkt an der Küste, die Tempel *Enjung Galuh*, *Enjung Mejaan*, *Beji* und der pittoreskeste von allen, der *Pura Batu Bolong*, was übersetzt der »Felsentempel mit dem Loch« heißt.

Ein gewohntes Bild – Frauen bringen Opfergaben, wie hier zu einem Waldtempel in Tenganan.

Zu Gast auf Bali

Von Acar bis Wajik

Balis Küche – ein unentdeckter Schatz

Nasi Goreng und *Mie Goreng*, gebratener Reis und gebratene Nudeln, haben ihren Ursprung in China. *Nasi Campur*, Reis mit kalten Beilagen, und die Mischung aus Salat und Gemüse, *Gado-Gado*, kommen aus Java. *Saté*, die beliebten Grillspießchen, sind malayisch, wenngleich sie in Bali meist mit Salz und Chili serviert werden statt mit Erdnusssauce wie in Malaysia oder Singapur. Bleibt also die Frage, was dann eigentlich ein typisch balinesisches Gericht ist.
Eines? Es gibt Dutzende original balinesische Gerichte! Aber sie sind schwer zu bekommen, weil sie von den genannten klassischen Speisen, von Thai- und westlich-internationalen Speisen verdrängt wurden. Auf den meisten Menükarten zwischen Kuta und Lovina sowie Amlapura und Gilimanuk findet man weder *Acar* als Vor- noch *Wajik* als Nachspeise.

1

2

Seltsam genug, dass es ausgerechnet ein Schweizer ist, der den verdeckten Schatz namens balinesische Küche in den letzten Jahren zusammen mit seiner balinesischen Frau Puji und dem von ihrer Mutter und Großmutter vermittelten Wissen gehoben hat: Heinz von Holzen, 48 Jahre alt, nahe Luzern geboren, seit 17 Jahren auf Bali und in dieser Zeit auch als Küchenchef von solch renommierten Hotels wie »Ritz-Carlton« und »Grand Hyatt« tätig. Dann machte er sich selbstständig: Sein Restaurant »Bumbu Bali« schlug ein und wurde ein Erfolg. Von allen Teilen der Insel strömen die Leute nach Tanjung Benoa, um wenigstens einmal original balinesisch zu speisen. *Bumbu* ist eine balinesische Gewürzpaste, und sie ist das Motto für seine inzwischen vier Restaurants, die Kochkurse, die er anbietet, und seine Kochbücher, die er schreibt und bebildert. 13-mal hat der Hobby-Bergsteiger schon den Gunung Agung bestiegen, insgesamt 18-mal einen 3000er erklommen. »Das sind die Schweizer Berggene«, sagt Heinz lächelnd zu seinen Höchstleistungen. 3000 Schildkröten schenkte er das Leben (siehe auf Seite 42 unter »Tanjung Benoa – ein Schweizer auf Bali«). Und er gilt unumwunden und einhellig als Retter der balinesischen Tischkultur. Die kulinarischen Seiten des Magazins »hello bali« beschrieben Heinz als »the godfather of balinese cooking« oder »the culinary overlord of Bali«.
Bevor einige der wichtigsten und schmackhaftesten original Bali-Gerichte im Einzelnen vorgestellt werden, noch ein paar generelle Anmerkungen zum Essen und Trinken: Auf Bali zum Essen zu gehen, kann enorm günstig sein – auch für Touristen. Es kann aber auch fast so teuer werden wie in Europa. Das »Wo« ist entscheidend. Kauft man sich etwa an einer fahrenden Küche eine heiße Suppe, so liegt man weit unter einem Euro pro Portion. Auch Saté oder Süßspeisen werden von mobilen Grill- und Verkaufswägelchen für sehr wenig Geld angeboten. Die meisten Einheimischen werden die Wahl mit einem Lächeln als Lob quittieren. Es freut sie, wenn auch die Urlauber ab und an mal wie sie selbst essen. Die Gerichte sind schmackhaft, und Angst muss man keine haben. Was gekocht, gegrillt oder gebacken wird, verursacht keine gesundheitlichen Störungen. Pech kann man diesbezüglich schließlich auch in teuren Restaurants haben ...

1 Alles so schön bunt – mobile Garküche bei einem Dorffest. **2** Alles so gesund – kunstvoll arrangierter Seetang im Öko-Restaurant des »Como Shamballa« bei Ubud. **3–6** Schwerpunkte der balinesischen Küche – Fisch und Satés mit diversen Saucen, Currys und Mariniertes. **7** Das Inselgericht schlechthin – *Babi Guling*, Spanferkel vom Spieß.

Warung, Pasar Malam und Rumah Makan

Im *Warung*, einem meist offenen kleinen Lokal, zum Beispiel direkt an der Straße, stets an den Marktplätzen oder vor einem Tempel, bekommt man immer *Nasi Campur*, häufig auch *Nasi Goreng*. Letzteres wird frisch gebraten und ist damit nicht nur schmackhafter, sondern auch sicherer. *Nasi Campur* hingegen wird frühmorgens gekocht und dann kalt den ganzen Tag über serviert. Wenn es besonders schnell gehen soll und das Essen zum Mitnehmen gedacht ist, dann verlangt man *Nasi Bungkus*, eine in Papier eingehüllte Portion. Gleiches gilt übrigens für *Babi Guling*. Auch das Spanferkel wird morgens gegrillt, dann tagsüber kalt gereicht – und auf Wunsch zum Mitnehmen eingepackt. Vielfach ist das knusprige Ferkel aber schon mittags aufgegessen. Dann schließt das kleine Lokal für diesen Tag. In einem *Warung* wird man nie mehr als zwei Euro für eine Mahlzeit ausgeben müssen, ob nun für ein Reisgericht oder eine Portion *Babi*

6

Guling. Meist sitzt man aber nur auf einem einfachen Schemel und an blanken Tischen, manchmal stehen sogar nur niedrige Plastikhocker wie im Kindergarten zur Verfügung. Man isst nicht mit Messer und Gabel, sondern mit Gabel und Löffel. Alles ist klein geschnitten. Der Löffel gehört dabei in die rechte Hand und ersetzt häufig das Messer.
Wenn auch nicht bequemer, aber wegen der Vielfalt unbedingt empfehlenswert sind Essensmärkte. Mehrere *Warung* und fliegende Händler finden sich dabei zu einem Markt zusammen. So kann man sich von mehreren Küchen sein Menü zusammenstellen und überall ein wenig probieren. Besonders Nachtmärkte – »Pasar Malam« – sind eine Versuchung wert, gepaart mit viel Lokalkolorit und angenehmer Atmosphäre. Nachtmärkte sind praktisch in jedem größeren Ort zu finden.
Unter *Rumah Makan*, dem Essenshaus, versteht man ein einfaches Restaurant, in dem man bequemer sitzen kann und in dem ab und an auch mal eine alte Klimaanlage für kühle Luft sorgt. Meist sind die Speisen, die es gibt, auf Tellern in der Vitrine ausgestellt. Das Essen wird aber auch im *Rumah Makan* nur einmal am Tag, frühmorgens, zubereitet und anschließend kalt serviert. Chili dient bei den angebotenen Speisen nicht nur als Gewürz, sondern auch zur Haltbarkeit. Und mehr als drei Euro sind undenkbar für ein Gericht im *Rumah Makan*.
Das gilt auch für die zahlreichen *Masakan Padang*. Dort gibt es unterschiedliche Speisen gleichzeitig. Diverse Schälchen, selten weniger als fünf, aber manchmal auch bis zu 20, werden meist wortlos auf den Tisch gestellt und um den Gast arrangiert, so weit der Platz reicht, beziehungsweise was gerade vorrätig ist. Man bezahlt aber nur, was man angerührt hat. Padang ist ein Ort im westlichen Teil von Sumatra und bezeichnet in ganz Indonesien auch gleichzeitig diese Art von Auswahlessen.

Reis und mehr

Erst im Restaurant gibt es praktisch keine Obergrenze, was den Preis angeht. Auch in dieser Kategorie ist die Wahl des »Wo« entscheidend. Ein lokales *Restoran*, das warme Mahlzeiten anbietet,

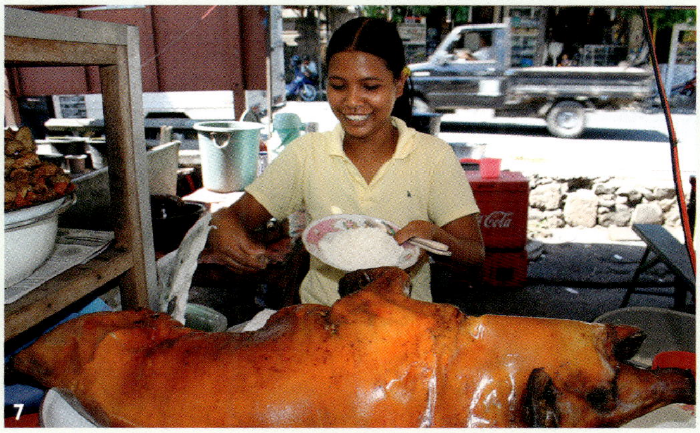

7

ist fast so günstig wie ein *Rumah Makan*. Ein Restaurant in einem internationalen Fünf-Sterne-Hotel orientiert sich dagegen auch am internationalen Preisniveau. Generell kann man jedoch mit gutem Gewissen behaupten, dass einfache und billige Restaurants den teuren häufig kaum nachstehen. Der größte Unterschied ist die Atmosphäre. Am Meer, am Strand, mit Gunung-Agung- oder Tempelblick zu sitzen und zu speisen, ist eben etwas anderes als am Straßenrand. Auch die Hygiene ist nicht abhängig vom Preis des Essens. Wer die Augen und vor allem auch die Nase aufmacht, weiß, wo er sich wohl fühlt und wo er gerne speisen möchte.
Ob einfaches *Warung* oder indonesischer Gourmettempel, überall ist Reis das Grundnahrungsmittel Nummer eins – es sei denn, man ist bei einem Italiener gelandet ... Wie in einigen Ländern Asiens auch wird das Wort »Reis« auch in Indonesien gleichgesetzt mit dem Wort »Mahlzeit«. Isst ein Balinese eine Schale Nudeln, gilt das lediglich als Zwischendurchsnack. Denn ein Essen ohne Reis, von dem weltweit insgesamt rund 8000 Sorten existieren, ist keine Mahlzeit. Dewi Sri, die Reis-Göttin, personifiziert daher auch die Macht des Lebens und ist – abgesehen von der hinduistischen Trinität der obersten Götter Brahma, Vishnu und Shiva – die am häufigsten verehrte Gottheit auf Bali. Es gibt kaum ein Reisfeld ohne Dewi-Sri-Schrein.
Auf Bali wachsen drei Sorten Reis; am meisten wird der weiße Reis gegessen. Daneben gibt es roten und schwarzen Reis. Die Farbe der Außenhaut der Reiskörner ist für die Namensgebung verantwortlich. Gelber Reis wird aber vom Koch eingefärbt. Da Gelb eine sakrale Farbe ist, gibt es gelben Reis bevorzugt zu Zeremonien. Er wird nicht in einfachem Wasser, sondern in einer Hühnerbrühe mit Kokosnussmilch gekocht, was den besonderen

1

Geschmack ausmacht. Etwas Öl lässt die Körner nicht verkleben, und Safran sorgt für die Farbe und rundet das Aroma ab. Fast so wichtig wie Reis ist Chili, der auf Balinesisch *tabia* heißt. Ebenfalls drei Sorten sind gebräuchlich auf der Insel.
Der Unterschied ist allerdings deutlich nachhaltiger als beim Reis. Denn es geht dabei um unterschiedliche Stufen von Schärfe. Am mildesten sind die etwa fingerlangen roten Chilis, wenn sie entkernt sind. Die am häufigsten gebrauchten Chilis sind die etwas kleineren und helleren, manchmal fast orangefarbenen Schoten. Scharf wie Feuer sind dagegen die etwa zwei bis drei Zentimeter kleinen Bird's Eye Chili, *tabia kerinyi*. Sie werden ausschließlich frisch verwendet und nicht getrocknet. Und sie finden sich, ähnlich wie bei uns Salz und Pfeffer, als *tabia lalah manis* (Chili in süßer Sojasauce) fast auf jedem Restauranttisch von Bali: Besonders zu *Nasi Goreng* ein Genuss!
Auch die Kokosnuss gehört zu den elementaren Bestandteilen der balinesischen Küche. Man macht Süßigkeiten, Kuchen und Zucker daraus oder Alkohol, man braucht sie zum Opfern, nutzt sogar die Fasern zum Kehren und die Schale als Brennstoff. Ihr schneeweißes Fleisch wird geraspelt oder zur Gewinnung von Kokosmilch ausgepresst und so zahlreichen Gerichten beigegeben.
Klein aber fein zeigt sich die Erdnuss – in ganz Indonesien ein aus der Küche nicht wegzudenkendes und sehr sättigendes Nahrungsmittel. Ob nun als ganze Nuss oder zerkleinert, ob kurz geröstet oder mit Schale zu Sauce verarbeitet: Peanuts, auf Balinesisch *kacang tanah*, gehören zum Essen in Indonesien stets dazu. Da macht Bali keine Ausnahme.
Gleiches gilt auch für *Krupuk*, große, trockene Kracker, die aus Mehl, Shrimps und Fisch hergestellt werden. Man knabbert sie zum Bier oder vor der Vorspeise, man sieht sie als Dekoration, kleine Beilage und immer auch auf einen Teller *Nasi Goreng* gelegt.

Tee, Bier und Arrak

Getränke hält jedes *Warung* und jedes Restaurant bereit: Kalter Tee ist für ein paar Cent zu haben, aber auch Erfrischungslimonaden und Mineralwasser, fast immer ohne Kohlensäure, gibt es weit unter einem Euro. Völlig bedenkenlos kann man auch überall den Inhalt einer frisch geöffneten Kokosnuss, *kelapa muda*, mithilfe eines Strohhalms austrinken. Eine Frucht enthält bis zu 0,8 Liter Flüssigkeit und kostet etwa einen Euro. Das balinesische Bier ist gut, wird aber in der Regel nur in Restaurants ausgeschenkt. Dabei kann es vorkommen, dass ein *bintang* fast so viel kostet wie eine Mahlzeit! Von einheimischem Wein ist abzuraten. Er ist für europäische Gaumen kaum genießbar. Die australischen Weine sind hingegen sehr gut, aber deutlich teurer als in Deutschland. Unter Arrak wird mehr oder weniger alles – allerdings nicht empfehlenswerte – Hochprozentige verkauft. In Europa würde ein normaler indonesischer Arrak als Putzmittel, aber nicht als Destillat durchgehen ...

Das Geheimnis der traditionellen Küche

Doch nun konkret zu den wichtigsten original Bali-Gerichten, deren Rezepte traditionell nicht aufgeschrieben, sondern immer von der Mutter auf die Tochter mündlich »vererbt« wurden und noch werden. Grundlage der meisten Speisen sind die Pasten. Balinesisches Essen bekommt seinen charakteristischen Geschmack von diesen unterschiedlichen Mixturen aus Gewürzen, Kräutern und Wurzeln. Pfeffer, Chili und Koriander sind häufig die markantesten Zutaten. Sie heißen *base* – ausgesprochen wie »barseh« – und werden häufig aus rohen, manchmal aber auch aus gekochten Zutaten gemacht. Jede Balinesin stellt ihre Pasten bis heute selbst und im Voraus her – so für Hühnchen, Krabben, Fisch, Rindfleisch, auch für Gemüse oder speziell für *Saté*. Sie können heutzutage im Kühlschrank bis zu einer Woche lang gelagert oder auch eingefroren werden.
Fangen wir bei den Vorspeisen, mit *Acar*, an. Das mit Essig, Chili und Zucker eingelegte Gemüse besteht hauptsächlich aus Gurken, Karotten, Schalotten sowie Erdnüsschen und wird auf einem segmentierten Teller serviert. Bei *Rujak* werden Gemüse und Obst zu einem Salat mit Palmzuckerdressing vereint. Diese süßsaure Vorspeise wird in zahllosen *Warung* zubereitet: etwa mit Ananas, Mango, Pamelo und Gurke. Recht einfach, aber schmackhaft ist *Cram cam*, eine klare Hühnerbrühe mit Schalotten, die mit scharfer Hühnerpaste gekocht wird, oder die Variante mit Rindfleischstückchen, *Soto babat*. *Soto* ist der allgemeine Begriff für Suppe. Dicker gibt sich *Jukut ares*, Hühnersuppe mit Bananen. Dafür werden übrigens nicht die bekannten gelben Speisebananen, sondern junge grüne oder violettfarbige Kochbananen verwendet. Unbedingt probieren sollte man *Gedang mekuah*, grüne Papaya-Suppe mit Seafood. Die unreife Papaya wird in Bali häufig als Gemüse verwendet. In die Brühe kommen üblicherweise auch Shrimps und Muscheln. Sie kann aber auch ohne diese Zutaten serviert werden. Für Fortgeschrittene darf es vielleicht auch einmal *Jukut kakul* sein, Schlangensuppe. Die Balinesen finden die Tiere in ihren Reisfeldern. Auch für dieses doch sehr exotische Gericht kommen wieder die beliebten grünen Papaya auf den Teller.

2

Zu den aromatischsten original balinesischen Hauptgerichten gehört *Ayam pelalah*, Hühnchenstreifen mit Chili und Limone. Dabei werden die Hühnerstückchen in Sambal, der auch bei uns bekannten indonesischen Chilipaste, mariniert und später auf einem Bananenblatt in einem Körbchen sowie mit Reis gereicht. *Be siap base kalas*, Huhn in würziger Kokosnussmilch, wäre eine Alternative mit Sauce. *Siap mepanggang*, mariniertes und gegrilltes Huhn, ist sogar ein Muss. Keine Zeremonie in Bali findet ohne *Lawar ayam*, grüner Bohnensalat mit Hühnchen, statt. Nur die Ältesten dürfen das Gericht für rituelle Zwecke zubereiten. Unter anderem verwenden sie dabei auch frisches Hühnerblut ... In den Tempelküchen stehen übrigens prinzipiell nur Männer. Die Frauen dürfen bei Tempelfesten nur den Reis zubereiten.
Typische Entengerichte sind *Bebek menyanyat*, ein gelbes Entencurry, und *Saté Lilit Bebek*, das beliebteste balinesische Saté – wenn man einmal von Schildkröten-Saté absieht. Die Grillspießchen aus Entenfleisch werden mit Zitronengrasstengeln gegrillt.

Nicht nur eine Delikatesse, sondern auch ein Festtagsgericht ist *Bebek betutu*, gebratene Ente im Bananenblatt. Die Balinesen bewundern schließlich die Ente als ein Lebewesen, das sowohl an Land als auch im Meer leben kann – wie übrigens auch die Schildkröte, die aus diesem Grund leider immer noch zum Festgericht bei Zeremonien gereicht wird. Die Ente wird aufwendig mit Schalotten, Knoblauch, Zitronengras, Limonenblättern, Nelken, Tamarinde, natürlich auch mit Pfeffer und Chili sowie erstaunlicherweise mit Shrimpspaste zunächst knapp eine Stunde gedämpft, ehe sie gebraten und schließlich mit Reis gegessen wird. *Babi Guling*, auf Balinesisch *Guling celeng* genannt, ist dagegen ein Alltagsessen, das praktisch in jedem größeren Dorf angeboten und angenommen wird. Das gegrillte Spanferkel soll zwischen sechs und acht Kilogramm wiegen. Zuerst wird ein Stück von der knusprigen Haut und dann vom Fleisch weggeschnitten und auf den Reis sowie auf das Gemüse, *Jukut nangka mekuah*, gelegt. Fast deutsch mutet *Urutan celeng*, das sind Schweinswürstchen, an. Eine scharfe Version mit Schweinefleisch nennt sich *Kikil celeng mekuah*, Schweinshaxen in scharfer Sauce. Denn vom Schwein bleibt auf Bali kein einziges Stückchen ungegessen ... Bleibt dagegen von einem Rindfleischgericht etwas übrig, wird es gebraten, bis es knusprig ist und dann luftgetrocknet. Das Ergebnis heißt *Be sampi mesitsit*, getrocknetes Rindfleisch. *Be sampi mebase Bali*, geschmortes Rind in Kokosnussmilch, ist ein beliebtes und einfach zu machendes Curry. Für Freunde von Hackfleisch bietet sich *Jukut belimbing* (Rinderhackröllchen mit Sternfruchtblättern) an. Die grüne, sternartige Frucht gedeiht in vielen balinesischen Gärten, und ihre gekochten Blätter geben einen leicht bitteren Geschmack. Auch die Sternfrucht-Hackröllchen werden traditionell auf einem Bananenblatt präsentiert und zu Reis gegessen. *Kambing mekuah* heißt der balinesische Lammeintopf, der sein Aroma vor allem aus einem gewichtigen Anteil von Kardamom bezieht.

Meeresfrüchte, Gemüse und Nachspeisen

Natürlich gibt es auch eine Reihe von Rezepten für Fisch und Meeresfrüchte. Ein Beispiel ist *Kenus mebase Bali*, balinesischer Tintenfisch, der nur kurz angebraten und dann zusammen mit Limonensaft, Schalotten und Chili fertiggegart wird. Ein Klassiker – und zumindest überall an der Küste zu finden – ist *Be pasih mepanggang*, marinierter und dann gegrillter Fisch. In der Regel werden verschiedene Saucen wie Chili- und Knoblauch-Dips sowie Reis dazu gereicht. *Pesan be pasih*, Fisch im Bananenblatt, steht ebenfalls häufiger mal auf der Karte. Dabei handelt es sich um die etwas würzigere balinesische Variante mit einem ganzen Fisch vom Urgericht *Ikan pepes*, das auf Java nur mit Fischstücken zubereitet und auf Bali dann *Tambusan be pasih* genannt wird. *Sambal Be Tongkol*, Thunfischsalat, lauwarm serviert, kann aber auch ganz köstlich sein. Und *Udang pantung kuning* dürfte selbst Gourmets überzeugen. Hummer, Languste oder Riesengarnelen werden dabei kurz auf Kokosnussschalen gegrillt, das Fleisch danach vom Panzer befreit und schließlich in Kokosnussmilch gegart. Ein rein vegetarisches balinesisches Gericht ist *Jukut nangka mekuah*, junge Jackfruit in Kokosnussmilch. Die Jackfruit ist eine nahe Verwandte der Brotfrucht und in Asien ein Grundnahrungsmittel. Die rauen, grünen und bis zu zwei Kilogramm schweren Früchte haben einen Stärkeanteil von knapp 25 Prozent! Meist wird das Gemüse auch als Beilage zu *Babi Guling* serviert. Eine Variante dazu ist *Buah kacang mekuah*, grüne Bohnen in Kokosmilch, oder *Ukut urab*, gemischtes Gemüse mit Kokosnussraspeln.

Bali geizt aber auch nicht mit Nachspeisen. Den *Bubuh injin*, ein Reisauflauf, der fast so sättigend ist wie ein Hauptgericht, findet man häufig auf den Speisekarten. Auch *Dadar*, Coconut Pancake oder Kokosnusspfannkuchen, und *Pancong*, Kokosnusskuchen, stehen häufig auf der Nachspeisekarte, ebenso wie *Godoh*, Fried Bananas oder gebratene Bananen. Sie sind inzwischen in ganz Asien ein Renner. *Jaja batun bedil*, Reiskuchen in Zuckerrohrsauce, kennt dagegen kaum jemand. Dabei schmeckt es interessanter als der Name vielleicht suggeriert. Auf keinen Fall liegt man

5

zum Nachtisch falsch, wenn man sich an Balis Früchte hält: Geschmackliche Königinnen sind Lychee, Rambutan und auch Mangosteen. Sie sehen zwar sehr unterschiedlich aus, gehen aber im Aroma in eine ähnliche Richtung. Der Geschmack ist sehr exotisch, süß, bei Mangosteen auch etwas säuerlich und mit keinem Obst westlicher Herkunft zu vergleichen. Vorsicht beim Schälen von Mangosteen, die übrigens nicht verwandt mit Mangos sind: Die violetten Farbflecken bekommt man aus der Kleidung nicht mehr raus. Passionsfrucht sollte man auf Bali nicht verpassen – ihr Geschmack ist umwerfend! Die schöne Salak, wegen ihrer dunkelbraunen Lederhaut auch Schlangenhautfrucht genannt, gibt nach dem Schälen drei weiße Fruchtsegmente frei, deren Geschmack am ehesten mit einem süßen Apfel zu beschreiben ist. Etwas säuerlicher schmeckt die Sternfrucht, während Silik, der Custard Apple oder Schuppenapfel, aussieht wie eine Artischocke und das Aroma einer Birne hat. Er dürfte der einzige Apfel sein, der gelöffelt wird: Dazu schneidet man die Frucht in zwei Hälften und träufelt etwas Limettensaft darüber. Wer eine Durian aufschneidet, riecht sie auch sofort. Die Asiaten bezeichnen die Stinkfrucht als Königin der Früchte. Der Geruch hat tatsächlich etwas von älterem Käse, der Geschmack ist jedoch einzigartig. Selbst an frischer Luft ist ein Durian-Stand nie zu verfehlen, wenn man einfach seiner Nase folgt. Mango und Papaya sind mittlerweile auch in Europa bekannt und beliebt.
Je nach Saison bekommt man zwar alle Früchte auf dem Markt, aber selten im Restaurant. Dort wird die Obstplatte zwar als exotisch oder fälschlicherweise als balinesisch beschrieben, das Ergebnis ist aber umso trauriger. Restaurant-Fruchtplatten sind so einfallslos wie unbalinesisch: Ananas, zwei Melonensorten und Banane. Wobei nur die Bananen auch auf Bali wachsen. Es lohnt sich also, wenn man im Restaurant seine Obstwünsche explizit angibt. Meistens wird der Wunsch auch erfüllt und der Gast als Kenner geschätzt.

1–2 Einfach, aber gut – *Nasi Campur*, Reis mit diversen Zutaten, und *Nasi Goreng*, gebratener Reis, gibt's immer und überall. **3–5** Auch Kokossüßspeisen, Glasnudelsalat und Shrimps-Variationen sind beliebt.

Jeden Tag ein Fest

Balis Festkalender – Ehre den Göttern

Es gibt Leute, die behaupten: Eine Reise nach Bali sei nicht nur jeden Tag ein Fest für sich, sondern es gäbe tatsächlich auch jeden Tag ein echtes Fest auf Bali. Bei vorsichtig geschätzten 10 000 Tempeln auf der Insel – so genau weiß die Anzahl keiner – ist die Behauptung sogar noch untertrieben. Rein rechnerisch gäbe es für 10 000 Tempel allein rund 27 Tempelfeste pro Tag auf der Insel der Götter ... Und für sie sind schließlich auch 99 Prozent aller öffentlichen Feierlichkeiten bestimmt. Nicht die Menschen, sondern die Götter sollen sich an den Klängen des Gamelan-Orchesters erfreuen, ebenso wie an anmutigen Tänzen und üppigen Opfergaben. Man sollte dabei wissen: Der balinesische Sprachschatz verfügt nicht einmal über das Wort »Künstler«, da die Kunst für die Menschen nichts anderes als ein Gottesdienst ist.

Die wichtigsten Feste von Januar bis August

Als schwierig erweist sich die Festlegung eines exakten Termins für große, bedeutende und damit für Touristen interessante Tempelfeste. Gleiches gilt auch für Verbrennungszeremonien, *Pitra yadnya*, den Riten für die Ahnen. Auf Bali existieren schließlich vier Kalender! Zum einen werden die Feiertage landesweit nach dem islamischen Kalender zentral von der Hauptstadt Jakarta geregelt. Zum anderen gibt es den international gebräuchlichen gregorianischen Kalender. Und schließlich wartet Bali noch mit zwei weiteren Kalendersystemen auf, einem mit 210 Tagen, dem Pawukon-Kalender, sowie einem weiteren mit zwölfmal 29 beziehungsweise 30 Tagen, dem Saka-Kalender. Sie geben den Hohepriestern Aufschluss über die Abfolge und den genauen Tag von Festen, aber auch für andere wichtige Termine, wie etwa den Beginn einer großen Reise, geschäftliche Abschlüsse, die Grundsteinlegung für ein Haus oder sogar für bäuerliche Arbeiten. Nur die Priester wissen aufgrund der komplizierten Konstellationen, wann ein Tag günstig oder ungünstig, ein Fest auszurichten oder ein anderes Ereignis zu begehen ist.

1

2

Die wichtigsten inselweiten Feste, grob nach internationalem Kalender von Januar bis Dezember gegliedert, sind für 2008: *Galungan* im Januar, ab etwa dem 23., wenn der Sieg des Guten gegen das Böse gefeiert wird. Die Häuser werden mit Blumen, Blüten und Früchten geschmückt, und man huldigt dem Herrn des Universums.

Sanghyang widi: Hühner und Schweine kommen auf die Schlachtbank. Sie werden als Opfer zunächst dargeboten und später als Festtagsbraten im Kreis der Familie verzehrt. Das Fest dauert zehn Tage.

In diese Periode fallen auch die bedeutenden Tempelgeburtstage für den *Luhur Batukaru* (siehe Seite 174 unter »Gunung Batukau – in der Reiskammer Balis«) sowie den *Pura Lempuyang* (siehe Seite 140 unter »Gunung Seraya – rund um den östlichsten Zipfel Balis«), zwei der meistverehrten Tempel auf der Insel.

Zu diesen gehören auch Pura Tanah Lot, dessen *Odalan*, also Geburtstagsfest, voraussichtlich auf den 6. Februar fällt (siehe Seite 178 unter »Tanah Lot – am Tempel der Schlangen«), sowie Pura Taman Ayun (siehe Seite 90 unter »Mengwi – eines von acht Königshäusern« und Pura Uluwatu (beide wahrscheinlich ab 12., siehe Seite 48 unter »Uluwatu – der Tempel der Meeresgöttin«). Ein *Odalan* kann bis zu drei Tage dauern. Ebenfalls im Februar, um den 10., wird man Zeuge des rituellen *Pengerebongan*-Festes, wenn in Kesiman, östlich von Denpasar, der *Kris-Tanz*, auch Kecak-Tanz genannt, bis zur absoluten Trance getanzt wird.

Den ganzen Tag gibt es dann auch Hahnenkämpfe. Der Hahnenkampf ist ursprünglich ein religiöses Ritual, und der im Kampf getötete Hahn wird dem Gott Shiva geopfert. Der Brauch stammt aus vorhinduistischer Zeit. Das Blut, das beim Hahnenkampf in die Erde fließt, soll die Dämonen besänftigen. Inselweit ist der Hahnenkampf aber immer mehr zum Unterhaltungs- und Wettsport der Männer geworden. Deshalb ist er auch offiziell verboten – wenn kein religiöser Grund vorliegt. Den hat man aber wiederum schnell gefunden – bei 10 000 Tempelfesten und unzählbaren sakralen Feierlichkeiten ...

Der März steht ganz im Zeichen von *Nyepi*, dem balinesischen Neujahr nach dem Saka-Kalender, das stets in einer Neumondnacht um die Frühjahrs-Tag-und-Nacht-Gleiche stattfindet und die ganze Insel lahmlegt. Niemand darf außer Haus, auch Touristen nicht. Sogar der internationale Flughafen wird an diesem Tag geschlossen. Die Dämonen sollen glauben, dass die Insel menschenleer sei (siehe Seite 66 unter »Denpasar – Balis hektische Hauptstadt«). Mohammeds Geburtstag am 31. geht im hinduistisch-animistischen Bali praktisch unter.

Auch Ostern wird kaum gefeiert. Dafür steht im April *Tumpek kandang* an. Samstag, der 12., ist den balinesischen Haustieren gewidmet: Enten und Hühnern, Schweinen, Kühen und Wasserbüffeln. Die Stallungen werden gereinigt, die Tiere gebadet, geschmückt und besonders gut gefüttert. Sogar die Opfergaben dürfen die Tiere verzehren – ein sehr ländliches Fest.

Tumpek wayang, am Samstag, den 17. Mai, ist dagegen der Festtag der Puppenspieler. Die Künstler stellen dann ihre filigran gearbeiteten Puppen aus und bringen Opfer dar, verbunden mit der Bitte um weitere inspirierte Aufführungen.

Einen Monat später gedenkt man am 1. zunächst Buddhas Geburtstag, und um den 7. Juni wird der Göttin der Künste und Wissenschaften, *Saraswati*, gehuldigt. Zu Ehren der Gattin Brahmas gehen sogar die Kinder mit Opfergaben in die Schule und bedanken sich, dass sie ihr Wissen erweitern dürfen. Am Saraswati-Tag darf in den Schulen und Universitäten weder gelesen noch etwas geschrieben werden. Besonders wird auch für die heiligen Lontar-Schriften geopfert, und jeder Balinese betet und bittet um Weisheit und Geisteskraft. Mitte Juni beginnt deshalb auch das »Bali Cultural Festival«. Bei einem Umzug durch Denpasar werden alle balinesischen Künste dargestellt. Und im Werdi Budaya Art Center am östlichen Stadtrand finden einen Monat lang Tänze, Theateraufführungen und andere kulturelle Veranstaltungen statt.

Um den 21. Juni lohnt auch ein Besuch in der Künstlerregion südlich von Ubud. Zu Tumpek Landep ehren vor allem die Schmiede von Celuk und Umgebung ihre Waffen und Handwerkszeuge, besonders natürlich den *kris*, den von Generation zu Generation vererbten Krummdolch.

Auch Tumpek Pengatag erfordert um den 26. Juli bestimmte Opferrituale von bestimmten Gruppen: Abermals, wie schon zu *Galungan* im Januar, wird des Herrn des Universums, Sanghyang Widi, gedacht, der als Schöpfer aller essbaren Pflanzen gilt. Deshalb finden in den Gärten, auf Plantagen und natürlich in den Reisfeldern große Feiern statt.

Am 17. August ist zwar indonesischer Nationalfeiertag, für die Balinesen ist jedoch der 30. des Monats wichtiger: Es ist der Tag der Rückkehr ihrer Vorfahren in den Himmel, nachdem ihre Geister zu Besuch auf der Insel waren. Es ist der Gedenktag der Seelen aller Verstorbenen.

Die wichtigsten Feste September bis Dezember

Ramadan richtet sich nach dem islamischen Mondkalender; das Datum ändert sich jedes Jahr. In Bali ist der Fastenmonat allenfalls in den Dörfern der Nordküste spürbar. Wer zwischen September und Dezember ein Fest auf Bali besuchen will, hat die Qual der Wahl: Allein im September 2008 wurde 35-mal ein Odalan eines großen Tempels gefeiert. Als bekanntester mit dabei: der Tempel der Fledermaushöhle, *Goa Lawah,* am 9. des Monats (siehe S.126 unter »Von Kusamba bis Candi Dasa – der Strand des Ostens«).

Anfang Oktober, ab dem 4., feiert ganz Bali schließlich auch den Jahrestag des Muttertempels Besakih (siehe Seite 110 unter »Gunung Agung und Besakih – Balis religiöses Herz«).

Nur wenige Tage später, ab dem 8., stehen der Pura Petitenget im Zentrum des Odalan (siehe Seite 22 unter »Seminyak – am Tempel der Selbstmörder«) sowie ab dem 14. der Pura Tirta Empul (siehe Seite 96 unter »Von Goa Gajah bis Tirta Empul – im Tal der Heiligtümer«) und Pura Ulun Danu Batur (siehe Seite 150 unter: »Danu Batur und Umgebung – das andere Bali«). Aber auch ein sportliches Event wird im Oktober gefeiert: Die ersten »Asian Beach Games«, die größte Sportveranstaltung, die jemals auf Bali stattgefunden hat. Zwischen 18. und 26. Oktober 2008 fanden sich rund 5000 Sportler aus 45 Ländern ein. Sie verglichen sich in Sportarten wie Windsurfing, Kiteboarding, Schwimmen, Beach-Volleyball oder Beach-Fußball.

Im November folgt von den meistgeehrten Tempeln Balis, um den 12., noch der Odalan für den Pura Kehen von Bangli, eine der schönsten Tempelanlagen der Insel (siehe Seite 118 unter »Bangli – die Stadt der Tempelfeste«).

Tanzveranstaltungen im Überblick

Die folgenden Tänze finden regelmäßig statt, sind zwar hauptsächlich für Touristen gedacht und gemacht, aber deshalb qualitativ nicht schlechter als bei einer religiösen Feierlichkeit:

Barong-Tanz, in Batubulan, täglich 9.30 Uhr

Barong-Tanz, in Kesiman, täglich 9.30 Uhr

Frog-Tanz, in Sanur, jeden Sonntag, 19.00 Uhr

Kecak-Tanz, in Batubulan, täglich 18.30 Uhr

Kecak-Tanz, am Uluwatu-Tempel, täglich 18.00 Uhr

Legong-Tanz, in Peliatan, jeden Freitag und Samstag, 18.30 Uhr

Legong-Tanz, in Ubud, jeden Sonntag, 19.30 Uhr

Außerdem werden auch regelmäßig diese Theateraufführungen angeboten:

das Schattenspiel und Puppentheater
Wayang kulit, in Peliatan, jeden Freitag 18.30 Uhr

und das auf eineinhalb Stunden zusammengefasste Mammutepos Ramayana, in Ubud, jeden Mittwoch, 19.30 Uhr

Auch alle anderen genannten Aufführungen dauern jeweils nicht länger als 60 bis 90 Minuten.

Auch der Dezember wartet nochmals mit 24 großen Tempeljahrestagen auf, darunter am 24., dem westlichen Heiligabend, in den Dörfern Sibang Kaja bei Denpasar sowie Samprangan und Serongga Kelod, beide in der Region Gianyar. Weihnachten selbst ist nur in großen Hotels von Belang, und auch der Silvester- sowie Neujahrstag wird nur in den Resorts ausgiebig gefeiert. All die genannten Termine können 2009 und in den Folgejahren in ganz andere Monate rutschen, da sie eben nach den balinesischen Zyklen berechnet und gefeiert werden.

Sicher aber ist: Es vergeht kein Tag auf der Götterinsel ohne eine Zeremonie, ob nun nach gregorianischem oder nach balinesischem Kalender. Sogar im gebuchten Hotel kann ein Tempelfest stattfinden, wenn einer der auf dem Resortgelände stehenden Tempel eben seinen Geburtstag hat ...

1 Demütig – Opfergabe, wie man sie inselweit und jeden Tag auf Bali sehen kann. **2** Feierlich – Weihung durch eine Brahmanin im Pura Samuan Tiga. **3** Elegant – Legong-Tänzerin aus Singaraja.

Register

Glänzend – Perlenverkauf in einem Geschäft auf Lembongan.

Orte

Erfrischend – Autor Jochen Müssig im »Kupu Kupu Barong« bei Ubud.

Hotels

Wohltuend – vierhändige Massage im »Matahari Beach Resort«.

Impressum

Der Autor:
Jochen Müssig, Jahrgang 1960, studierte Kommunikationswissenschaften und Germanistik, zeichnete als Chefredakteur für diverse touristische Magazine verantwortlich und ist Autor für die »Süddeutsche Zeitung«, »Welt am Sonntag«, »Westdeutsche Allgemeine Zeitung« sowie zahlreiche weitere Zeitungen und Magazine im In- und Ausland. Für den C. J. Bucher Verlag schrieb er mehrere Bücher. Bali kennt er seit 1987. Seitdem hat er die Insel immer wieder besucht.

Der Fotograf:
Kay Maeritz, geboren 1958, ist Diplom-Designer, Fotograf und Buchautor. Der Asienspezialist mit den Schwerpunkten China, Himalaya, Indien und Südostasien gehört zu den bekanntesten deutschen Vortragsreferenten und berichtet über seine Reisen in vielen Diavorträgen im deutschsprachigen Raum. Zahlreiche Buch- und Zeitschriftenveröffentlichungen.

Danksagung:
Jochen Müssig bedankt sich für die großzügige Unterstützung seiner Recherchereisen besonders bei Singapore Airlines und Avis.

Einbandfotos:
Vorderseite: Amandari, Ubud (großes Bild); gemahlene Gewürze; Bali Hyatt Spa; ARMA-Museum, Ubud (oben, von l. nach r.).
Rückseite: Aman Puri Resort.

Bildnachweis:
Alle Fotografien stammen von Kay Maeritz mit Ausnahme von:
Jochen Müssig: S. 22 o. l. und o. M., S.22/23 großes Bild, S.33 rechts im Kasten, S.34 r. o., S.34/35 großes Bild, S.54 o. l., S.55 beide Bilder im Kasten, S.62 o. l. und M., S.62/63 großes Bild, S.64/65 (4), S.71 rechts im Kasten, S.131 r., S.132/133 Mitte, S.142/143 Mitte, S.156 o. l., S.158 u. (Bild 4), S.164/165, S.174 o. M., S.184 r., S.185 o. l. und o. M. und r. (Bild 7), S.187 u. l., S.190 (2).
The Samaya, Seminyak: S. 24/25 (5), S. 187 r.o. (2).
The Oberoi, Seminyak: S.26/27 (4).
The Ritz Carlton, Jimbaran: 50/51 (5).
Bali Hyatt: S. 58/59 (4).
Le Meridien Nirwana Golf & Spa Resort: S. 178 o.M. und o.r., S. 180/181 (5).

Alle Angaben dieses Bandes wurden von den Autoren sorgfältig recherchiert und vom Verlag auf Stimmigkeit und Aktualität geprüft. Allerdings kann keine Haftung für die Richtigkeit der Informationen übernommen werden.

Für Hinweise und Anregungen sind wir dankbar.

Zuschriften an den:
Bruckmann Verlag, Produktmanagement, Postfach 400209, D-80702 München,
E-Mail: lektorat@bruckmann.de

Produktmanagement: Joachim Hellmuth
Textlektorat: Anke Höhne
Graphische Gestaltung: Werner Poll, München
Karte: Astrid Fischer-Leitl, München
Herstellung: Bettina Schippel
Repro: Repro Ludwig, Zell am See
Printed and bound in Slovenia by MKT Print, Ljubljana

Die Deutsche Nationalbibliothek – CIP Einheitsaufnahme
Ein Titeldatensatz für diese Publikation ist bei der Deutschen Nationalbibliothek erhältlich

ISBN 978-3-7654-4877-5

Hotels auf Bali

1 ***Kuta Seaview Cottages
2 ****Alam Kul Kul
3 *****The Oberoi
4 *****The Samaya
5 *****Four Seasons at Jimbaran Bay
6 ****Jimbaran Puri
7 *****+Amanusa
8 ****Nusa Dua Beach Hotel & Spa
9 ****Suites Hotel Bali Royal
10 Rumah Bali
11 *****The Ritz-Carlton
12 ***Uluwatu Resort
13 *****+The Bulgari Resort
14 ****Bali Hyatt
15 ***La Taverna Bali Hotel
16 **Hai Tide Huts
17 *Mushroom Beach Bungalow
18 ***Inna Bali
19 Hotel Viking
20 ***Ubud Village Hotel
21 **Puri Saraswati
22 *****+Four Seasons at Sayan
23 *****Amandari
24 *****Kupu Kupu Barong
25 *****+Como Shambhala
26 *****Hanging Gardens
27 Villa Kompiang
28 *****The Chedi Club
29 *****Anahata Villas & Spa Resort
30 ***Suly Resort
31 **Panorama Hotel
32 ***Sacred Mountain Sanctuary
33 Artha Sastra Inn
34 Bangli Inn
35 Loji Ramayana
36 *****+Amankila
37 ****Candi Beach Cottage
38 **Dasawana Resort
39 ***Santai Hotel
40 **Hotel Uyah
41 ***Mimpi Resort Tulamben
42 ***Tauch Terminal Resort Tulamben
43 ***Lakeview Hotel
44 *Lakeside Cottages
45 ****Handara Kosaido Country Club
46 **Lumbung Bali
47 *****Matahari Beach Resort & Spa
48 ***Melka Excelsior Hotel
49 ***Menjangan Jungle & Beach Resort
50 ***Mimpi Resort Menjangan
51 ***Puri Dajuma
52 ***Gajah Mina Beach Resort
53 ****Yeh Panes Resort
54 ***Hotel Pacung Indah
55 *****Le Méridien Nirwana Golf & Spa Resort
56 *Bibi's Bungalows